绥芬河市革命老区发展史

绥芬河市老区建设促进会　编

黑龙江教育出版社

图书在版编目（ＣＩＰ）数据

绥芬河市革命老区发展史 / 绥芬河市老区建设促进
会编. -- 哈尔滨 ：黑龙江教育出版社，2021.5
　　ISBN 978-7-5709-2223-9

　　Ⅰ．①绥… Ⅱ．①绥… Ⅲ．①绥芬河市—地方史
Ⅳ．①K293.54

中国版本图书馆CIP数据核字(2021)第078457号

顾　　问　　于万岭
丛书主编　　杜吉明
副　主　编　　白亚光　张利国　李树明　李　勃

绥芬河市革命老区发展史
Suifenheshi Geming Laoqu Fazhanshi

绥芬河市老区建设促进会　编

责任编辑　　高　璐
封面设计　　朱建明
责任校对　　杨　彬
出版发行　　黑龙江教育出版社
地　　址　　哈尔滨市道里区群力第六大道1305号
印　　刷　　哈尔滨博奇印刷有限公司
开　　本　　787毫米×1092毫米　1/16
印　　张　　18.75
字　　数　　230千
版　　次　　2021年5月第1版
印　　次　　2021年5月第1次印刷
书　　号　　ISBN 978-7-5709-2223-9　　定　价　　48.00元

黑龙江教育出版社网址：www.hljep.com.cn
如需订购图书，请与我社发行中心联系。联系电话：0451-82533097　82534665
如有印装质量问题，影响阅读，请与我公司联系调换。联系电话：0451-51789011
如发现盗版图书，请向我社举报。举报电话：0451-82533087

总 序

在举国欢庆新中国成立70周年前夕，中国老区建设促进会王健会长请我为《全国革命老区县发展史》丛书作序，作为一名在老区战斗过并得到老区人民生死相助的老兵，回首往事，心潮澎湃，感慨万千，深感义不容辞，欣然应允。

中国革命老区，是以毛泽东为代表的中国共产党人在领导人民推翻帝国主义、封建主义和官僚资本主义三座大山，争取民族独立和人民解放伟大斗争中建立的革命根据地，在这片红色的土地上，诞生了无数可歌可泣的革命英雄儿女，为后人树起了一座不朽的丰碑。她是新中国的摇篮，是党和军队的根。

在艰苦卓绝的战争年代，老区人民把自己的命运与中华民族的命运紧紧地联系在一起，与中国共产党和人民军队的命运紧紧地联系在一起，他们生死相依，患难与共。我曾亲历过战争年代，并得到过老区红哥红嫂的救助，切身感受到发生在身边的一幕幕撼天动地的革命故事，在那极其艰难的条件下，老区人民倾其所有、破家支前，不怕艰难困苦，不怕流血牺牲。"最后一碗米送去做军粮，最后一尺布送去做军装，最后一件老棉袄盖在担架上，最后一个亲骨肉送去上战场"，这是当时伟大的老区人民为建立新中国做出巨大牺牲的真实写照，它将永远镌刻在中国共产党、中国人民解放军、中华人民共和国的历史丰碑上。他们的光辉业绩永载史册，他们的革命精神必将影响一代又一代的革命新人，造就一代又一代的民族脊梁。

在社会主义革命和建设时期，革命老区和老区人民响应党的号召，面对落后的面貌、脆弱的经济、恶劣的生态环境，他们本色不变，精神不丢，自力更生，艰苦奋斗，干一行爱一行。始终坚持"革命理想高于天"，自觉做共产主义远大理想的坚定信仰者和忠实实践者，勇于向恶劣的自然环境和贫穷落后宣战，他们在各条战线上为国建功立业，用平凡的双手创造了一个又一个不平凡的奇迹，彰显了老区人的崇高精神和人格力量。

在改革开放的伟大进程中，老区人民解放思想，勇于创新，发奋图强，攻坚克难，老区的经济社会建设取得了辉煌成就。特别是在改变中国的面貌、中华民族的面貌、中国人民的面貌、中国共产党的面貌的伟大实践中发挥了至关重要的作用。老区人民既是改革开放的参与者，也是改革开放的推动者。

艰苦练意志，危难见精神。老区人民在近百年的革命战争、社会主义建设和改革开放的伟大实践中，孕育形成了伟大的老区精神：爱党信党、坚定不移的理想信念；舍生忘死、无私奉献的博大胸怀；不屈不挠、敢于胜利的英雄气概；自强不息、艰苦奋斗的顽强斗志；求真务实、开拓创新的科学态度；鱼水情深、生死相依的光荣传统。这是党和人民宝贵的精神财富、丰厚的政治资源，是凝心聚力、振奋民族精神的重要法宝，也是社会主义核心价值观的重要内容。

中国老区建设促进会怀着强烈的政治责任感和历史使命感，组织全国各地老促会人员克服困难，尽心竭力编纂《全国革命老区县发展史》丛书，记录老区的光辉历史和辉煌成就，传承红色基因，弘扬老区精神，是功在当代，利及千秋的一件大事。手捧这部丛书的部分书稿，读着书中的故事，倍感亲切，深感这部丛书具有资政、育人、存史的社会功能，有着重要的时代和历史价值。它是不忘初心、牢记使命的源头活水，是赞颂共产党、讴歌老区人民的一部精品力作，是弘扬老区精神、传承红色记忆的丰厚载体，是一项继承优秀传统文化、弘扬革命文化、发展社会主义先进文化，坚定"四个自信"的宏大文化工程。它必将成为一种文化品牌，为各界人士了解老区宣传老区支持老区提供一部有价值的研究史料。希望读者朋友们能从中了解并牢记这些为党和民族的利益不断奉献的老区人民，从中得到教益，汲取人生奋斗的精神动力。

新时代赋予新使命，新起点开启新征程。让我们更加紧密地团结在以习近平同志为核心的党中央周围，坚持以习近平新时代中国特色社会主义思想为指导，增强"四个意识"，坚定"四个自信"，做到"两个维护"，弘扬老区精神，铭记苦难辉煌。为实现"两个一百年"奋斗目标，实现中华民族伟大复兴的中国梦做出新的更大的贡献！

迟浩田

2019 年 4 月 11 日

编写说明

2017年6月，中国老区建设促进会组织全国各地老促会启动编纂《全国革命老区县发展史》丛书，按照"建立中国共产党、成立中华人民共和国、推进改革开放和中国特色社会主义事业"三大里程碑的历史脉络，系统书写革命老区百年历史，深入挖掘革命老区红色文化资源，这对于充实丰富中国革命史籍宝库、在新时代传承红色基因、弘扬革命精神、强固根本，对于激励人们在新的历史条件下夺取中国特色社会主义伟大胜利，实现中华民族伟大复兴的中国梦具有重要意义。

丛书编纂以习近平新时代中国特色社会主义思想为指导，以《中国共产党历史》《中国共产党的九十年》等重要文献为基本依据，以党的领导为核心，以老区人民为主体，以老区发展为主线，体现历史进程特征，突出时代发展特色，坚持辩证唯物主义和历史唯物主义相统一、历史真实性与内容可读性相统一的原则，书写革命老区从站起来、富起来到强起来的光辉革命史、不懈奋斗史、辉煌成就史，把老区人民的伟大贡献、伟大创造、伟大成就、伟大精神充分展示出来，形成一部具有厚重历史特征和鲜明时代特色的精品力作。这是一部培根铸魂、守正创新，既为历史立言，又为时代服务，字里行间流淌着红色血脉、催生着革命激情的传世之作。丛书的编纂出版将成为讴歌党讴歌人民讴歌时代、传播红色文化、为革命老区和老区人民树碑立传的重要载体。丛书按照编年体与纪事本末体相结合、以编年体为主的编写体例确定框架结构;运用时经事纬、点面结合的方式记述史实;坚持人事结合、以事带人的原则处理人与事的关系;采取夹叙夹议、叙论结合以叙为主的方法展开内容。做到史料与史论、历史与现实、政治与学术统一,文献性、学术性、知识性相兼容。

为编纂好《全国革命老区县发展史》丛书,打造红色文化品牌,中国老区建设促进会认真组织积极协调,提出政治立场鲜明、史料真实准确、思想论述深刻、历史维度厚重、时代特色突出、编写体例规范、篇目布局合理、审读把关严格、出版制作精良的编纂出版总要求,力求达到革命史籍精品的精神高度、思想深度、知识广度、语言力度,增强丛书的权威性和社会影响力。各省(区、市)、市(州、盟)、县(市、区、旗)老促会的同志,以强烈的使命感、责任感和紧迫感,勇于担当,积极作为,认真实施,组织由老促会成员、专家学者等参加的十余万人编纂队伍。编纂工作主体责任在县,省、市组织协调、有力指导、审读把关。各方面人员以高度负责的精神和科学严谨的态度,满腔热情地投入工作,为丛书编纂出版做出了重要贡献。丛书编纂工作还得到了党和国家有关部委、地方各级党委政府及有关部门的大力支持和积极参与,社会各界也给予了热情帮助。中共中央政治局原委员、中央军委原副主席、原国务委员兼国防部长迟浩田上将,对老区人民怀有深厚感情,对革命老区建设发展十分关注,欣然为《全国革命老区县发展史》丛书作总序。

丛书由总册和1 599 部分册（每个革命老区县编纂1部分册）组成，共1 600 册。鉴于丛书所记述的史实内容多、时间跨度长和编纂时间紧，不妥之处，敬请批评指正。

中国老区建设促进会

目 录

序　言

为了贯彻落实习近平总书记关于"发扬红色资源优势，深入进行党史、军史、老区革命史优良传统教育，把红色基因代代传下去"的指示，和中办发〔2015〕64号文件提出的"积极支持老区精神挖掘整理工作，扶持创作一批反映老区优良传统，展现老区精神风貌的优秀文艺作品和文化产品"的要求，按照中国老区建设促进会文件要求，我市组织专家学者编纂了此书。

城市的发展历史以及其中凝聚的人文传统是城市的宝贵资源。本书侧重记录绥芬河市人民在党的领导下，建设和发展绥芬河的历史，为党政机关、大专院校、科研单位和社会各界了解绥芬河、宣传绥芬河、支持绥芬河的发展，提供一部有价值的学习和研究史料，为进一步推动绥芬河城市史料及红色文化的挖掘整理、推进城市文化精神的深入研究和宣传，提供参考。

本书以中央精神为指导，以党史、地方志为依据，以当地人民一百多年的奋斗史为重点，以改革开放以来口岸城市取得的巨大成就和为国家做出的贡献为亮点，集中体现当地人民的革命精神和光荣传统，促进城市文化资源的挖掘整理。内容贴近发展实际，行文表述力求简明生动，做到历史的真实性、事件的准确性与内容的可读性相兼容，对今后城市发展振兴具有实用性和参阅价值。

回顾绥芬河革命老区的发展历程，一辈又一辈共产党人前赴后继，领导绥芬河市人民坚持改革扩大开放，服务于国家，造福于人民，创造了可歌可泣的业绩，凝聚出开放包容、博采众流、勇于担当、进取求新的绥芬河精神，时刻启迪和感染着后人，为绥芬河的开放和发展提供了强大的精神动力。

  本书分序言、城市概况、城市发展史、资源优势及今后一个时期经济社会发展远景展望几部分。

城市概况

一、区位与气候

绥芬河市位于黑龙江省东南部，绥洲铁路东部终点。南、北、西三面与东宁市毗邻，东面与俄罗斯滨海边疆区接壤。国境线长27.5公里。地理坐标为东经131°09′13″，北纬44°23′23″。市区东西距离21.8公里，南北距离26.4公里，总面积460平方公里。距牡丹江市铁路193公里（牡绥新线扩能改造全长138.823公里），公路153公里。距省城哈尔滨铁路540公里，公路460公里。

绥芬河市属大陆性季风气候，因距日本海较近，受海洋性气候影响，夏少酷暑，冬季轻寒多雪。年平均气温2.9℃，最冷的月份在1月，月平均气温−16.6℃；最热的月份在7月，月平均气温19.6℃。年极端最低气温−37.5℃；年极端最高气温35.3℃。年平均降水量562.5毫米，降水多集中于6—8月；平均无霜期125天，年均10℃以上有效积温2 123℃。

绥芬河市整体地貌呈东北高，西南低，有大小山峰140余座。山地占总面积的85%，平均海拔600米左右，最高海拔888.1米，最低海拔332米。主要山峰有天长山、地久山、五花山、大友山、金鱼背等。境内河流属绥芬河水系，有小绥芬河、寒葱河、北大河、朝阳河等。境内流域面积423.23平方公里。境内土壤主要是暗棕壤，占全市面积的82.9%，多分布在山上及陡坡处。此外，有白浆土、草甸土、沼泽土、泥炭土、河淤土等，面积大小不等，多分布在河谷两侧的平缓坡地。绥芬河地下矿藏主要有沸石、铬铁、辰砂，沸石中的赋存浊沸石分布较广，储量可观。地下水蕴藏量1 115.12万立方米，占水总资源的20.1%。土地开垦55 908亩，垦殖率8.8%，低于全国10.4%和全省18.5%的垦殖率。森林覆盖率75.9%。主要树种有松、桦、椴、柞、榆、杨、柳、槭、胡桃楸、水曲柳等；活力木总蓄积量286.636万立方米。具有较高经济价值的野生植物资源主要有玫瑰、山葡萄、草莓、蕨菜、黄花菜、薇菜、黄芪、五味子、龙胆草、刺五加、芍药、贝母、百合、柴胡、桔梗、苍术、益母草、穿地龙、木耳、蘑菇等。野生动物资源主要有虎、熊、野猪、马鹿、狼、狐、貉、獾、狍、獐、黄鼬、水獭、稚鸡、飞龙、沙半斤、蛇、蛙等。其中虎、水獭、飞龙、沙半斤已难觅踪迹了。

绥芬河夏季各月平均温度18.9℃~25℃，平均高温22.5℃，平均低温11.2℃，昼夜温差较大，白天高温时间短，日落前后气温下降，极清爽。绥芬河夏季多雨多雾，一般为小雨和阵雨，雾气多出现在夜晚和清晨。因空气湿润，减弱了太阳紫外线辐射强度。累年6—9月平均相对湿度在75%~82%之间。绥芬河市坐落于缓长形状的河谷川地上，地形起伏改变了低层气流的方向和速度，形成"山谷风"，白天热风从山谷市区吹向山坡，夜晚凉风从山坡吹向市区，年平均风速3.5米/秒，夏季风速在2.1~2.3米/秒之间，风力属2级轻风。夏季日照时数在6.6—7小时，日照充足，使人兴奋愉快。绿地率为40.1%，城镇绿化覆盖率为45.5%。空气负氧离子浓度夏季平均在15 000~24 000个/立方厘米，全年空气质量良好天气数在345天以上，优良率达到5%，是全省生态环境最好的市县，处于全国较高水平。

绥芬河市素有"九山半水半分田"之称，自然景观以繁茂的山林原野为主，地势高低起伏，平地很少。夏季花草芬芳、云雾缭绕、气候凉爽，是幽静理想的避暑胜地。冬季瑞雪纷飞、群山皑皑，显现出北国特有的冰雪奇观。站在山巅向东眺望，异国风光尽收眼底。

城市面貌

二、建制与人口

早在四五千年前，绥芬河地区已有中华民族的先人在此定居。夏商之后，绥芬河地区就有明确的建制归属：周属肃慎，汉晋属挹娄，隋属勿吉靺鞨拂捏部，唐属渤海率滨府华州，金属速频路，元属辽阳中书省开元路万户府，明属奴尔干都指挥使司率滨江卫，清属宁古塔副都统辖区。

1860年，《中俄北京条约》签订，绥芬河以东地区被划为俄国版图，绥芬河地区成为边关要塞。1860年后，在今建华村址、北寒葱河一带，再次形成居民点，行政隶属绥芬厅兴壤社，有乡约（民间产生不在政府编制）1人处理民事和上级交办的事务。

19世纪末20世纪初，沙俄攫取了在中国东北修筑中东铁路的特权。中东铁路的修筑和通车，成为绥芬河由村屯聚落跃为口岸城市的转折点。

1897年，中东铁路开工，绥芬河站区和腰毛屯被划为铁路附属地，由中东铁路执掌管理权；另一部分隶属绥芬厅。1903年，清政府在绥芬河设立铁路交涉分局。随着铁路员工、沙俄军警、各国资本家、侨民和我国内地移民的迁入，当地人口迅速增加。1914年站区附近人口增至7 000人,有中、俄、日、朝、英、德、波、奥等国家的商人来此经商,号称国境商都。俄国"十月革命"后,东北当局收回中东铁路附属地行政权,原绥芬河铁路附属地区域隶属东省特别区长官公署。在此期间,绥芬河曾为东省特别区的行政中心之一,为第三区,其市政管理局设在绥芬河,辖区包括穆棱和横道河子。随之,工厂、商铺、货栈、旅店渐增,学校、医院亦相继设立。

20世纪20年代初,奉系军阀张宗昌驻绥期间,为招兵买马,扩充实力,下令开放烟赌禁令,鼓励走私,引来数以万计的季节性烟农,商业、服务业盛极一时,短短几年间绥芬河人口增至五六万人。当时有大量从事民间贸易的中外商人常年往来于绥芬河、海参崴(今为俄罗斯城市符拉迪沃斯托克,1860年《中俄北京条约》割让给俄国)间购进售出,时称"跑崴子"。最盛时从事各种边境贸易和走私活动的人数达1.4万人。商铺、旅店、剧院、赌场、妓院等各种行业招牌林立,发电、酿酒、交电、文报等行业也迅速发展起来。商户由1914年的116户发展到1925年的近500家。1923年,当地罂粟年产27万余斤。1924年后,绥芬河成为东北八大电信中心局之一。1926年设立绥芬河市,隶属东省特别区,辖区为原铁路附属地。原兴壤社区域(今阜宁镇)仍隶属东宁县,分别为第四、第五区。同年出现了中共地下党组织,次年日本政府在绥设立领事馆。此时,绥芬河地区总人口约为43 257人,其中寒葱河流域17 491人,阜宁镇一带18 054人(1923年统计),市区7 712人(1927年统计),每平方里45人。

1928年,铁路出口农作物180余万吨。从此,绥芬河遂有"旗镇""国境商业都市""宁安以东贸易中心"之称。张宗昌的经营目的是出于其军阀野心,其经营的行业亦属非法,但他利用口岸优势发展贸易的经营导向无疑是行之有效的。20世纪20年代末，随着走私和烟赌的禁止以及中苏贸易量的锐减，绥芬河的经济社会发展渐趋没落。

20世纪20年代西城区公园

1933年1月，日军侵入绥芬河，先后设立伪市政公署、保甲办事处、街公所等政府机构，隶属于伪满特别区第三区、东宁县、绥阳县。为保障侵略战争的需要，日伪政权实行封锁边境、关闭口岸、禁绝烟赌、输入日货的政策，致使当地百业凋谢、民不聊生，商铺纷纷倒闭或迁往内地，人口锐减，至伪满后期，当地仅余人口7 000人，且有近三分之一为日本人。

从1935年起，日军大批进驻绥芬河，在边境地带构筑了各种军事设施，修筑了两个小型飞机场和四通八达的军用公路交通网。日本驻军最多时高达3万人。

1945年，绥芬河地区解放后，仍隶属绥阳县。1948年随绥阳县并入东宁县为乡镇建制。1951年10月，成立军政委员会，负责领导口岸涉外事务。海关、外运公司、边防检查站、商检局、卫生防疫所、动植物检疫所以及联邮、联运等涉外机构先后设立，担负起国家和省对外贸易的货物查验、过境和分拨任务。抗美援朝时期，口岸军运货运极为繁忙，中苏每天有4次列车对开，除军运物资外，年货运量达180多万吨。到20世纪60年代，随着中苏关系恶化，口岸货运量急剧下降，1969年，铁路年货运量仅为22万吨。

1968年，绥芬河设区（县级）革命委员会，同时撤销军政委员会，由牡丹江地区管辖。1973年，撤区复设公社建制，隶属东宁县。口岸各部门由外事委员会统辖。在此期间，口岸地位和作用相对降低，城市降为农工商型集镇。与内地城市相比，受冷战"打后再建"思想影响，口岸基础设施差，工业基础薄弱，设备陈旧，原材料不足，技术落后；地势高寒冷凉，耕地面积不足。与国内各地一样，经济工作长期奉行"以农业为基础，工业为主导"的方针。因受内外条件的制约，无法自行发展，未能走上口岸城市发展的必由之路。

1975年8月，国务院批准绥芬河为县级市。建市初期人口为1.6万人。

1983年，绥芬河为省辖市，由牡丹江市代管。1988年被省委、省政府批准为通贸兴边试验区，1992年被国务院批准为中国首批沿边开放城市，相继设立边境经济合作区、中俄互市贸易区、综合保税区、重点开发开放试验区。

作为移民城市，绥芬河市的城市气质和人文精神以开放包容、博采众流、进取求新为核心，以坦率热诚、真挚淳朴为标志。

绥芬河市属商贸旅游城市，产业结构以商贸旅游为主导，以进出口加工业为基础，以现代服务业为补充。

改革开放后，特别是沿边开放城市的确立，使绥芬河市经济快速发展，社会和谐稳定，人民安居乐业。绥芬河市先后获得"全国文明城市建设先进城市""中国优秀旅游城市""全国绿化模范市""全国亿万农民健康教育促进行动示范市""全国科技先进县（市）""中国最具投资潜力百强中小城市""中国中小城市综合实力百强县（市）"中国木业之都""中国商贸名城""中国50家投资环境诚信安全区""跨国公司最佳投资城市""全国平安畅通县区""全省平安城市""全省双拥模范城""全省经济和社会发展十强县（市）"等称号。

1989年，绥芬河市下辖建设、北寒、绥北3个乡；1991年11月，市委、市政府调整乡级行政区域，撤销建设、北寒、绥北三乡，成立绥芬河市郊区委员会、郊区人民政府。1996年，撤销郊区，成立绥芬河镇、阜宁镇。现全市仅辖2个镇、16个社区居委会、11个行政村。

2018年，全市户籍人口69 607人，城镇人口5.9万人，乡村人口1万人，迁入人口779人，迁出人口1 618人。另有流动经商人口约3万

市中心商业区现状

人，全市常住人口10.2万人。截至2018年底，全市工商注册经营企业2 042家，个体私营业6 572户。全市有银行保险证券机构67家，机关事业单位210个，行政机关535人，公检法司336人，学校医院等事业单位2 696人。

三、口岸优势

无论是日本学者提出的环日本海经济圈，还是中国学者提出的东北亚经济圈，绥芬河都处于中心位置。这里距俄罗斯远东经济中心城市符拉迪沃斯托克230公里，距俄罗斯远东枢纽港口东方港和纳霍德卡港269公里，距日本新潟港670海里。有铁路、公路两个陆路口岸通往俄罗斯远东，海运可达日本、韩国、东南亚和中国沿海的各大港口。铁路为国际联运，联结着国内外各大中心城市。得天独厚的地缘交通优势，使绥芬河成为中国沿边重

要的边境口岸，被称为"国际贸易大通道"，在全国全省对俄贸易、口岸过境运输中占有重要地位。

但绥芬河城市小，市域面积小，人口少，人才总量不大，环境容量不足，这些情况制约着口岸城市的发展和功能作用的发挥。

中俄跨境铁路进出境处——三号隧道

运行中的铁路大通道

第一编 ★ 清末民初时期

第一章 俄日入侵使绥芬河被迫成为"国境商都"

第一节 沙俄入侵使绥芬河成为中俄边境地区

绥芬河地区可考的历史遗迹和文物包括：建新村东沟的古人类遗址和石器作坊，市区东部的保府沟古人类遗址；青铜时代、新石器晚期的仿青铜石器、石耜、陶纺轮、黑曜石、砭石等工艺水平较高的石器；宋代的铜钱；清代人用的石臼和近代人用的铁锅等，这些，足以说明绥芬河历史悠久，源远流长，创造了灿烂的石器文化，有文物存于绥芬河市博物馆。那时的绥芬河人，生活在大自然的馈赠中，恬淡祥和，过着上山采人参、穿谷拾鹿角的自然经济生活。有流徙有他往，但始终不乏开拓者的足迹。

然而，精奇里江那边有虎狼——一个崛起于欧洲的军事封建帝国之沙皇俄国，对我国虎视眈眈。

"自十七世纪四十年代开始，沙俄殖民主义者一直把我国黑龙江和乌苏里江流域作为其向东扩张的主要目标。一六四三年，沙俄殖民者的触角首先伸向黑龙江流域。"（佟冬主编《沙俄与东北》，吉林文史出版社1985年版，第1页）之后，在一次一次地进与退、让与逼、腐败与坚忍的对决中，历时200年，"沙俄便将我国黑龙江以北乌苏里江以东大片领土攫为己有了"

（《沙俄与东北》第1页）。

1842年8月29日（清道光二十二年七月二十四日），清政府与英国签订了中国近代史上第一个不平等条约《南京条约》，第一次鸦片战争结束了。《南京条约》破坏了中国的领土完整和关税主权，便利了英国对华的商品输出，使中国开始沦为半殖民地半封建社会。《南京条约》签订后，西方列强趁火打劫，相继强迫清政府签订了一系列不平等条约，其中俄国乘英法联军攻陷大沽口之机，用武力强迫黑龙江将军奕山于1858年5月28日（咸丰八年四月十六日）签订《瑷珲条约》，割占黑龙江以北、外兴安岭以南约60万平方公里的领土；同时把乌苏里江以东的中国领土划作两国共管。本来，俄国与英法海军三四年前在克里米亚战争中打得你死我活，英国对俄国在远东的扩张保持着高度警惕，此时俄国却火中取栗，攫得了意外收获。

1860年，俄国驻华公使伊格纳提耶夫赶到天津，去赢得英法谈判代表对他的好感，向他们提供北京情报，又到北京去说服谈判大臣开城议和。最后以英法与清廷签订条约并从京师撤兵，是其"调停有功"，因而向清廷提出新的领土要求。伊格纳提耶夫威胁清朝大臣：正是他而不是别人说服了联军撤回天津，而现在，要将他们召回北京，对他说来也是最容易不过的：只需致函两国特使，说他们和中国所签订条约靠不住，需要修改，此事即可办到。本来，清政府不承认《瑷珲条约》，并将奕山革职查办以示惩戒。但伊格纳提耶夫的恫吓，使清政府惊恐无比。而英法方面对俄、中之间的秘密谈判毫不知情。数天之后，1860年11月14日，清政府即匆匆与俄签订《中俄北京条约》，清廷承认1858年的《瑷珲条约》的有效性，并将原先规定为中俄共管的乌苏里江以东至海之地约40万平方公里的土地拱手相让。在中国丧失的土地中，包括伯力、海参崴等城镇和整个库页岛，也包括面向日本海的辽阔海岸线。从此，中国失去了东北地区对日本海的出海口。

1859年，俄商派布多戈斯基对中俄东界进行非法勘界。《中俄北京条约》签订后，1861年6月18日，清政府派仓场侍郎成琦和吉林将军景淳与俄国勘界委员东西伯利亚滨海省军政省长海军少将卡扎凯维奇和东西伯利亚部队总军需官布多戈斯基在奎屯必拉正式开始会勘中俄东段边界的中俄兴凯湖勘界会议。6月28日，中俄双方代表签订了《中俄勘分东界约记》（又名《黑龙江定界记文》）、《中俄东界交界道路记文》、《中俄勘分东界牌文》和附图。此次勘界会议，实质是俄国非法勘界的继续和补充，是一次不平等的勘界。我方勘界人员不会测绘技术，不谙地理知识，身为勘界大臣的成琦，竟然不知白棱河的位置和兴凯湖的边界走向，将兴凯湖边界的西南走向改为西北走向，把兴凯湖大部让给俄国。之后沙俄政府陈兵边界，驱逐华民，违约强占中国人渔猎之地，派兵侵占黑瞎子等地，1886年，清政府派吉林省边务督办吴大澂与俄方官员再次勘定中俄东段国界。从此，绥芬河成为中俄边境地区。

此后，有大批中国居民离开被清廷割让的土地，内迁垦荒。其中一部分人，留在绥芬河地区的黑瞎子石河畔，伐树搭屋建起一个有几十户人家组成的木窝棚部落。这是近代绥芬河地区第一个居民点。

历史上的每场领土谈判，每个勘界官员的技术操作，都给后人留下这样或那样的遗产，经受千古评说。今天戍边人年复一年的辛勤巡逻和对突发事件的判断处置，政治家对于每个涉外权益的决策，都将继续影响着国家和民族长远的利益。

正如恩格斯所指出的那样："由于征服了中亚细亚和吞并了满洲，使俄国自己的统治权扩大到一块与欧洲面积相等的领土上（俄罗斯帝国不包括在内），并从冰天雪地的西伯利亚进入了温带，中亚细亚各河流域和黑龙江流域，很快就住满俄国的移民。"（恩格斯《俄国在远东的成功》，《马克思恩格斯选集》第二卷，第40页）于是，在1860年前后，有俄国移民越过乌赫苏尔巴亚山沿夹板河闯入绥芬河地区，与黑瞎子石河木窝棚居民邂逅为邻。从此，在绥芬河地区有了中俄文化的交融。

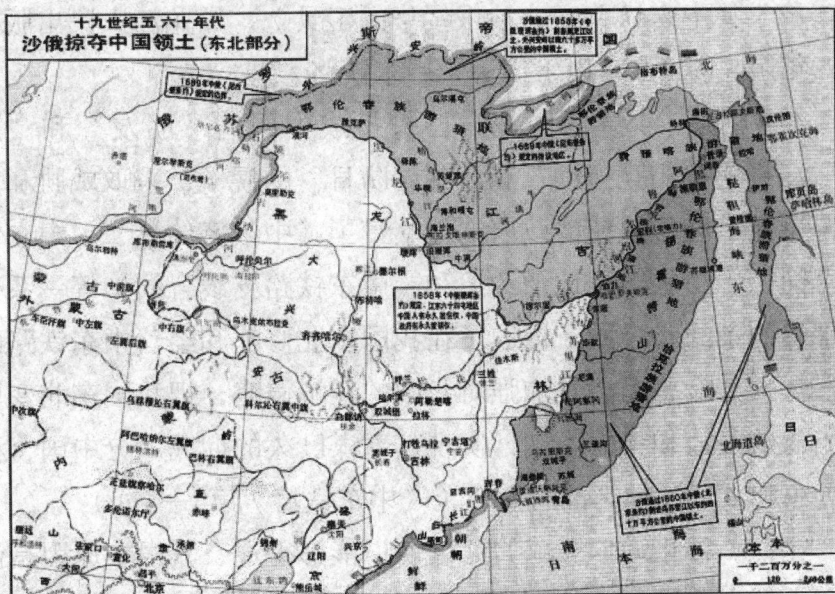

《瑷珲条约》《中俄北京条约》中沙俄掠夺的中国领土

第二节 光明与黑暗交织的明星口岸与"国境商都"

清政府将绥芬河划为中俄边境地区之后，沙俄并未满足。沙俄变换身份，"继续从政治、经济两个方面，推行它的远东侵略政策，其矛头直接指向中国东北"（《黑龙江省志·外事志》第

211页）。

1895年中日甲午战争后，帝国主义列强加紧了对中国的侵略，掀起了瓜分中国的狂潮。而修建铁路正是列强们在中国倾销商品、掠夺原料和输出资本的有力工具；也是他们按照各自的政治、军事和经济实力划分势力范围和瓜分中国的重要手段。于是，帝国主义列强展开了一场夺取中国铁路权益的激烈斗争。（李济棠《中东铁路——沙俄侵华的工具》，黑龙江人民出版社1979年版，第3页，以下简称《中东铁路》）

1896年，沙皇俄国把自己打扮成中国的"朋友"和"恩人"，打着"相互援助"和"共同防日"的幌子，采取威胁和利诱等卑劣手段，迫使清政府同他签订了《中俄密约》、《中东铁路合同》、《旅大租地条约》和《中东铁路支线合同》等一系列不平等的条约和合同，攫取了在我国东北修建和经营中东铁路的特权……其险恶用心是加强对我国的经济侵略，把我国东北变成他们的殖民地和势力范围，实现其蓄谋已久的彻底瓜分中国，称霸远东和太平洋地区的野心。（《中东铁路》第3—4页）

当然，沙俄政府侵略野心之所以能够得逞，其根本原因是清廷有一帮亲俄势力，他们梦想利用俄国抑制日本——而推行"以夷制夷"之策略。

1895年（清光绪二十一年）的中日甲午战争，以清军失败告终。中日《马关条约》签订以后，沙俄伙同德国、法国迫使日本退还所侵占的辽东半岛（日本割占辽东半岛，破坏了沙俄吞并东北、称霸远东的计划——《沙俄与东北》第337页），取得了清政府中亲俄势力的好感。清廷朝野上下，在仇日、恐日的同时，对俄国产生幻想，许多重臣纷纷主张"联俄抗日"（一个羔羊向老狼借力的"以夷制夷"方案）……清廷上下的这种联俄主张，为俄国政府推行对华侵略计划创造了条件。（《黑龙江省志·外

事志》第211页）

沙皇和他的使臣们，手掐清廷的脉搏（贪污、腐败、无能），信誓旦旦，口吐莲花。其财政大臣维特说："为了确保大清国的安全，应由俄国修筑一条经过中国的铁路……以便在最危急的时候，俄国能把军队迅速从欧洲调到远东"；沙皇尼古拉说："俄国地广人稀，断不侵占他人尺土寸地。中俄交情最密……将来英、日难保不再生事，俄可出力援助……"（《黑龙江省志·外事志》第212—213页）

于是，《中东铁路合同》落地了。绥芬河就成为这条横穿黑龙江、吉林两省，与沙俄西伯利亚大铁路相连接的中东铁路的出境口岸中转站了，俄称"鲍库拉尼奇那亚"（即国境站）。

于是，一群以中东铁路修筑者与管理者为名义的俄国人来到了绥芬河。

然而，第一拨踏入中国领土的并不是肩扛测量仪器、手拎锹镐的俄国筑路者和工程技术人员，而是全副武装的沙俄军人，是东正教大主教和神职人员（"利用宗教进行腐蚀与分裂活动，是沙俄向东北渗透和扩张的一个方面"——《沙俄与东北》第332页），是来抢占中国土地的俄国移民。

一、沙俄移民

1897年，以少拉阔夫为首的沙俄第四警备中队500余人，进驻绥芬河安营扎寨。他们荷枪实弹，耀武扬威。随后划出铁路附属地16平方公里，占绥芬河地区总土地面积的六十分之一。这是一块从大清版图绥芬厅兴壤社扣出来的土地，由俄国士兵侵占，不准绥芬厅官吏随意踏入。

1898年4月24日，俄国东正教大主教和俄国中东铁路工程先遣队（20人）来到绥芬河举行中东铁路东线开工仪式。大主教开场说道："天主，我们求你，以你的圣宠，指导我们的工作能顺利进行，愿我们的祈祷和行为，是为爱主而开始，又以荣主而结束。因我们的主基督。阿门。"（《走进绥芬河》第29页）

随后，大量俄国移民越过边境，进入我国领土（俄国一共分四期向侵占区和铁路附属地移民；第一期，1858—1860年，向侵占区移民；第二期，在中东铁路修建以前，主要往黑龙江以北和乌苏里江以东新占领区"移殖俄罗斯臣民"；第三期是1897年以后，则向"铁路租界地"和旅大地区移民；第四期是1900年俄军侵占东北以后，更进一步在东北推行"黄俄罗斯计划"，建立"士兵村"。——《沙俄与东北》第324—325页）。这些俄国移民，随意霸占铁路附属地的草原、耕地，并蔑视中国主权肆意侵占铁路附属地之外的草原和耕地，拒绝缴纳税租。

1898年，俄国人在站前建东正教教堂一座。1908年毁于火灾。1913年重建，名协达亚·尼古拉东正教堂（俗称喇嘛台）。

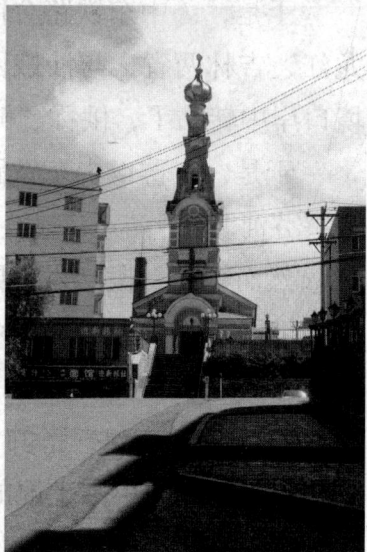

教堂现状

同年5月，中东铁路东部线在绥芬河动工，至1903年建成交付使用。中东铁路东部线由绥芬河站始发西行至哈尔滨站，全程549.06公里；东行出境与乌苏里铁路接轨，直达海参崴，全程235公里。绥芬河境内铁路总长22.679公里，共有管涵及明渠38道，有铁路桥梁19座，其中最大铁路桥为站区北的五孔石拱桥，长91.3米，高15米，号称"远东第一桥"。自站东行至中俄国境间，有穿山隧道3座，号称"三道洞子"。

1900年，绥芬河站正式营运。

营运起始，由契耶莫夫少将率领的沙俄第三军支队乘中东路火车由绥芬河入境，抵达盛京、长春、宁安、三姓和哈尔滨等地，镇压扒铁路、拆桥梁、砍电线、毁教堂的抗俄义和团运动。沙皇尼古拉二世共调集兵力17.7万人，分6路侵入中国。（《中东铁路》第119页）1902年至1906年，在日俄战争期间，中东铁路主要忙于军运。

1900年，中东路当局设俄国小学一所，是中东路沿线最大的一所俄国小学。1913年又设俄侨民学校1所。

1901年2月，驻绥芬河铁路附属地的沙俄少拉阔夫第四警备队官兵全部转为现役军人。

1902年，中东路当局设"北铁病院"1所，至高峰期有病床80张、医务人员100余人。到1920年，俄国人郭鲁别夫开设"白俄医院"1所，设病床20张。

大约1907年，中东路当局在绥芬河铁路附属地设监狱1所，主要关押中国人。

1908年3月30日，中东铁路管理局局长发布第158号令，哈尔滨至绥芬河划为中东路第四警察监管区。

是年4月11日，中东铁路公司理事会强行颁布《中东铁路公司附属地界内各城市公议会章程》（《黑龙江省志·外事志》第241页）。是年5月，中东路当局在绥芬河铁路附属地内成立绥芬河公议自治会。

绥芬河公议自治会隶属中东铁路管理局民政部，公议自治会成员由"民众"（多是俄侨、日侨中有声望的各界人士，中国人很少）选举产生，报中东铁路管理局批准，主管铁路附属地内的税捐、产业、商业、交通、文教、卫生等一切行政事务。

而中国政府仅于铁路附属地内设有一个铁路交涉分局，其职责是地方交涉事宜，兼收地方木石税费，办理出国护照。

是年5月8日，颁布《满洲里并绥芬河两站中国税关暂行试行章程》，规定凡经满洲里和绥芬河两站税关运入俄国或由俄国运入中国的货物，按中国关税的三分之二纳税。

1910年，驻绥芬河站的沙俄护路军及警备队改为俄国正规军编制。

是年，俄国强行在绥芬河——中国的土地上，设立了俄国的海关。他们明目张胆地视铁路附属地为己地。

1912年9月9日，沙俄中东路当局在绥芬河设第三警察署，辖界至横道河子。

至1913年，俄罗斯向绥芬河铁路附属地移民已达2 567人，是中国人口1 276人的2.01倍。其居住地，为铁路附属地建成区面积的80%。中国人居于城北一隅。

中东铁路通车后，绥芬河地区的红松林带被砍伐殆尽，随即砍伐至五花山，绥芬河地区的林业资源遭到严重破坏，人参难觅。

卢布主宰着绥芬河金融市场，成为绥芬河地区的主要货币。万福华在修建"中华市场"时，费用以卢布论价。在20世纪20年代前后，卢布贬值，商户蒙受重大损失。据建华村卢广坤回忆，在卢布贬值时，他们家的一袋子卢布变成了一堆废纸，只能买1瓶酱油。

二、国境商都

在沙俄帝国主义窃据绥芬河铁路附属地的同时，日本军国主义也在觊觎绥芬河，蠢蠢欲动。早在1902年，就有日本人来到绥芬河地区开料理店；一年后达70多人。1908年，其代表人物进入绥芬河自治会，从沙俄当局那里分得一份话语权，去喧宾夺主地强调日本人的利益。1917年11月，借干涉俄国"十月革命"之机，日本"西伯利亚后方联络队"步兵第七十三联队400余人，由俄境沿铁路非法进驻绥芬河。1918年10月，又有100余名日本官兵由苏联赤塔撤回，非法驻留绥芬河并在绥芬河设守备司令部等军事机构。1920年，在帝国主义国家联合"围剿"新生的苏维埃政权时，日军井染大佐将俄白匪军1 200多人运送到绥芬河；是年11月26日，吉、黑两省督军电请北京政府与日本使馆交涉，提出抗议。1921年4月15日，全副武装的日本官兵250余人，由松崎少佐率领，乘8辆军用列车由长春开来，非法驻防绥芬河地区。至此，非法进驻绥芬河的日军官兵已达750人。1922年5月26日，吉林陆军独立团二营（由绥芬河地区地方武装改编）营长卢永贵率兵哗变，造成绥芬河至海林间的中东铁路交通中断，混乱的局面引起国际共管中东路组织的强烈反响，日本大喊大叫，要出兵干涉。至同年8月，经北洋政府多次照会，并迫于国际舆论压力，非法驻留绥芬河的日军部队才磨磨蹭蹭地撤往南满铁路。

至此，绥芬河人看清了一个事实：中东路是沙俄侵略中国东北的工具，绥芬河铁路附属地，就是他们脚下的桥头堡和手中的钱袋子。这个钱袋子，被日本学者枝村荣描绘为"国境上的商业都市"（以下简称"商都"或"国境商都"）。

这个国境商都，是中国商民在沙俄的压榨和盘剥下，以高成本低收益为代价经营出来的。在站前区每一栋洋楼的基石里，都饱含着中国商民的汗水与辛酸。

中东路修筑伊始，有小本经营者看到了筑路工人这个消费

原赤查果夫茶庄楼，俗称人头楼

群体，他们背篓挑担地来到中东路工地，指地为市赚点蝇头小利。

中东路通车后，有商品或农副土特产品在这里输进输出，一个市场诞生了。

到1905年，商都形成，有中外客商105户。美国等外国客商以收购东北特产为主，国人以经营日用百货为主，日本人主要经营服务业和料理店。到1925年，商都达到顶峰，有中外商家165户，其中杂货商19户、食杂商31户、酒及食品商24户、特产商9户、靴制造商8户、皮商2户、靴商3户、街头摊贩7户、肉商18户、菜商1户、文具店3户、宝石商1户、小店18户、果子商3户、家具商4户、石灰商1户、服装店1户、洋服店1户、其他11户。另外，还有一群庞大的以杂货商为支撑的行商队伍，人以千计。消费人口约6万人。

据1927年统计，绥芬河市（不含阜宁镇、寒葱河）总人口8 076人，其中汉族3 430人，占44.5%；朝鲜族364人，占4.7%；外籍人3 918人，占50.8%。在外籍人中，俄罗斯3 878人，占外籍人的99%；日本40人，占1%。其他外国人，流动性较大，从1913年到1930年，先后有8个国家（法国、英国、澳大利亚、波兰、美国、意大利、捷克和无国籍外国人）394人，在绥芬河居住过，其中商人居多，多呈季节性经营。

至此，绥芬河市堪称一个国际化的城市，国境商都名不虚传。

应该说，商都是美丽的。商都的城市建设，有两种风格。

站前西流水区域，为欧式风格的俄罗斯建筑，其挺拔、敦实、俊秀，个个如铆。有住宅、机关、商业门市房，楼房点缀其间。街路宽阔、笔直，以土路为主；有边沟，有路灯，有人行道拾级而上；有原始森林公园1处，有人工蓄水游湖1处，有街心花园多处；在十字街心多配有素雅的蓝色伞状商亭（哈尔滨多见）；有上下水设施。在俄、华临界处设水亭子1处，向华人售水。

欧式建筑群很典雅，是中国工匠和俄国工程师共同造就的艺术品。

东正教堂翘首东山坡上，金碧辉煌，钟声悠悠；一个洋葱似的冠顶，把人们的视线引向上帝。有俄侨民学校、人头楼、大白楼、欧巴旅馆、俄国领事馆峰起走岚。在街巷内，红栅绿树白烟，烤炉飘香，有手风琴的旋律跌宕。

原俄式民居遗存

城东北侧洼地，为国人民族建筑。

这里楼房也不少，却是浮在冻土层上的。上下两层，铁顶出檐，门窗对称，清水墙无雕饰，以石结构为主。匾或幌很绚烂，深了街巷。有大门洞子，通向后院。后院少有家眷，有食堂，有伙计大炕，有老客大炕，重大交易在后院进行。

一个值得后人反省的现象是：岭南的俄国人拿客地当家，所建楼房坚如磐石又典雅，有家有院有烤炉。岭北的中国人拿家当客地，盖个房子像蝈蝈笼子，小饭馆，一把柳条一锹泥而已；大商家有楼房，也只顾前脸不问后事，在暴风雨中，会有楼房轰然倒塌。

这里有三多：跑腿子多、妓院多、小本经营者多。有三少：

女人少（1923年统计，男性人口占83.49%，女性占16.51%，男性是女性的5倍）、大商家少（1918年统计，商都共有上等华商20户，拥有资本22万元大洋，其中3万元2户、2万元3户、1.5万元2户）、铁路以外的产业工人少（1928年统计，全市只有酿酒业工人15人、发电业工人7人）。

可以说，这是一个由候鸟——单身汉组成的城市，在伙计大铺里有京胡独奏，在年夜厨房里有老板向煮饺子的厨师讨封——挣了。

1910年，俄国为扩大商品输出而限制外国商品输入，封闭了开放的海参崴港，禁止与外商自由贸易。俄国推行的这一政策，引起俄国远东市场的混乱，使粮食、布匹等日用商品奇缺，物价暴涨。于是，走私贸易潜入俄国远东市场，绥芬河是主要渠道之一。

走私贸易，时称"跑崴子"（海参崴）、"闯东沟"（乌苏里斯克、波格拉尼奇内等地）。走私者队伍由中国人（占80%）、朝鲜人（占15%）、俄国人（占5%）构成。中国走私者在杂货商后院里，将走私品（如粮食、布匹、绢织品、化妆品、酒精、酒、水果、茶叶、皮张、服装、袜子等食品和日用品）盘点在背篓内，然后结伙徒步由绥芬河铁路附属地启程，涉过水曲柳川河，沿喀尔端那亚河谷到达波格拉尼奇内，或沿高鲁道河去绍夫亚、阿米柯沙亚，在俄国黑市上将商品出手。此谓背背老客。后来苏联政府打击走私贸易，徒步走私被遏止。走私者变换招数。他们将走私服装一层一层穿在身上，凭护照，凭车票，坐哈尔滨至海参崴的国际列车去苏联（仍有徒步去的）。到苏联后，去黑市将服装一件一件地脱下来卖掉。此谓扒皮老客。他们往返走私。回程，也要越过检查，将鸦片、烟草、鱼类、五金类、毛皮等苏联商品带回国内。

走私贸易者，同绥芬河地区的杂货商形成依存关系。杂货商利用走私贸易扩大国内商品销售，又从走私者那里获得廉价的俄国商品，利润颇丰。走私者可在杂货商的安排下，食宿无忧。走私者也在俄国建立贩卖关系户即走私品贩卖店，由其接待、销货、采购回程走私品。有的大商号还在绥芬河地区和俄国境内开设钱庄，为走私者服务。当走私者到达俄国将走私品出手后，不想采购回程货物时，可凭走私品贩卖店的凭据，到钱庄领取银票。走私者回到绥芬河后，可凭银票到商号上货，也可到钱庄兑换现金。

于是，商都由此而繁华，盛名远扬。

原俄式民居

可以说，这个繁华的商都多半是支撑在中国走私贸易者的肩膀上的。而丰厚的税金，则流入了中东铁路管理局的钱袋子。

1914年，阜宁屯垦公司主办万福华来到绥芬河，他透过商都之繁华，看到的是"国体主权交受损害"之本质。他说："交界五站为远边第一重门户，轮轨所经，商民辐辏，华商辐辏，华商咸侨寓俄境及俄站界内，每岁公私捐款不下数十万巨金，商民终岁勤劳悉为外人剥削殆尽。不独此，当时东宁知事张君文翰在站，稍不接洽即遭驱逐。陆军过境仅限以十二小时，逾限即卸除枪械。中国边界向少规划，所以外人日侵月削无有已时。俄民沿边一带任意垦牧抗不交租久之，视为己有，喧宾夺主。"（万福

华《呈吉林省实业厅缓限升科报告》)

面对此等"再再堪虞",他站出来了,他要对俄国侵略者说"不",他要力所能及地改变这种现状。

万福华,抗清义士,一位爱国的儒家知识分子,他在绥芬河的职位仅仅是一个屯垦公司主办。但是,他却心系"国体主权、商业民生",凭一己之力,做自己能做的事,而奋起抗争。

万福华凭借阜宁屯垦公司这个平台,致力于:(一)屯垦实边,防外人侵略之渐。采取的措施有:1.在阜宁垦区设立护垦队兵及市场巡警,以维地面及垦户之平安;2.酌假安家籽种招来垦户,加以恩义,宽其年限,借励流之归聚;3.改良农产,以开此方风气而厚民生;4.开辟道路以远交通;5.多设学校,用启边民智识;6.划清边界免外人侵略之渐;7.俄民一律勒令承佃交租,固我自有主权。(二)创办"中华市场","以尊重我国体主权、商业民生",为民争利。主要措施有:1.与铁路附属地清边界辟市场;2.设市场巡警,保护交易;3.制定优惠政策,借励(商户)来归。

到1917年,在万福华的"尽心规划、苦心经营"下,绥芬河别开生面了,在屯垦实边方面:1.大田之熟地达670余坰(公顷),其中,寒葱河400余坰,双榆树(今东宁界内)56坰,五站界外214坰;2.建设村屯几十个,可谓星罗棋布,达屯垦实边之初衷;3.建高等小学1所,有38名垦民子弟入学享现代之教育;4.凭铁路附属地原图,让中东路当局无可抵赖地将图外侵占之土地一概取消,成为公司固有财产;5.俄人承佃计36户,改变了俄民任意垦牧喧宾夺主之现状。在"中华市场"建设方面,"成效之速外人咸诧"。

"中华市场",实名实地,由万福华呈请吉林巡按使王某及财政厅厅长熊某获准成立,位于铁路附属地腰屯西侧,占地面积

180垧。阜宁屯垦公司为之投资俄银3万多元。

1916年夏，"中华市场"规划就绪，向商民开放。每领一号街基（长十二丈、宽六丈，合华一亩二分），岁收警捐吉银2元4角、地租1元2角，别无规费。远近商民承领街基者至600余户。1918年统计，"中华市场"之商业略分四等，其中甲等24家、乙等84家、丙等70余家（为中小营业）、丁等90余家，合计不下270余家，临时小营业尤不在此数内。有家室者亦至100余户。中华市场商户为铁路附属地1914年108户的2.5倍，为1925年165户的1.63倍。因为"中华市场""捐费廉保护周不循私利勤求公益，所以商民来就，咸有宾至如归之感"。

中华市场由万福华委托师爷张西垣设计，为方正的棋盘大街，中心大街称正阳大街。房屋沿街排列，均为二层小阁楼；红砖、青石、银灰屋顶（俄产镀锌铁瓦），白灰嵌缝，中西合璧。街上，客商如织，有牌匾横楣，琳琅满目，一派繁华盛景，人称阜宁镇。有阜宁屯垦公司、阜宁小学、阜宁商会、阜宁农会坐落其内。除商号外，还有手工业者、服务业者在此经营，其外周有农户居住。

"中华市场"的出现，把"国境商都"推向鼎盛，魂在"中华市场"。

三、俄国"十月革命"后的绥芬河

到1917年，绥芬河的历史跨入一个新的阶段。

是年11月7日，俄国工人阶级和贫苦农民，在列宁和布尔什维克党的领导下推翻了地主资产阶级的统治，建立了苏维埃政权，取得了十月社会主义革命的胜利（《中东铁路》第131页）。消息迅速传到哈尔滨及中东铁路沿线，沙俄帝国主义在中国领土上的殖民统治开始瓦解，霍尔瓦特政权摇摇欲坠。在这种形势下，中国军队趁机进入中东路，夺回护路权。

同年，俄国"十月革命"后，在哈尔滨的俄国人特别是俄国军队，也分裂成两派（革命派和反革命派），且俄国工兵苏维埃军事委员会成立。至同年12月29日，在夺路权策略的通盘考虑下，俄国工兵苏维埃军事委员会被中国军队解除武装，领导人留金被遣送出境（《黑龙江省志·外事志》第227页—228页）。

1918年，驻绥芬河沙俄护路军迫于中国护路军的进驻和俄国"十月革命"形势的压力，陆续撤回俄国。

1920年2月初，俄国工人成立工人联合会，由此，布尔什维克党进入中东路，在中国工人阶级和东北地方政府的支持、配合下，发动了驱逐盘踞在中东路的沙皇残余势力霍尔瓦特（中东路坐办、铁路局局长）的全路大罢工运动并取得成功，结束了沙俄残余势力统治中东路的局面。在"驱霍运动"中，布尔什维克党通过俄工人联合会发表《宣言书》，其中声明：俄国"在满洲居住之劳动人民，既不侵犯中国主权，亦不抱侵略意义，惟愿享受真正之和平，并与中国之民和衷共济，以期达到自由文明之地步"（《沙俄与东北》第656页）。由此，中俄（沙皇）关系结束，进入中苏关系新时期。

需要指出的是：俄国"十月革命"后，苏维埃政权推翻了沙皇统治，在世界上建立起第一个社会主义国家。然而，他们却保留了沙皇的扩张政策，不断在中俄边境制造流血事件，欲制造边境无人区，图谋中国领土，与"宣言"大相径庭。

在中苏边境线绥芬河段，我国政府未设一兵一卒一哨（虽有部队驻防却未尽边防之责）。发生边境事件后，仅靠铁路交涉分局与铁路路警处与之交涉，往往不能奏效，为苏联蚕食我领土、制造边境事件，提供了方便。

在沙俄的殖民统治下，绥芬河经济基础很薄弱，被人称之为建立在沙漠上的经济。在市政建设、文化教育方面，尚具规模。当时，绥芬河地区的教育业，在黑龙江省处于领先地位，有中、俄、朝学校7所以上，学生600多名，其中阜宁小学230名，占38%；光华小学（东省特别区第三区第一小学校）286名，占47%；朝鲜丽兴小学60名，占10%。全地区在校学生，约占常住人口的2.4%；全地区有教师近30名。另外，在市内还有1所中东铁路公司兴办的初级中学，称公立华俄中学。

文化生活也较活跃，有市自治会兴办的俱乐部1所，开展业余文化活动。有"游仙茶园"戏院1所，有周信芳、马连良、高伯岁、周德成、小福光等京剧名角应邀于此演出，一日三开厢。有无声动物电影，进阜宁小学放映。有中东路图书列车驶入绥芬河站，向铁路职工开展图书借阅活动。

然而，绥芬河人没有把握好这个历史机遇，仍然热衷于走私贸易和鸦片经济。

张宗昌在任期间，在绥芬河地区推行鸦片经济。一时间，罂粟遍野，烟馆林立，鸡毛店（一种廉价旅馆）充斥大街小巷；人口暴涨，市面繁荣，满足了张宗昌的军费和私囊。张宗昌也慷慨解囊，打井、修路、资助教育，博得了老百姓的赞誉。殊不知，有大烟鬼毙路，有赌徒卖儿卖女，有"小线"（独自活动的土匪）掷票，社会动荡不安。

（一）李金生问路商都

李金生不一般。他和中国早期的知识分子一样，抱工业救国之志，出洋留学日本，专攻电学。1912年学成归来，经一番考察，落脚绥芬河，创办了宝成电灯公司，让烛光照亮绥芬河。

公司建立之初，年发电量300千瓦，到1928年，发电能力达5.16万千瓦，有电灯用户870户，电灯3 920个（当时总人口7 712人，平均1.96人1个电灯泡），电力用户6户，其中大户是中东路站段。电灯发展较快，电力发展缓慢。

（二）刘立山与啤酒酿造

刘立山没有资本，只有一身力气和求知的眼神。他投身乌洛班比瓦庄，学了一身欧洲啤酒酿造技术，发扬光大于新中国的啤酒酿造业。

（三）精英在绥芬河市自治会

自治会一共13人，以不动产和缴纳营业捐额度为入选资格。其中 商人10人，占76%，除副会长宋振祥以不动产3万元入选外，其他人都以45元、60元、80元、120元、150元不等数额的营业捐为资格入选（合计年缴营业捐1 025元）；工业战线1人，其他1人，文员1人，占23%。李金生拥有不动产12万元，被选为会长。李金生号召：将商业资本向工业资本转化。76%的比例，1 025元的奉献，何谈资本？有转移，都零零星星地转移给一分一亩的土地了，这土地在全国各地。

（四）商都萧条

1920年后，绥芬河地区的行政建制逐渐恢复和完善。1926年，正式设绥芬河市（阜宁镇与寒葱河仍隶属东宁县）。由此，绥芬河进入一个新的历史时期，可以告别殖民地经济华丽转身了。

绥芬河市政公所共有官吏8人、雇员5人，其中，无国籍外国人5人，都是技术人员，不掌大权。在8名中国官吏中，学文（小学、高等学堂、师范）的5人，学军事的1人，学警务的1人，其他1人；没有高等学历，也没有学经济的。在5名雇员中（原铁路附属地留用人员，均为无国籍外国人），有大学毕业生3人，其中学工业的1人，学农业的1人，学兽医的1人；有专科生1人，小学毕业生1人。市长洪维世是奉天讲武堂毕业的，被授予陆军中将军衔。

在市政公所职务中，有市长1人，市董1人，股长2人，股员3人，通译1人，收捐员1人，警长1人，警员1人，仆役2人。其薪资列入财政预算支出。市长月薪150大洋，接待请客均自掏腰包；收捐员职责相当于工商、税务、财政三局，月薪30大洋；通译通俄、日、英语，职责相当于外事办公室，月薪30大洋；警长月薪5个大洋，警员月薪3个大洋。

绥芬河该怎样定位，他们在斟酌李金生资本转化的建议，然而，时势不等人。

1924年张宗昌升迁后，苏联政府和中国东省当局都逐渐加强了边境管理。

1925年，东北地方当局下令禁种罂粟，张宗昌和后张宗昌时代结束了。

同年，苏联政府严禁走私者入境，对边防兵实行"堵截奖赏分成法"，苏联边防士兵每截获1名走私者，可获一半走私品的奖赏。对走私者的处罚，也严厉起来。首次被截获，没收走私品；第二次被截获则拘留；第三次被截获则可能被处死。

截至1926年绥芬河正式建市，开埠32年，其中沙俄及其残余势力统治了23年。在这个阶段的绥芬河经济，恩格斯有过精辟的论述，他说：帝国主义建筑"在中国的铁路意味着中国小农业和家庭工业的整个基础的破坏，由于那里甚至没有中国的大工业来予以平衡，亿万居民将陷入无法生存的境地"（《马克思恩格斯全集》第38卷，第467页）。这才是绥芬河沙漠经济症结之所在。

所谓的国境商都，正如《中东铁路》一书（第76页）所分析的那样："中东铁路的修筑和通车，使铁路沿线的人口不断增加。继沙俄侵略者之后，其他国家的一些投机商、工厂主和冒险家也蜂拥而来。各种机关、工厂、商店、货栈和银行在铁路附属地纷纷设立。一时使附属地原有的一些城市和村镇畸形发展，出现一派虚假繁荣的景象"，唯独不虚假的是侵略者的利益。

到1931年，绥芬河市区的中外客商跌至125户。到1932年仅存21户，其中苏联8户、日本3户、美国2户、法国1户、丹麦1户、民族商业仅存6户。"中华市场"好些，有民族商业20户在维持经营。

因外国商人享有免、减税等优惠政策，于是民族商号纷纷挂外国旗，以缓经营之艰。所以，继"国境商都"之后，绥芬河又被封以"旗镇"之雅号。

之后，中东路在绥芬河设立的消费合作社，向绥芬河倾销廉价商品，民族商业被挤压，举步维艰。在绥芬河商会的斗争下，绥芬河警察署取缔了绥芬河铁路消费合作社的非法经营活动。

这只是一个小插曲，无碍大局。

在绥芬河建市前的1921年，地方税收为大洋4.6万元，到1930年降至3.9万元，到1931年降至3.3万元，到沦陷前的1932年，降至2.4万元，一路下滑。

（五）农业与工业发展

在农业方面，绥芬河基本上还在万福华留下的体制上运转着。人口由1923年的35 545人（其中大部分是流动的烟农），减至1932年的5 445人（纯农业人口），减少了85%。土地由1918年的670垧，增加至1932年的2 000垧，增长2.98倍。"跑腿子"少了，女性多了，由1923年的16.51%，增加至1932年的33.9%。男女比例为1.94:1。在960平方公里（含市区）的土地上，分布着27个村屯，住着1 009户人家，户均经营土地1.98垧。

工业有两个坚守：李金生在坚守着他的发电机组，刘立山在坚守着他的啤酒酿造技术。

李金生为他的坚守付出了代价。时，中东路哈尔滨铁路管理局提出种种理由要东省当局取缔宝成电灯公司，由铁路局自办电厂。李金生咬紧牙关连续8年降价经营（每年降价5%），终于挫败了中东路当局的阴谋，把电厂保了下来，把它贡献给新中国（虽然曾被日本侵略者强买占领，但最终回到了人民的怀抱）。

较为上乘的规模工业产品除电和啤酒外，还有"老复兴"（一家集工、商为一体的著名商号）家生产的"二锅头"白酒和其他饮品，别无其他。

1927年，德国举办皮货博览会，吉林省实业厅征集裘皮样品，绥芬河商会和阜宁镇商会挨家对皮货商铺询问，竟找不到一件参展作品（《走进绥芬河》第316页）。小手工业尚可，有糕点、豆油、豆饼、白莙皮革制品、铁木制品等，其中李家炉的镰刀、张家木匠铺的车脚（轮），在牡丹江东部地区负有盛名。与之相应的工匠有铁匠、木匠、皮匠、粉匠、银匠、洋铁匠、酒把头、豆腐倌等。

截至1932年，在中俄文化（俄国设计师大方的设计加中国工匠细腻的工艺）交融下的绥芬河，城市风光还是清秀的。亭榭楼台，小桥流水（径流水），峰脊跌宕。

市政建设投入较多，年公园路灯等市政修缮费用在5 000元左右，约占税收的20%。

交通、邮政、通讯、建筑业较发达，有国际列车、国际电话、国际邮包往来。

农民很特别，不种荞麦种燕麦，不戴毡帽戴礼帽，扛着芟刀打洋草，和老毛子论布袋（中国俄语，俄计量单位，1布袋36华斤）；夏为农，冬做工，亦工亦农不挣捆人的钱。

总之，绥芬河在屈辱中诞生，在抗争中发展，有盛名，有彷徨，有历史遗憾。当在李金生的呼吁下，有识之士正要把商业资本向工业资本转化时，日本侵略者来了。

　　先期而来的是日本学者枝村荣，通过调查，他写出了《国境上的商业都市》一书（"国境商都"由此而蜚名），建议绥芬河走商工型城市的路子。

　　然而，他的主子按他说的做了吗？

　　被沙俄攫取的铁路附属地又回到中国的行政区划中来，有布尔什维克党哈尔滨工人联合会所发表的《宣言书》之余音在缭绕。然而，中东路这块土地和中东路中国铁路工人所创造的价值，依然在流失。

　　绥芬河，这座明星城市与经济学上的繁荣失之交臂了。

"民国"与日伪时期的绥芬河市区

第二章　党在绥芬河的早期活动

第一节　绥芬河工人阶级在黑暗与光明的交织中诞生

让俄国沙皇想不到的是，他们把侵略魔爪伸进中国的同时，也把俄国工人阶级和他们的无产阶级革命思想，带到了绥芬河。绥芬河铁路巡警和绥芬河市警察署，分别于铁路工厂和苏籍职工住宅内搜出以反抗日军、中国官吏，打倒资本家，实现共产主义为内容的印刷品和赤色报纸。在中东路中俄共管时期，有中东路上的俄国工人向绥芬河人宣传马列主义等革命知识。

在中东路修建初期，有500（一说5 000）多名被沙俄中东路当局从海参崴雇佣的中国劳工进入绥芬河，分别从事筑路与城市建设工作。他们与俄国工人结缘，深受其影响。后来，有人就在绥芬河留下了，或经商或搞建筑，有的当了铁路工人。

中东路通车前后，有人看好了铁路这份比较稳定无风险按点上下班的工作，就扔了锄头扔了背篓，到铁路抢大镐去了。他们向俄国工人学技术，与他们朝夕相处，互相成了朋友；交换列巴和饺子，也交换风俗和思想。

绥芬河地区的第一支产业工人队伍，在中东路诞生了。

同时，绥芬河、阜宁镇的农民也喜欢于冬闲时到铁路工务段或车站卖小工，与俄国工人打成一片，称兄道弟。他们相邀去打围（围野猪、围黑瞎子——狩猎），传播、学习活框养蜂技术。然后，大缸子喝比瓦（啤酒），大块吃鹿肉，讲各自国家的故事。于是，在绥芬河农民的身上，也染上了一些俄国工人的色彩——豪放与征服。所以，外地人（如东宁）称绥芬河农民为"铁道流子"农民：不看三星听汽笛，按火车鸣笛声，来安排作息时间。如火车笛声传到"侯学礼"（地名，在市区西北方向），就要突击手中活，知道天要下雨了。他们知道布尔什维克党，但认知模糊，称之为穷党。

面对中东路沙皇军警的残暴行径，有人揭竿而起了，其中不乏俄国朋友的身影。

例如，有木帮工人高举抗俄义旗，以马车行为手段，暗杀对中国人施暴的沙俄护路军散兵。

1907年，绥芬河一带的抗俄志士，经常骚扰和袭击俄军兵营，使沙俄侵略者坐卧不宁。5月29日夜，抗俄义军突然袭击绥芬河车站沙俄护路队，骑兵大尉伊万诺夫和3名下级军官被当场击毙。

是年6月11日夜12时，有"胡匪""俄匪"共四五十人，持枪闯进铁路附属地绥芬河城区监狱，抢去"华犯"2人；交火中监狱总管丧命，狱警3人受伤。

1917年11月7日，在列宁和布尔什维克党的领导下，俄国人民推翻了沙俄政权，建立了苏维埃政权。国际帝国主义和俄国反动派不甘心失败，联合起来"围剿"新生的苏维埃政权。在中东路的沙俄余党霍尔瓦特也拼凑了一个反革命的所谓"远东政府"，宣布中东路独立。

1918年初，绥芬河及其他中东路沿线中国工人与俄国工人并肩，举行了声势浩大的罢工，反对继续控制中东铁路的沙俄残余势力。罢工，几乎使中东铁路运输陷入中断。

1919年7月中旬，中国工人向中东铁路当局提出"不要霍尔瓦特票子"，"支付工资一律改用银圆"的要求。这个要求是完全合理的，因为当时各种纸卢布贬值太厉害了，而银圆相对比较稳定。但中东铁路当局拒绝中国工人的要求，于是满洲里车站中国工人开始罢工并迅速扩展到整个中东铁路。25日，中东路全线机车库的中俄工人全部参加罢工，之后中东铁路所有列车全部停运。这次罢工有力地支援了俄国红军在1919年末粉碎高尔察克军队（沙俄余孽）和取得反对外国武装干涉的初步胜利。绥芬河的中俄铁路工人也参加了这场罢工斗争。

1920年2月，绥芬河铁路工人再次举行因铁路当局拖欠工资的罢工。

布尔什维克党人欧巴来到绥芬河，以旅馆为掩护，与中国工人联手开展革命活动。

同时，面对日本帝国主义的非法驻军，爱国的绥芬河人也做出了反应。

1921年4月9日，日使声称，本月5日，中国军队在中东路绥芬河站击毙日本士兵1名，就此事提出交涉。

1931年1月5日，中东路绥芬河、穆棱、磨刀石、横道河子站，有《中东路工人书》散发，号召铁路工人行动起来，打倒华工事务所，团结一致开展同盟罢工，誓为建立自己的工会而斗争。

几十年来，俄国工人或其他正义人士，与中国绥芬河的工人并肩战斗，反殖民统治、反剥削、反压榨，使中国绥芬河的工人阶级队伍在斗争中发展壮大，形成了绥芬河地区的革命力量。

当年地下交通站欧罗巴旅馆旧址

第二节　肩负起共产国际地下交通站的历史使命

　　1919年，在列宁的领导下，于莫斯科成立了全世界共产党和共产主义组织的国际联合组织，即共产国际。

　　1922年7月16日至23日，中国共产党在上海举行第二次全国代表大会。大会决定在东北地区的绥芬河、满洲里两地设立地下国际交通站，开通上海至哈尔滨经绥芬河到达苏联海参崴、莫斯科的地下交通线；负责掩护、迎送往来于共产国际和从事地下活动的党的领导同志以及传递文件等工作。地下交通员，由在国际列车上工作的中共党员与共青团员担任。其工作单线联系，由上级党组织直接领导。中共中央负责此项工作的领导是李维汉。由此，绥芬河华丽转身了，成了世界无产阶级革命与中国革命相联系的纽带、驿站和桥梁。在此期间，有苏联同志与中国地下交通站同志并肩战斗，其中大白楼和欧巴开设的旅馆，被列为绥芬河国际地下交通站的地下旅馆。

1924年，出席共产国际"第五次代表大会"的李大钊、王荷波、罗章龙等领导同志，在绥芬河地下交通站的迎送下，安全抵达目的地。

1928年，中共六大在苏联莫斯科举行。与会代表在4月下旬至5月下旬间，分不同路线出行。瞿秋白、蔡畅、龚饮冰等十余人走绥芬河、海参崴一线，由绥芬河地下交通站负责迎送，保护他们安全抵达莫斯科。

是年8月至10月，中共六大在莫斯科闭幕后，周恩来、罗章龙等50余名代表先后在绥芬河地下交通站的护卫下入境回国。

同年11月，在莫斯科中山大学和东方大学毕业的中共党员赵毅敏等一行27人，经绥芬河回国。赵毅敏到哈尔滨后，被共产国际交通局接待站留在哈尔滨做国际地下交通工作。不久，他又被派往绥芬河国际地下交通站，与妻子凌莎以"双合盛"杂货铺为掩护，开展地下交通工作；1929年去上海。

1930年7月，绥芬河国际地下交通站掩护邓中夏回国。同年12月5日，绥芬河国际地下交通站迎送从苏联步兵学校回国的黄火青等6人。

1931年初，绥芬河交通站成功迎送从苏联回国的张闻天与杨尚昆两位领导。

同年，中共北满地委执委委员安贫被调到绥芬河，负责地下国际交通工作。1943年共产国际解散，绥芬河国际交通站也光荣完成了历史使命。

绥芬河，这座明星口岸城市，在屈辱中诞生，在黑暗与光明的交织中，承担自己的使命，在共产国际运动与中国革命老区建设中，都占有一席之地。

第三节　早期地方党组织的建立

1920年，在中国共产党成立前夕，就有共产主义"幽灵"（《共产党宣言》），从中东路进入绥芬河。在有中俄两国工人做工的中东路绥芬河铁路工厂，让人们触摸到了他们的身影。1922年3月，中共党员马骏受党组织派遣，从天津回到家乡宁安。然后专程到乜河、牡丹江、绥芬河等地，向铁路工人和知识分子传播马列主义。

1923年2月7日，中共领导的京汉铁路全路工人大罢工，遭受军阀武力镇压失败后，北方地区工人运动暂时转入低潮。"二七"惨案发生后，党组织将一部分党团员派往中东铁路沿线，其中胡玉忱等四人秘密来到绥芬河铁路修车厂（机务段），以铁路工人身份为掩护，开展工运工作。这是绥芬河地区的第一批地下党员，由他们组建成立了中共绥芬河铁路支部。

1925年，成立绥芬河共产主义青年会，宣传新思想；不久被警察取缔。

1926年5月，王纯一和另外三位同志受中共北满地委派遣，来绥芬河地区组建绥宁特别支部委员会，王纯一任书记。同年12月，王纯一等四人撤回哈尔滨。

1929年4月，延颇真受中共北满地委派遣，来绥芬河组建中国共产党五站支部，并任书记。

1930年，成立共青团绥芬河小组，隶属东宁团组织。

1930年前，崔专龙来到绥芬河，任中共寒葱河支部书记。

从1926年到1931年，据不完全统计，先后有22名中共党员受党的派遣来到绥芬河地区，建立或调整了党的组织，把党的影响播撒在这块有工人阶级崛起的土地上，为后来的东北解放区建设打下了良好的基础。

毛泽东当年称道中国革命"雄鸡一唱天下白"，绥芬河的党组织和工人阶级，就是这只雄鸡发出的一个音符。它高亢，它尖锐。它在为党的领导人在这里出行报安；它在为马列主义经绥芬河在中国的传播唱晓；它在为东北抗日联军教导旅的侦察活动送行。

它居高声自远！

第三章　军旅边关

第一节　边界与边民

据考古证明，有中华古人类生息于绥芬河地区，留下建新东沟和保府沟遗址二处，有文物出土。

古人行踪不定，时兴时湮。

1860年（清咸丰十年）不平等的《中俄北京条约》签订后，绥芬河以东100多万平方公里的中国领土并入了俄国版图，绥芬河蒙耻成了与俄国接壤的边境地区。有不甘沦为沙皇属民的中国同胞姐妹，离开了俄国统治下的世居故土，来到黑瞎子石河畔，搭屋聚屯，形成了近代绥芬河地区的第一村，即木窝棚部落。

掠走100多万平方公里中国领土的沙皇俄国，仍对我国富饶的土地垂涎不已。正如万福华所说："中国边界向少规划，所以外人日侵月削无有已时。"绥芬河之边境国土，仍被俄国蚕食不已。

清末，国人认识到，空旷边境任人侵削的现状必须改变，遂制定出"屯垦实边"的国策，向东北边境地区放荒移民。

1910年（清宣统二年），东宁厅副通判张祖策倡办东宁富宁屯垦公司，在东宁、绥阳、土城子和绥芬河之间，兴屯垦实边之大业。然而，由于经营不善，至1914年，"领户（垦荒者）开垦成熟者寥如晨星，荒芜不治者最居多数"。绥芬河地区只有寒葱河流域，有少量土地被开发，其人口呈流动状态。

1914年，万福华接管富宁（后易名阜宁）屯垦公司后，经其苦心经营，日事改革，使绥芬河垦区由寒葱河流域扩展到铁路附属地界外。有东北沟、别了洼、綦胖子沟、通译沟和保府沟等自然村屯在中国的边境线上落地生根。

（一）别了洼

别了洼，为俄语"第一"的意思。其位于市区东南侧，与俄国接壤，是中东铁路入境处。这里地势险要，山高林密，有水曲柳河发源于此，流入俄境。这里气候温暖，土地肥沃，适合种植一些晚熟作物，堪与东宁盆地媲美。这里是中俄之间的交通要道，沙俄侵占中国时，取道于此；国境商都之背背老客，也由这里徒步进入俄国。

1921年4月18日，绥芬河农民徐元好、吕贯才、沙敬祥、徐庆和等5人，在去中俄边境地区我方一侧种地行至别了洼时，突遭越境的4名俄国骑兵的枪击和砍杀，4人殉难，1人重伤。

面对苏俄的侵略行径，绥芬河边民没有退缩，他们依然去别了洼，依然耕耘守护在祖国的土地上。

至1934年前，别了洼有居民24户。

1934年12月3日，伪满政府公布《集团部落建设公告》，实行"归屯并户""匪民分离"的殖民统治时，这里的居民，才在日本侵略者的刺刀下迁徙他处。

（二）保府沟

保府沟，位于绥芬河东山东坡岭下，与俄国"六一三·九高地"奥斯特拉亚山相对，俄国可在那里直线观察我境。

约1914年，有河北省保定府人来此开荒种地，故名保府沟。多数人春来秋走，呈季节性居住，也有少数人在此定居，至1922

年形成一个自然屯。日军入侵后清沟，住户被迫迁走。

这里有石器等文物出土，是绥芬河地区中华古人类遗址之一。

1930年4月29日，安振东等6名农民在保府沟一带种地时，被越境的苏联边防军骑兵掳去，同时掠走马一匹、犁一副。6人被苏联边防军扣留在格罗捷阔沃达八九天之久。经绥芬河铁路交涉分局多次交涉，方予放回。

同年5月16日上午10时，苏联边防军骑兵又一次武装越境，把在保府沟种地的黄孝先、卢兆林、孙老五等3人掳至格罗捷阔沃关押近一个月才予放回。苏联边防军声称：今后不准再至该处（保府沟）种地！

绥芬河边民不听邪，不走人，不退荒，村落依然屹立在祖国边关之土地上。

截至1934年，这里有垦民24户。

到1934年，这里的垦民才在日本侵略者的刺刀下迁徙他处。

（三）鹿窖沟

鹿窖沟位于市区南部，因有人于此挖窖捕鹿，故名鹿窖沟。

这里山高林密，野草丛生。有中苏地工人员、东北抗联教导旅的侦察人员出没于此，从事刺探日军军情的活动。

在旧中国，中国没有边防部队，只在远离边境的中心城市驻扎军队。外人入侵时，才派部队奔袭进剿，而沦丧了大片国土。绥芬河阜宁和裕宁屯垦公司的垦民、佃户，以其血肉之躯，为祖国守护在他们耕耘的土地上，在一定程度上，使入侵蚕食者不得肆无忌惮。

第二节 驻军与地方武装

一、清军

1897年（清光绪二十三年），中东路当局在绥芬河划定铁路附属地后，清廷吉林将军于寒葱河附近设"赴五站通站"；建有兵营，驻扎靖边兵。至1900年义和团运动爆发后，兵勇撤防，兵营废弃。

1908年（清光绪三十四年），绥芬厅同知李达春经吉林督抚批准，在双榆树（今东宁县境内）和后八道河子各建兵营4间，驻扎兵勇各50人并各附设旅店3间，以寓行人。

1910年（清宣统二年），吉林陆军第三混成旅步兵一团驻绥芬河一带。团部和二营营部驻绥芬河站区，一营营部驻阜宁镇（到1919年该部隶属中东铁路护路军哈绥司令部）。

二、民国部队

1912年，绥芬河探防队被收归吉林军统辖。至1917年正式改编为吉林陆军独立团二营，由吉林督军孟恩远任命卢永贵为该营营长，所属连排分驻绥芬河至穆棱站，负责清剿山中胡匪、维持地方治安，因此又称山林游击队。至1920年，该营被新任吉林督军遣散，卢永贵赋闲在家。重新被启用后，卢永贵将其队伍逐渐扩充为2个营又1个连，并设司令部于绥芬河冷冰泉（今通天路中心广场道东）。到1922年兵力发展到3个营21个连。1922年4月"直奉战争"爆发后，卢永贵与前吉林师长高士傧勾结，于同年5月26日发动反奉哗变。1922年6月，张宗昌一举击溃了哗变部队，将卢永贵、高士傧处决，其残部被张宗昌收编。

1917年俄国"十月革命"后，沙俄驻中东路护路军失去护路能力，迫于国内形势和中国政府的压力，中东铁路管理局不得不请求中国军队加以保护，以防"激党作乱"，中国政府乘势派吉林军于同年12月进驻中东路沿线各站区，取代沙俄护路军。吉林第一旅步兵一团一营、二营，三团二营、三营及炮兵、骑兵进驻绥芬河，担任绥芬河站至横道河子站的铁路警护任务。司令部设在绥芬河，隶属中东铁路警备司令部。1919年成立哈绥副司令部后，该部撤离。

1918年2月，皖系第九师开赴中东路东部线担任护路任务，师部设在双城子（指乌苏里斯克），有少量部队派驻绥芬河，名为护路，实际是参与"干涉军"，援助沙俄军队绞杀"十月革命"。1921年3月"奉中央电令"，陆续撤回北京。第九师撤走后，绥芬河站至牡丹江站的护路任务，由吉林军第五混成旅接替，旅部设绥芬河站区。同年5月该部调走，其护路任务由吉林军第四旅接替。

1919年8月，中东铁路护路军在绥芬河设哈绥副司令部（总司令部在哈尔滨），同时撤销前警备司令部及所属沿线各驻军。哈绥副司令部统辖由绥芬河站至磨刀石站护路军队。其中驻绥芬河站的部队有步兵三旅一团（欠二个连）、骑兵一连（224人）、机枪一连（126人）和辎重一营（504人）。到1921年12月，哈绥副司令部撤销，驻绥芬河护路部队随之换防撤出。

1922年6月，张宗昌率兵不足千人，来绥芬河进剿卢永贵、高士傧哗变部队。取胜后，将卢、高残部收编，成立三个团，兵力达4 000余人，被东北王张作霖委任为吉林防军第三旅旅长、绥宁镇守使，屯兵绥芬河。次年，张宗昌在阜宁镇西山脚下建起兵营，占地万余平方米。组建司令部，下设参谋处、检察处、军需处、军法处、军官讲习所等机构。军营大门朝东，门楼上横一匾，上书：镇东大将军。阜宁镇老乡称之为大帅府。

张宗昌继续扩充兵力，主要手段是收编。收编对象主要是胡子（土匪），有一万余携带大炮逃至绥芬河的沙俄白匪兵，被张宗昌收编。至此，张宗昌的兵力达近两万人，且武器装备得到很大的改善，使他成为当时奉系军阀很有影响力的实力派人物之一。1924年秋，张宗昌奉调率部参加"直奉二次大战"。

1924年，驻防宁安的吉林军二十一旅，派出第二十六团驻扎绥芬河（接替张宗昌部），团部设在今光华路南侧。其所属部队分别驻扎在铁路车站西南油库（一营）、大直路北端（二营）、阜宁镇（三营第十连）、八道河子（三营第十一连）和北寒村（三营第十二连）。

1929年"民国十八年中俄边境战"前夕，张学良委任陆军中将吉林军二十一旅旅长赵芷香为绥宁镇守使，率所属四十一团、三十六团由哈尔滨抵绥芬河驻防、备战。司令部设在八道河子（今红花岭）。战后，赵芷香调回宁安，部队撤离绥芬河。

三、民团

（一）探防队

1902年（清光绪二十八年）组建，队长卢长顺（后由其侄子卢永贵接替）。是中东路修筑后，在铁路附属地绥芬河境内组建的第一支地方武装。其任务是防范胡匪袭扰，维持地方治安。初建时有队兵20余人，装备简陋。至1912年，队兵发展到100余人。同年，被吉林军收编为正规部队。

（二）商团

1911年，绥芬河商会组建商团，雇佣队兵百余人，经费由商会与中东路警察署分担，薪饷由会员单位（商铺）按资本比例分摊。至1918年，队兵增至200余人并在北山设有炮台，高玉璞、崔馨齐为商团练长。其任务是保卫商界安全，防范胡匪。至1933年日军入侵后解体。

1922年，裕宁屯垦公司商会组建阜宁镇商团；有团兵几十人，大部分是原中华市场巡警，其任务是与当地保卫团联合维持市面治安，防范胡匪侵扰，保护商民安全。商团薪饷由会员单位摊派支付。1930年，裕宁公司商团改由东宁县保卫总团统辖。1933年日军入侵后，商团解体。

（三）护垦队

1915年，阜宁屯垦公司主办万福华，鉴于垦区"边远穷荒、山林错杂、胡匪啸聚无常、垦民万难安居、边务何由发达"之情，为保护垦民安全、边务发达，组建了护垦队。队兵来源为"东宁县街口之有田产、无劣迹，素有猎户枪法娴熟之安分农民充之，更须有殷实图书铺保者"。

护垦队成立后，"先后两次由督军公署价领老毛瑟枪八杆、子弹四千颗；又旧连珠炮十二杆、旧式六响手枪六支，随带子弹一千两百颗；省长公署价领联珠子弹一万五千颗"为之装备。经费由地户均摊，"队兵薪饷设有不足由公司筹给"。权责："遇有扰害地面之匪人，一经捕获，由公司问明案由据情送县按律惩办，以免坐累。"队兵总数26人，分驻公司各屯，每方4名。

（四）保卫团

护垦队成立后，"绥靖地面保护垦户之平安，然，兵多则饷虞不足，兵少则无裨于事，若有缓急势难救助"。万福华"遵照国家保卫团兵之制度"，创办保卫团，"借与护垦队兵呼吸相通联为一气"，始达到保护垦民安全之初衷。

万福华制定了组建保卫团的政策，告之垦民：1.凡有自垦熟地十垧以上，有家室在本公司承佃者，准其自行购备枪支一杆，充当保卫团兵，其饷薪半属义务半由各地户凑集，每名自领饷薪不过仅敷伙食足矣；2.劝告垦户具有身家理宜自卫，其自垦熟地十坰以上，有家室儿女、素无劣迹者，准其自备枪支为保卫团之备兵（以减少垦民负担）并约法有六：（1）该项团丁须有家室地产者充之；（2）此等枪支只许自卫其身家性命，不许妄滋别项事端及一切不法暴动行为；（3）此项枪支不得私行借给他人；（4）该项保卫团兵无论已否成立，如遇巡查匪类须会同护垦队兵同行，不得三五成群私自出外；（5）枪支子弹时时须受附近护垦队兵之检查；（6）所有各处韩户保卫团兵，遇有暴乱及不法行为悉由该屯长负完全责任。垦户积极响应号召，不出月，自备枪支充当保卫团备兵者达33人。

到1917年，万福华留京供职，难以兼顾，遂将保卫团和护垦队一并移交东宁县知事。

在护垦队和保卫团的护卫下，垦民安居乐业，有流散来归。土地开垦至边境线，有炊烟在边关缭绕，在一定程度上遏制了俄扩张主义者对我领土的蚕食。

第三节　战事纪要

一、卢永贵反奉哗变与日本跳梁之梦的毁灭

俄国"十月革命"后，哈尔滨俄人"护国法团""国民自由党""远东会议"等各种资产阶级政党、社团以及原俄国议员们集会，呼吁协约国出兵，干涉远东各地的苏维埃政权。于是，日本、中国、英国、比利时、意大利和美国分别组成干涉军，奔赴西伯利亚、海参崴，或集结于中国东北，干涉远东苏维埃政权。

早对中东路有攫取之心的美国、日本，借此之机，提出了国

际共管中东路方案。中国在"保留护路权"的前提下，同意七国共管中东路。于是，由日、美、英、法、意、俄、中国七国代表组成了中东路国际监管委员会，下设技术部和军事运输部。1919年3月15日技术部在哈尔滨（一说在海参崴）正式成立，宣布：从即日起监管中东路。七国干涉和沙皇残余势力彻底失败后，至1922年11月11日，国际共管中东路宣告结束。（《黑龙江省志·外事志》）

在此背景下，1922年4月28日，第一次直奉大战爆发。此时，驻绥芬河之奉军吉林独立团二营营长卢永贵与前吉林军师长高士傧勾结在一起，投靠直系，发动反奉兵变。

卢永贵者，原绥芬河探防队队长，收编后，被吉林督军孟恩远提升为营长，因之对孟恩远怀感恩之情。后，卢永贵部队被新任督军遣散，其本人也赋闲在家，虽然又重新启用官复原职，怨气仍不能释怀。这是他反奉哗变的思想基础。

高士傧者，是原吉林督军孟恩远之女婿的弟弟，因之爬上吉林督军署参谋长的高位。1917年8月间，张作霖发起驱逐孟恩远运动，使高士傧对张作霖积怨在心。1919年夏，张作霖电请大总统徐士昌调任鲍贵卿为吉林督军，高士傧闻讯后大怒，自任师长兼旅长，率部讨伐张作霖。失败后，其职务被徐士昌罢免。后，孟恩远回故乡，高士傧走大连、赴上海、奔保定，与直系勾结。同年春，在直奉大战前夕，高士傧等4人来到绥芬河，找到对孟恩远感恩戴德的卢永贵，策动兵变，要卢永贵在中东路东部线发起进攻，以断奉军后路，对奉军形成南北夹击之势，而打败奉军。

高士傧找到卢永贵后，套近乎、行贿赂、许高官。于是，他们一拍即合，举兵哗变。

哗变前，卢永贵在绥芬河至穆棱间收编匪股，使其兵力达

2 000余人。然后，自命吉东讨逆军，由高士俟任讨逆军总司令，卢永贵任副总司令。

哗变中，高士俟和卢永贵大造舆论，通过张贴布告、发表演说等形式，宣称："本总、副司令奉吴巡阅使（吴佩孚）转奉中央命令，讨伐张使（张作霖）"，表明他们举兵哗变的"正义"性和"正统"性，很有蛊惑性，以致东宁知事韩积三在呈上报告中叫苦不迭："愚民知识浅近，率尔盲从。"

1922年5月26日早6时，哗变部队兵分两股，一股南下围攻东宁县城；一股沿中东路向西推进。

5月28日，西股部队攻占海林，与奉军五十七旅一〇四团一营、吉林独立团一营、补充团一营和三营展开激战，将奉军逼退石河子。至此，东自绥芬河、西至海林大小十站均被卢永贵哗变部队占据。为阻止哗变部队，奉军将中东路1 191里桥梁（海林至石河子中间）烧毁40余米。

攻打东宁的战斗也十分激烈。

时值陆军换防，东宁城内的部队大部分开往密山，城内只剩军警200余人，形势十分危急。东宁县知事韩积三一方面派人乔装绕道出城，"分催驻扎两乡各警团及开往密山之部队，令其星夜来城，以便协力防剿"，并向吉林督军署"文电告急，请发援兵"；另一方面，和王团长"亲率警察所长及县署得力人员，分赴各城门及炮台，昼夜巡察督战"。

5月29日，卢永贵方面，有两列军车附带装甲车、卫生车，分别驻守牡丹江和磨刀石站；奉军方面，有7列军车分别驻守石河、山市、横道河子和一面坡站。两军对垒，处于相持阶段。

卢永贵哗变，造成中东路东部线交通中断，秩序混乱。为此，国际共管中东路代表在海参崴吵成一锅粥。

一直对中国领土和中东路权益存有野心的日本代表跳了出

来，极力使卢永贵兵变事件国际化，从而插手中东。其叫嚣：
"日民侨居东路甚多，地位与他国不同，此事应由本部研究救济
之法，以实力对待，方能保护沿线外人之生命财产，维持东线之
营业，若徒事抗议不生效果，日军有责任开进沿线保护侨民。"
法国与俄国也提出了武力干涉的论调。中国代表当即反驳日、
法、俄代表意见，指出："此次绥站之事，显然含有政治性质技
术部未便干涉，况华四国协约内有对于中国内争各国不加干涉之
宣言……"因中国代表会前"向美代表疏通"，中国代表的发言
得到英、美代表赞同，并经反复辩论，中国代表意见终获通过，
挫败了日本代表的阴谋和嚣张气焰。中国代表虑再生事端急电中
国外交部，指出："若长期迁延，技术部须尽其保持东路交通之
责，势不得终事偏袒，难使无其他重要问题逐步发生"，吁请政
府"似须速设法俾东路通车，早日恢复，否则外人有词可籍"。

6月1日，哈尔滨铁路管理局局长沃斯特罗乌莫夫也电呈护路军总
司令部督办，指出因交通中断，"出口货载减少，铁路所受损失
已达卢布五十万元"，"已声明路员薪金均已暂缓发给"，"现
有货载十五列停滞途中"，并反映："日本商业会议所及其他商
业机关代表已来局声称：一是自五月二十六日绥芬河发生战事日
起，铁路收运货载所受损失，应由铁路赔偿；二是因不能履行商
业契约，所受之损失应由铁路赔偿；三是应由铁路声明，所有货
载何时可以起运，如再有迟延，铁路将货载立即免费交还，以便
改由南路装运"，敦促护路军司令部尽快采取措施，平弭战事，
恢复交通。

这时，张作霖派张宗昌来绥芬河进剿叛军，平息战乱。

张宗昌的到来，逆转了战乱形势。

6月3日，克复海林；6月4日夜，夺回穆棱；6月5日晚，拿下
绥芬河站；6月7日，中东路恢复交通。

这时，卢永贵残部退至东宁，与原在东宁的围城部队合为一股，孤注一掷，梦想夺取东宁县城，负隅顽抗。

卢永贵的兵力尚有3 000余人。

他们将城"四面围住，声势浩大，愈逼愈紧"。然而，"其境中人民迭经知事极力相告，已渐觉悟"，对守城帮助很大，而且"前调未到之军队警团，绕道来城者已有数起，又有二旅三团二营六连连长王玉振带队60余名，到县援助，遂经知事与王团长会商拨军队警团，由知事督令属军协力守城，由王团长亲率大军暨警团携带大炮，于6月9日天明时出城将叛兵击退"。

"攻城兵败后，高士傧、卢永贵残部向老黑山一带逃窜。张宗昌部队和东宁县军警乘胜追击，残兵力不能支，一股逃往俄境，一股逃往珲春。在珲春清茶馆，高士傧、卢永贵被张宗昌部下擒获处决。"

至此，闹腾了半个多月的卢永贵兵变事件，烟消云散了。日本要出兵干涉的图谋，也无词可借了。需要指出的是，出兵不成、无孔不入的日本人，又转身支持张宗昌，帮助他迅速平息了叛乱。后来，张宗昌到山东后，与日本人多有勾结。

二、绥芬河中苏边境战

1920年，霍尔瓦特下台和谢米诺夫白匪军被驱逐出中国后，中国和沙皇俄国的关系结束了，进入中国、苏俄关系新时期。在这个新时期，虽然苏俄政权曾向全世界发布过《对华宣言》，其中明确表示："……并将沙皇政府同俄国资产阶级残暴地从中国夺取的一切，都无偿地永久归还中国。"但因一些情况，《对华宣言》未能实现，本该无偿归还中国的中东路，继续由苏俄政权承袭、占有。中国人民难以释怀。

到1924年，中国北京政府、东北地方政府，同苏联政府经过多次谈判，分别签订了《中俄解决悬案大纲协定》（以下简称《大纲》）、《中东路暂行管理办法协定》等附件、《奉俄协定》（以下简称《协定》），其中，关于中东路，双方特别声明："它是纯商业性质的公司，由两国平等共管。"

在中苏共管中东路后，苏联取得原俄国在铁路日常行政管理中的大权，而在收益分配、用人制度等方面，时时与东北地方当局发生分歧，因此双方矛盾重重。《大纲》第六条和《协定》第五条，都有专款，双方保证"不许在彼此国内有谋以暴力反抗彼此政府之团体或组织之存在与活动"。两国政府又担保，"不指挥反对对方政治社会制度之宣传"。在中东路工作的苏方人员，利用中东路的特殊地位，在各种集会中进行马克思列宁主义和共产主义的宣传。这对共产主义在东北的传播起了积极作用，却使北京政府与东北地方当局不满。特别是1928年张学良宣布易帜，服从南京国民政府领导以后，双方矛盾日趋严重。1929年7月初，蒋介石电召张学良去北京商讨处理中东铁路事宜，决定采取"先取路后谈判"的办法，不惜以武力收回中东铁路。东北当局遂以苏方违反《大纲》和《协定》有关条款为借口，于1929年7月10日，发动了"中东路事件"并引发了中东路边境战。战争很快以中国东北军失败结束。双方在伯力举行谈判，中国方面接受了苏联提出的条件，于1929年9月22日，签订了《伯力协定》。中东路恢复战前原状，仍由中苏共管。（《黑龙江省志第六十九卷外事志》第217页）

1929年1月19日，绥芬河警察署奉命搜查苏籍铁路职工住宅。1月26日又搜查一次。两次共搜查出赤色报纸若干份，因此逮捕了有关苏籍工人。

1929年5月，张学良委任陆军中将赵芷香为绥宁镇守使、吉林边防军第二十一旅旅长、绥芬河驻军司令，到绥芬河部署张学良的"夺回中东铁路路权"的计划。

赵芷香到任后，将司令部设在红花岭（时称八道河子）一带，不断从内地调兵。在绥芬河市区以东铁路第三号隧道、保府沟一带边境前沿构筑工事，加紧备战。

苏联军队也在其边境前沿部署兵力，构筑战壕。

7月10日，东北当局开始控制中东铁路，停止中东路（绥芬河）与苏联乌苏里铁路的接运；11日，绥芬河铁路交涉分局将苏方驻绥芬河车站站长乌萨切夫和商务代理负责人鲍洛托夫驱逐出境；13日，绥芬河站在苏方将中国车辆扣留的情况下，将苏方火车全部扣留，并派军队封锁铁路沿线。铁路交涉局声称，只有当苏方将中方的45辆车皮放回，中方才有可能将苏方车辆放行。苏方辩解说，中国车皮未及时返回，是因为沿途路基被洪水冲毁无法通车造成的。

接下来，苏方原计划出国的货车被禁止从绥芬河入境，被迫返回海参崴。中国原计划出国的列车，亦返回内地。绥芬河站内，军用列车明显增多。

7月16日9时30分，苏联出动4架飞机侵入绥芬河上空盘旋侦察。半小时后，经小绥芬河（绥阳）返回苏境。17日，苏联又出动飞机一架，再次侵入绥芬河上空侦察。

7月19日，绥芬河铁路苏联职员、工人罢工。

7月20日，苏联出动3架飞机侵入绥芬河城区上空低空飞行。驻守部队向苏机射击，苏机未还击。

7月21日，绥芬河铁路警察署派警察将7月19日举行罢工活动的苏联铁路员工包围，并逮捕苏方工会领袖和一些被证实的苏共党员，连同被扣留的苏方乌苏里地区铁路司乘人员共计50余人，在当夜用火车乘载，经满洲里（绥芬河口岸已关闭）驱逐出境。

7月22日，经过从宁安、东宁三岔口等地调集兵力，东北军在绥芬河的兵力已增至近4 000人（包括骑兵和警备部队）。

7月23日，苏方无视中国主权非法设置在绥芬河的俄国海关之全休人员及家属共31人，乘火车经满洲里回国。

7月29日晨，8架苏机在边境前沿向中国东北军俯冲射击。傍晚，有两架苏机侵入绥芬河城区上空，绕城盘旋，并投下照明弹数枚。铁路车站、军需仓库以及其他军事目标，全部暴露在照明弹的强烈光线之中。

7月31日，苏联驻绥芬河领事馆工作人员及家眷，经满洲里回国。

8月2日，苏联乌苏里铁路驻绥芬河站工作人员及家属共107人撤离回国。

8月8日，苏联出动5架飞机侵入绥芬河上空盘旋，鸣"空炮"200余响，并在边境前沿上空向中国东北军阵地投掷炸弹两枚。

1929年9月8日3时，中苏绥芬河边境战在苏方的突然袭击下正式开战。苏联部队向中国三号隧道、保府沟一带的东北军阵地和东西两街发射炮弹。

东北军二十六旅三十六团、四十一团和二十一旅七十四团约1 000名士兵，在赵芷香旅长、苏德臣团长指挥下，对苏军进行了坚决的反击。

东北军士兵们使用的是七九步枪，整个部队只配有七五迫击炮6门、山炮4门、重机枪6挺，与苏军的飞机、小口径炮相比，显然处于劣势。

到天亮时，苏方又出动6架轰炸机，向东北军阵地俯冲、轰炸和扫射。尔后侵入市区上空狂轰滥炸，炸毁火车车厢数节。

14时后，前沿阵地中苏双方炮火交织。这时，苏方出动7架飞机协助地面部队进攻东北军，同时侵入铁路车站附近上空投弹轰炸。车站候车室、警察守卫室、电话室、军需仓库、商务代理处主楼等，均遭不同程度的破坏；车站电台被迫撤至八道河子（红花岭）；车站附近建筑物的窗户玻璃全被震碎；前沿总指挥、绥宁镇守使、吉林边防军第二十一旅旅长赵芷香暂住的火车车窗也被震得粉碎。

傍晚，不时有东北军伤员从前沿阵地被抬下来。

激烈的战斗整整进行了一个白天，东北军阵亡20余人，负伤数十人。至20点，战斗渐渐平息下来。

在两次轰炸中，苏方投下炸弹300多枚，有5人被炸死，多人负伤。战火中，有200名居民徒步向绥阳方向逃难，中途伤亡很多。22点左右，海关关员及部分难民乘火车撤往穆棱。到半夜，赵芷香与铁路及各行政部门负责人，乘专车撤往横道河子。

9月9日16时，苏军出动8架飞机再次侵入绥芬河上空，对火车站进行轰炸，炸死炸伤50余人，东北军穆团长、石济儒处长受伤。

之后，东北军与苏军讲和。

苏军仍不断在边境前沿举行军事演习，苏机仍时常在边境前沿盘旋侦察，窥探形势。

至1930年1月12日，绥芬河至苏联乌苏里铁路恢复通车。此后，绥芬河口岸站货运量逐年下降。

由"中东路事件"引发的"中苏边境战"，在绥芬河共历时近一个月，激战一天，双方互有伤亡，以东北军讲和使事态平息下来。

战乱期间，绥芬河行政管理机构人员大部分撤往后方，部分无辜的平民百姓遭受伤亡；居民住宅、财产毁于炮火，市政设施和建筑物被炸毁；商店关闭，物价飞涨；有1 000余人逃难，多人死伤在逃难途中。

中东路事件，总体历时两个月。

东北军失败了，但将士们的爱国情怀仍饮誉绥芬河。

第四章　人物

第一节　王林

王林，又名王德林，抗俄义士，抗日名将，中国国民救国军总司令，被延安《解放周刊》誉为"民族老英雄"。新中国成立后，被追认为革命烈士。

20世纪初，王林由山东省沂南县垛庄崖子乡老家辗转来到绥芬河，在山上伐木，做了木帮把头。

当时，中东路当局在绥芬河地区驻有一支由俄国军人组成的护路军。他们往往以剿匪为名，上山抢劫祸害中国老百姓。木帮首当其冲。

一年春节前夕，王林到东宁县城置办年货。归来时，他们的木窝棚被中东路护路军骑兵洗劫一空，有8名弟兄倒在血泊中。王林和伙计们赶做了8口白茬棺材，掩埋了死难的同胞。他的眼睛红红的，宣誓说："死去的伙伴们，我王林有一口气活着，俄国兵就是我们的仇敌！"

过完年，王林告别留在山上的伙计们，带领8名铁血弟兄，下山找铁路护路军报仇去了。

经过侦察，王林看到俄国护路军营垒坚固，骑兵纵横，正面袭击力所不能。然而，王林发现，有喝醉酒的护路军散兵在追逐调戏中国妇女。令王林暴怒的同时，也使他看到了一个为弟兄们报仇雪恨的机会。

于是，他们在市区北郊八家子地方安置下来，开了一家马车行。然后，他们赶着马车，拉上一位花枝招展的"女乘客"招摇过市了。他们引诱这些喝得醉醺醺的俄国散兵，诓其上车，然后拉到背静处结束这些恶魔、色鬼的性命。

他们为死难的同胞们报仇了！

总有士兵失踪，并在荒草丛中发现他们被刺杀的尸体，俄国护路军当局震怒，派出鹰犬，到处搜捕"暗杀凶手"。终于，他们找到了一些蛛丝马迹，就在可能的作案地点，设下埋伏，由伪装成醉鬼的士兵引诱王林等人入网。有两位弟兄上当了，王林马车行身份暴露。一名兄弟当场被枪杀，另一名被捕后也被杀害了。

王林和其他弟兄逃出了绥芬河。

一年后，王林又在海参崴组织同胞开展抗俄活动，不幸被俄军捕获，后被引渡到中国长春取保释放。

然后，他又回到绥芬河一带，在原先的木窝棚里召集旧部和新友，再次举起抗俄大旗。

初，王林部在绥芬河至细鳞河一带截火车，专门打劫客车上的俄国富豪。后转入公开的武装对抗，打击各车站的俄国护路军守军和巡察队。王林在俄国护路军大本营——绥芬河站安插"眼线"，搜集俄军情报，准确地打击进山围剿的俄国护路军巡察队，使俄巡察队屡遭重创。

一次，王林获准确情报，哈尔滨铁路局副局长勃属特夫到绥芬河站视察，中间在太平岭车站作短暂停留。王林成功地袭击了太平岭车站，击毙了勃属特夫和其随员、太平岭站俄国站长、护路军士兵等50人。王林部牺牲17人。

太平岭站袭击战使俄国护路军惊恐万状，他们以绥芬河站为大本营，频频进山围剿王林部，却每每失利。俄国当局通过长春领事馆向中国吉林省当局施加压力，"限期肃清红胡子王林"。但王林部始终活跃在中东路沿线，给俄国护路军以沉重打击。

到1916年，俄国护路军不得不找王林谈判并向王林承诺，不再祸害中东路沿线的中国老百姓，收敛其对中国人民的暴行。

后来，王林被吉林督军孟恩远收编为营长，调吉林省延吉县驻防。此前，在清剿王林期间，吉林军方曾谎报已将红胡子王林击毙。收编后，为避免尴尬，被"击毙"的王林则改名王德林了。

1932年，王林又毅然举旗抗日，成为东北抗日名将。（参见《东北抗日英雄传》《黑龙江省志·人物志·立传人物名录》）

第二节　万福华

万福华，字绍武，安徽省合肥市淝水东乡人，1864年生（一说1863年生）。

"先生为人朴质，忠耿而慷慨强果。其家贫少孤，受经史于母氏。及长，意气磊落，神情蔼然，崇道义，重气节，性尤纯孝。

乡居之日，一以排难解纷，周穷扶弱为事。里故有豪族，凭凌一乡，先生仗义责之。豪深衔之，嗾无赖二百余人要殴先生，先生仅以只身执短梃当之，群皆披靡，会耆老正绅俱为先生右袒，豪始不敢再逞，群赖以安。

母疾，先生夜不解衣。母病剧，汤药不奏肤功，先生号痛失次，乃割股和羹以进！"（节选自《革命先烈先进传》）

"壬辰（1892年），先生出任津榆路某要职，积年所蓄得五千余金，值中日战事兴，粮运断绝，关以内饿殍载道，先生尽散其资于数十里内之不举火者，孑然归里。"（安徽合肥淝水东乡《万氏宗谱》卷六之《万绍武先生事略》）

是时，（在清廷的昏庸统治下，中国已沦为外国列强的案上肉）举国虽然大创，而风气闭塞如故，于女子教育，尤不甚讲求，先生曾联诸志士各率妇女集会演讲以为乡里倡。

"戊戌维新，先生及诸志士方喜有以表见，而八月政变，竟以绝望，于是始从事革命。"（《革命先烈先进传》）"遂与黄克强（黄兴，"中华民国"开国元勋）、张溥泉（张继，第一届民国国会参议院议长）联合从事抗清斗争。"（《万绍武先生事略》）

甲辰（1904年）夏，清廷为防革命计，派铁良（曾任清廷军机大臣、兵部尚书、政务大臣等要职）为钦差大臣，南下搜刮各省财赋，改组陆军部，集权中央，为减轻各省兵权之初步。先生与吴烈士旸谷（又名春旸，同盟会筹建人之一，在辛亥革命期间领导安徽起义时牺牲）等组织暗杀团于南京。要杀之事，为江南李刺府勉林之两公子（号慕韩、春煦，皆先生同志）所闻，乃邀章先生行严（即章士钊，中国现代著名政论家、政治活动家）等说先生，谓同人即已预备在湘举义，公应速往湖南密备一切，且以湘事发动，利在沿江响应，若杀铁良，李公势必获罪去职，转于大局不利，先生然之，乃去而图湘。原定八月十五日夜，乘湘省文武各员在万寿宫拜牌时，抛掷炸弹，迅雷一击，乘势大举。讵日本留学同人闻风回国，麇集湘垣，先数日已达三千人，事为当局侦知，严加戒备，竟不果行。先生经此顿挫，始决意实行个人暗杀主义。

日俄战争方始，强俄重赂清佞臣，以图湘粤汉路权，而清廷复恐日本地小力薄，终归失败，竟以粤湘汉路权许俄，今前广西巡抚王之春（清末大臣，曾任清廷山西、安徽、广西巡抚，对外主张出让国家主权，实行联俄政策，对内残酷镇压人民起义），借商挽回湘粤汉路权为名，实行联俄政（王曾使俄，与前俄皇交颇密）。王因受外人重赂，欣然效奔走，事为先生所闻，倩密探良确时，适于吴烈士旸谷等组民新学校于沪，一时志士群集，乃开会密谋诡召王之春到大菜馆（沪四马路金谷香酒店）刺杀之，破其阴谋以销国家巨患。公推陈绍唐君为实行者，而以易某等数人协助之。届期王至，诸人候门外，成败呼吸，当事者若有犹豫，久无声息，已而见王为其从人扶持，仓皇扶梯欲下，先生情急，乃取易某怀中短枪，奔向前，左手攫王衣，右手举枪突击之，凡三击弹皆不发，盖以易某朝夕搬弄，撞针已损坏之故，而当时陈君之未能实行枪击之者，固欲偪得其罪证始诛之，乃不期为王之近卫所执拘置一室，而拥王出走。乃事肇全馆鼎沸，陈君乃乘机脱险。斯时群捕（英国租界内巡捕）已猬集，力拘先生入捕房。王因恼羞成怒，多方贿赂，思兴大狱。次日先生同志中黄克强、章行严、徐佛苏、郭人漳、张溥泉诸先生，凡十有五人，亦相将被捕入狱。盖诸人半从湖南失败逃归沪上，或组织机关再举，或欲东渡别作良图，乃不期而同罹此无妄之灾。

再次日过公堂，先生仍侃侃述该案之颠末，并云暗杀本出个人热血作用无预他人事。辩论终日，谳始定，判先生十年苦狱，余皆省释。先生本具我不入地狱谁入地狱之志，故虽备尝艰苦，而处之怡然，狱中二百数十人咸为感动，而敬礼之。

西印人等虐待华囚不以人类相视，犴狴黑暗，无可告诉。先生乘租界中西董及公廨会审员等来狱察看之便，直前而谓之曰："诸君入此察看，足征尊重人道，第就表面而观，此室宏大华美，可埒富者之居，若究其内容，则疾首腐心之事，令人发指。

君等试调查狱囚出入原册，现狱中只有二百余人，何以岁死须在三百五六十人以上？"群董惊问其故，先生云："每岁短期出入不过五六百人，而死若是之多者，一半打死，一半饿死也。君等试将全狱囚犯检视一周凡入狱，在两个月以上有不形销骨立者乎？君等试到厨房检视食料，是否饲犬豕之不若？其分量是否以狱中最瘦弱之囚，一人食三人之食而不足者乎？吾等明乎此，则死人之真因，可不待烦言而解矣！"

于是，诸董按先生所述详细调查一一符合，遂与狱吏严重交涉：（一）不许西印各捕打人；（二）不得仍前用泥沙小麦为粮，悉改用米饭。凡印捕私打狱囚者，并许先生面告牢头。

由是狱吏恨先生刺骨，然丙午岁（1906年）囚骤至七百余人，丁未岁（1907年）又增至一千二百余，统计自改良后，岁死人数不过视前死率百分之二耳！西牢头对囚犯每有不公不义之举，先生辄挺身与争，声色俱厉。

未几，印捕挟私嫌毒打某犯，众不服，相继还殴。西印各捕开枪乱击，血肉横飞，当场击毙五人，受伤者数十名，先生膀际亦受流弹。迨查视伤痕讫，诸狱吏藉图报复，反诬先生图众越狱，加禁十年。

狱中无书籍观览，先生乃潜思国家致弱之原因，以为由于文字艰深，阻碍国民进化，拟用一种正音新字代之。朝夕经营，凡越七载，始成专书。其字母为类五十有一，以字母刚切相生以成字，国文有一字，新字即有一字代之，毫无矫造流弊，且一见即知何种解释，虽乡里孺妇习之，不百日而各种书报皆可手执一篇，先生之用心，迨与造世界语之柴明华君如出一辙焉。"惜尚未付诸手民而公之于世也。"

临时政府成立后（1912年），先生同志营救先生出狱，前后几十余次，均被抑压不果。及南北统一，诸同志复运动政府与英使及驻沪英领交涉，复经先生之夫人及其哲嗣各方奔走，卒得上海各界全体两万余人之请愿，西人不敢重拂舆情，乃于民国元年（1912年）冬释先生出狱。旅沪各界开会欢迎者数万人。先生从此虽庆更生，而自顾发鬓已半白矣！

北京政府闻先生贤，两次电催北上。二年（1913年）春到京，袁前总统接见后，多方笼络，欲任以重职，固辞弗就。又嘱某君致意，请先生自择一席以贡献于社会，又辞之，复再三约，先生曰："吾人来京，本为解释双方误会，人人争趋权利，所以民国日就阽危，今欲劝他人免人情之私，请自某始。"项城（袁世凯）知先生不可以势利动，遂不复勉强。自后（袁世凯）解散国民党，解散国会，穷兵黩武，蹂躏民气，先生先后力争无稍懈。既而喟然叹曰："共和虚名耳，国利民福何有哉？"三年（1914年）帝制声浪愈唱愈高，先生一再与当时要人反复辩论帝制之害，张仲仁（著名爱国人士曾任徐士昌内阁教育总长、国民参政员）先生极题其言。然当事者卒不能听……先生"感国计民生之凋敝，始从事实业建设"。（见《万福华》）

这时，万福华来到了他已是熟路的中俄接壤处的东北边关绥芬河。

绥芬河本不是边关。1860年前，这里距边关尚隔着一百多万平方公里的祖国故土。

清廷人主中原后，视东北为之发祥地，封禁不准汉人进入开垦，使之荒草蔓生野无人烟，为沙俄侵占提供了方便与条件。他们明抢（《瑷珲条约》《北京条约》）、暗夺（蚕食），将大片中国国土并入了沙皇帝国的版图且"日侵月削无有已时"（万福华《呈吉林省实业厅缓限升科报告》，以下引文同）。痛定思痛，包括万福华先生在内的朝野有识之士，要求清廷在东北开禁放荒、屯垦实边，以遏止沙俄无有已时的侵略行径。

于是，清宣统二年（1910年），东宁厅张祖策应潮流而动，创办富宁屯垦公司。他"集股本小洋五万元，领有前清吉林巡抚部院分段大照壹百张，计共（领）官荒五千垧"，兴屯垦实边之大业，以厚民生，固国土。其地域"东至俄疆，西界穆棱，南至太平岭，北至黄窝集大山"。

可惜，"后办理未得其宜，股东解体"。

"民国二年（1913年）春，经筹边使章（太炎）以贰万叁仟两官款购归官办。"

"迨筹边使取消，该项机关即归并吉林省长公署。"此后，公司易名阜宁屯垦公司，负债3万元。

后，"仍以经营不善，于（民国）三年（1914年）九月间复让渡于进步党，公推福华主办"。

对袁世凯深恶痛绝的万福华欣然领命，来到已濒临倒闭的阜宁屯垦公司。

公司总部在东宁县的马家大营（今东宁市北河沿）。

公司现状：原领荒地五千垧；净得（开垦）熟地322垧，仅占6%。"领户开垦成熟者寥如晨星，荒芜不治者最居多数。"放目垦区，"荒烟蔓草野无人迹"。

"推原其故，良由前公司未厚集资本锐意垦辟"，"筹划又属无方"，"以致公司成立数年垦熟百无什一"，"流弊所集缪辖丛生"，"公司等于虚设"。

考其环境，"边远穷荒，山林错杂，胡匪啸聚无常"，"七站沟里土脉较腴，惜为巨匪渊薮，无敢问津"，"垦民万难安居，边务何由发达？"

行路难。

东宁至绥芬河间，原无道路，商民来绥芬河，"囊皆假道俄疆"。清宣统年间（1909年）东宁厅张祖策主持，开辟了太平岭至寒葱河间的山道50余里。至1914年，"只以年久失修，多形毁坏，行人苦之巨石蹲伏于巨流中，或堆叠当道，车马时受危险，日常损失不可数计"。从今红花岭村到达阜宁镇，要避险曲行过八道河，故红花岭有八道河子之称。

更让万福华"再再堪虞"的是："中国边界向少规划，所以外人日侵月削无有已时"，"俄民沿边一带任意垦牧抗不交租久之，视为己有喧宾夺主"。

万福华到任后，"任事伊始除旧有熟地雇工耕种外，即着手以调查为职务"。

他"竭一年之精神脑力，披草莱，斩荆棘，手胼足胝，事无巨细身经实际，遇有阻力不屈不挠，艰险之来泰然处之，动则不可中止"，"福华既经接办不独公司营业权利不容放弃，揆诸国家殖民营边意义尤须切实讲求，是不得不从事调查尽心规划也"。

调查内容主要有交通、气候、土脉、土宜、水利、林木、面积，以及土人之习惯、外交之情势并内审个人之能力与公司之实力。

然后，"万福华成竹在胸，锐意进取，完成事项如下：设立护垦队兵及市场巡警，以维地面及垦户之平安；制定招垦优惠政策：酌假安家籽种招莱垦户，加以恩义，宽其年限，借励流散之归聚；改良农产（引进日本北海道水稻种植技术，拟从美国购置火犁等），以开此方风气而厚民生；有两个禁止，一禁山顶开荒，一禁种植罂粟；开辟道路以远交通；多设学校，用启边民智识；创办商场振兴远边实业，而公司实力亦借以扩充；划清边界用免外人侵略之渐；俄韩民户一律勒令承佃交租，固我自有主权；立保卫团兵借助护垦队兵力不及"。将公司总部由东宁马家大营迁至绥芬河（先落脚北寒葱河后定址阜宁镇）。

展望前景，万福华充满信心，他说："倘能从此进行不懈日事改良，数年后，可望余荒尽辟，流散来归。烟户厚则地利辟，民生厚则匪类稀。"

到1918年，在短暂的4年间，阜宁屯垦公司之殖民营边事业别开生面了：

耕地面积由1914年的322垧，扩大到3 400余垧，达10倍之多。其中，寒葱河400余垧、双榆树56垧、六站（今东宁市绥阳镇区域）1 500余垧、西屯（今东宁市金厂乡一带）1 100余垧、五站（绥芬河市）界外214垧、马家大营（东宁）120垧。

垦民由少量的春来秋去的独身流动人口状态，达到了"烟户厚"的勃兴局面，其中，寒葱河有地户76家、双榆树12家、六站83家、西屯326家、五站界外76家（含少量俄侨佃户）、马家大营2家，合计575户。在绥芬河市的边境地带，形成了一些自然屯，如保府沟、别了洼等。

交通方便了，除旧路予以维修外，新辟山路两条，"一免两道河流巨石之阻，一免乱石堆叠车行不易之弊"。

有38名垦民（租种阜宁屯垦公司土地的佃户）子弟，走进了由阜宁公司投资创办的现代化的新式学堂，接受正规的现代教育。启民智，是万福华的革命思想之一，早在反清斗争中，他就与反清志士吴春旸、章行严、刘光汉、高荫藻等于上海市组织民新学校并与《警钟日报》（蔡元培创办，前名《俄事警闻》，在宣传反对沙俄侵略、激发人民的爱国热情方面起了很大的作用）提携作唤起民众的革命宣传。

创办"中华市场"，为民争市利，成为"国境商都"之魂。

维护国家主权，清退铁路附属地多占之土地，勒令俄侨承佃纳租，接受中国主权之约束，欢迎他们合法经营。

万福华高风亮节，面对铁路附属地侵略势力，他气宇轩昂，凭图（铁路附属地原地图）索地寸土不让。面对垦户商民，他两袖清风一尘不染。"中华市场"建成后，"福华当自领街基八号用备营造。商民多次请求愿借俄银壹万八千元购领。（福华）乃谢曰：吾人创办此商场也，其主旨本为尊重我国体主权、商业民生，自始至终何曾妄得个钱陋规？"

垦民商户亲切地称他为"万大人"，口口辈辈相传至今。绥芬河的历史，有一半是由万福华开篇的。

1916年袁世凯死后黎元洪出任大总统时，先后电召之，先生始复到京。

到京后，万福华仍然心系阜宁屯垦公司，往来奔波于京绥之间。在病榻边，他艰难执笔，上书吉林省实业厅，为阜宁垦民申请缓限升科，他呼吁："倘蒙贵公署俯念本公司虽属营业性质，其于国本边防、商业民生诸计划无不息息相通，且年来经营筹画肩拒尤重，能于民国九年（1920年）依限升科外再能宽以三年，是皆出自钧署逾格之奖励！"

矢口不谈政事。

然而，他不是隐士。

1919年南北战事起，外交日趋险恶，先生乃与蔡元培、唐绍仪、孙洪伊组织全国和平联合会，意在消弭内战共御外侮。继见各方意见分歧，遂怃然自失，尝谓吾人不幸生于末世，立足稍一不慎，不独有负生者，异日又将何以对亡友于地下乎！然，终以和会积劳，致染肠胃之病，医治无效，于民国八年（1919年）九月十五日溘然长逝，享年五十有五（引文为《万绍武先生事略》）。

先生有《实业刍议》遗世，其大旨为"治国之道首重民生，民生丰裕胥赖实业"。

曾向北洋政府条陈"移民殖边、筹办西北交通、增加国防实力"各计划，娓娓数万言。惜当局不能采用，每引为恨。

万福华是进步党人。进步党前期追随袁世凯，后期是反袁倒袁的主力。万福华一直是反袁的，在这期间，他来到了绥芬河，使他在屯垦实边的业绩中，绽放出一位爱国知识分子的生命光辉。他更辉煌了绥芬河的历史，绥芬河人永远怀念他。

2008年10月18日，万福华铜像落成典礼在绥芬河市博物馆隆重举行，市委书记鄂忠齐参加了典礼仪式。铜像是由万福华的孙子万陵德等先生捐赠的。

绥芬河人在瞻仰他，更会自豪地把外来投资者、参观考察者、旅游者领到博物馆，在万福华铜像前讲述绥芬河的故事。

第三节　张宗昌

张宗昌，字效坤，绰号"狗肉将军"，山东掖县祝家庄人，生于1881年（清光绪七年）2月13日（农历正月十五）。

其父是喇叭手，母为巫婆。十二三岁时，助父掌铙钹混日子；十五六岁时，随其母至营口，在一家"宝棚"为赌棍帮闲，日与扒手小偷为伍。后来，流落北满当胡匪，又辗转到海参崴的华商总会当了门警小头目。

辛亥革命爆发后，投机革命参加山东民军，后背叛民军投靠江淮北洋军，在军阀派系之间浮沉，官至师职。

1921年投靠张作霖，屈就带一营宪兵。

1920年到绥芬河（在海参崴期间，曾多次来过绥芬河）收购、抵押了阜宁屯垦公司与北富宁屯垦公司，成立裕宁屯垦公司，委张宗栻代为经理。1922年任绥宁镇守使后，亲任裕宁公司董事长，使裕宁公司垦区独立于东宁县地方政府之外。

1922年5月，绥芬河发生"卢永贵兵变"，张宗昌奉命来绥芬河平叛，然后驻守绥芬河，被张作霖委任为绥宁镇守使兼吉林省防军第三旅旅长和中东路护路军副司令。1924年秋迁升山东。

绥芬河人念其好。

张宗昌在绥芬河有以下贡献。

一是平息"卢永贵兵变"，挫败了日本帝国主义欲借兵变给中东路造成的混乱局面，染指中东路的图谋（尽管张宗昌在平叛中曾借力于日本关东军），也使已失去中东路护路权的沙俄势力重霸中东路的梦想落空，捍卫了国家主权。

二是遏止了匪患的横行。

时，绥芬河地区匪患横行，绑票、撕票，惨案不绝于耳，搞得人人自危。张宗昌为扩充队伍，将土匪收编于其麾下，在一定程度上遏制了匪患的猖獗势头。

三是发展壮大了阜宁屯垦公司，既满足了军费开支，也繁荣了地方经济。土地面积由1918年的670垧，扩展到1923年的2万垧以上（大部分用来种植罂粟）；人口由1915年的7 306人，发展到1923年的3.5万人（大多数是季节性烟农）以上；"中华市场"的商户，由1918年的270余户，发现到1922年的700余户（其中鸦片经营商400余户）。留下的历史遗憾是罂粟经济的推行，与走私经济的存在一样，将时势所赋予的与哈尔滨同等的历史机遇失之交臂了，未能走上商工型城市发展的轨道，使显赫一时的国境商都昙花一现了，直到21世纪，绥芬河人才在旧梦中醒来，追上时代的步伐，跨入商工比翼的经济发展之路，花开四季了。

四是兴修道路和饮水工程。

1922年于市区至建设村修建小铁道一条，全长约3公里，主要用来运输修筑军营的建筑材料。1924年拆除。1923年修建由阜宁镇绥宁镇守使衙门至市区石板路一条，路宽8米，长3公里。在当时，这是一条很具规格的城市马路，可与哈尔滨的马路相媲美。

主持凿井二眼，一眼位于绥宁镇守使衙门院内，一眼位于"中华市场"东侧的小河边。河边这眼井水质特好，甜，饮者皆赞。张宗昌命名：天下第一泉。到20世纪初，在"天下第一泉"遗址（原井毁于山洪），开发生产"古泉矿泉水"，畅销于市。

五是支持教育。

张宗昌为阜宁优级小学拨经费，给学生做制服，为学校购置鼓号。学生由1914年的38人增加至1924年的200多名。

张宗昌凭借裕宁公司这个经济基础，解决了军费，扩大了队伍（部队由进绥时的不足千人，发展、壮大到两万余人），使他东山再起。于是，他诗兴大发，嚷道：俺也写个大风歌！

大炮开兮轰他娘，威加海内兮回家乡！数英雄兮张宗昌，安得巨鲸兮吞扶桑！

三年任期，虽有瑕疵，百姓认可，阜宁镇商会于镇之东侧（今建设农村银行处），为之立石碑一块，上书由阜宁小学校长刘文州题写的"治国安民"四个大字（石碑毁于"文化大革命"时期）。

《黑龙江省志·人物志征求意见稿》对张宗昌的评价是：驻绥期间发展经济，使绥芬河一度出现繁荣景象。

第四节　李金生

李金生，字钊田，1893年出生于山东，留学日本，攻电工专业。

此时，在商都绥芬河有上千种商品，唯独没有"电"这种商品。这里的人们还感觉不到对"电"的亲近。他们忙碌在花花绿绿的商品之中，一轮太阳、一个算盘，外加一盏油灯，就足以上演"国境商都"之大剧了，成本很低廉。

有几位从东洋过来的日本青年，想把"电"这个商品介绍给绥芬河人。他们请地皮、办手续，踌躇满志，拉开了在绥芬河建设电厂的序幕。不料日俄战争爆发，俄中东路管理当局出尔反尔，竟然不允许这几个日本青年在绥芬河办电厂了。

此时，李金生在日本学业有成，要毕业了。

毕业前老师问李金生："毕业后打算干什么？"李金生答："打算回国办电厂。"老师很赞赏，就把他的几个在绥芬河办电厂的学生的联系方式告诉了李金生。

1912年某日，李金生坐火车来到绥芬河。他一踏上站台，就把自己介绍给绥芬河：略高的身材，脸阔目圆，皮肤白皙，平头短发，一身传统的长袍马褂。

他一步一个脚印地走进绥芬河，走向他的"电"之王国。

拦路虎来了——钱！

他囊中羞涩，无力替他支撑建厂资本。市场告诉他：他山之石可以攻玉。几经周折，他找到了他的校友——那几位在绥芬河办电厂受阻但仍流连忘返的日本青年，李金生以让"绥芬河插上电的翅膀"为感召，达成了中日合资办电厂的协议。澍雨沾衣又借东风，在李金生的说服和感召下，又有几股商业资本入股。

首战告捷，自有资本加合伙投资，李金生的资金已达六万余元。办手续，定购机器，拉砖伐木建厂房，工程风风火火上马了，热火朝天。

这时，拦路虎又跳出来了！

第一次世界大战爆发，铁路正常的民用运输被军事运输挤占，使李金生内外交困：在本埠，货物匮乏，原材料价格飞涨；在外埠，定购的零件材料机器进不来。建设费用陡增，使李金生的心提了起来。

然而，一波未平，一波又起。

瘟疫在绥芬河大流行，绥芬河被封闭了，不准人员进出，聘用的俄国技术人员不能按时到位。钱不识人情，仍然按照它的冷酷逻辑在不间断地流淌着。李金生坚挺着，去砸锅卖铁开源，没有拉闸断流。

终于，拦路虎走了，丁香花来了。

1920年5月某日，李金生把电线扯进了市区，一个"电"的商品在商都上市了。

然而，这"光明"的商品，其购买者却寥若晨星，屈指可数。为什么，因为拥挤在商都的老板或伙计都是飞来飞去的候鸟，他们需要低成本高回报，然后回老家买房子置地当财主。眼前能省则省，能将就则将就。电灯虽然好，但比蜡烛贵，比煤油更贵，岂不平白增加了成本减少了利润，况且那明晃晃的电灯还招胡子（土匪）。

于是，白天的国境商都牌匾高悬、人头攒动，迎送客声声入耳，此起彼伏，一片繁华盛景。到了晚上，夜拦之下，偌大个商都便在回首间随夜流走了，唯有几枚算珠，借着一尺火烛，在枣木算盘上上蹿下跳。

李金生要改变这种现状，让他的"电"走俏于商都，去辉煌商都之夜。他逢人便说："煤油性烈，稍有不慎，易致祸端，用电灯可免危险；煤油烟毒，鼻孔呼吸，伤胃肠脑，用电灯无比卫生；撤油灯而装电灯，委巷曲街达旦通明，宵小敛迹，气象日新，边城不夜，光明大千世界……绥芬河踞欧亚陆桥之中，领世界风气之先，应开文明生活方式之先耳！"同时，为了让电灯更快地走进绥芬河人的生活中，他一而再再而三地降低电价，甚至不惜负债经营。

终于，绥芬河商都人开始缴纳电费了。

到1928年，绥芬河市亮起了3 920只电灯，市区总人口7 712人，平均每1.96人拥有一盏电灯。绥芬河的夜色变了，她变得斑驳，她变得橘红，像一个从天街上落下来的大灯笼，有酒香歌声弥漫。

然而，马达声寥寥，李金生思绪起伏。

他不仅是一位企业家，更是一位战略家，他看到了绥芬河经济发展的症结：没有工业做依托，绥芬河能兴旺几时？

他跟朋友讲，他跟初来绥芬河的投资者讲，和者甚寡。到20世纪20年代末，他的电力用户，包括中东路，仅发展到6家。

1928年，李金生当选为绥芬河商会会长，他向老板们发出呼吁：把商业资本向工业资本转化，这才是绥芬河的前途。

终于，他的思想被人接受了。然而，日本侵略者的铁蹄已经迫近绥芬河了。

李金生很遗憾。

第五章 历史遗迹与要地

第一节 古人类遗址

一、建新东沟遗址

该遗址位于绥芬河市建新村东沟，今古源矿泉水厂水源地，由绥芬河市电业局职工位罡发掘。这一成果得到省文博专家干志耿、吴文衔的肯定，他们说："位罡考古发现证明，早在4 000年前，绥芬河地区已经有了古人群的活动，新石器晚期，也曾经历了青铜时代，之后，唐、辽、金、元、明、清时期，人们一直在这里劳动生息，创造了灿烂文化。"

经14年的艰苦发掘，位罡在这里以及其他地区共发掘出土各类文物2万余件，其中仿青铜器被鉴定为国家二级文物。发现古人类居住遗迹（一个圆形的房屋基础）一处，发现石器制造场所一处，发现古泉一处。尚未发现古墓。

省文博专家干志耿曾来这里考察，他建议市政府将位罡考古主要发掘处命名为位罡沟。

"位罡沟"命名动议未果，古泉水流进了21世纪，流进了绥芬河市的千家万户，这是"古源"牌矿泉水，其名为位罡所赐，引领绥芬河人去创造更辉煌的未来。

起点是石器制造场，这里海拔600米以上，爬上883.1高地，可以眺望世界。

二、保府沟遗址

保府沟位于绥芬河东山东坡岭下，东部靠近中俄边境中方一侧防火线。沟之东侧俄国境内是613.9高地奥斯特拉亚山，俄方在这里设有观察哨，可直线观察中国境内。

位罡后期考古发掘工作，主要在这里进行，出土文物主要有黑曜石、砭石等。

这是一块血染的英雄的土地。

在万福华屯垦实边的伟业中，有河北省保定府人，来到这里屯垦实边，故名保府沟。他们在这里垦殖，阻挡了俄罗斯扩张主义者对中国领土的蚕食与侵吞。他们成了俄扩张主义者的眼中钉肉中刺，必欲拔之而后快。他们经常遭到越境的俄之骑兵的侵袭、劫掠和绑架，有吕贯才、沙敬祥、徐元好等人，被越境袭击的俄国骑兵砍杀，把他们的热血洒在了这片中国的土地上。

2002年位罡逝世后，按其遗愿将其安葬在这片他与古人对话的土地上。

第二节　近代部落

一、木窝棚部落与俄国移民村

1860年后，不甘做俄国属民的中华儿女，扶老携幼回到祖国的怀抱，其中有几十人止步黑瞎子石河畔定居下来。

同时，一些被俄国沙皇动员来的西伯利亚移民也溢出中俄国界，猎步来到黑瞎子石河畔客居下来。中东路修建后，又有大批俄国移民骑着他们的高头大马，涌入黑瞎子石河畔，反客为主地在这里种植燕麦放牧奶牛，掠夺中国资源。一栋一栋尖顶木屋，围山而建，有猎犬摇尾，奶牛斑斓，蜜蜂出巢，中国百姓叫它：妖毛屯。

到清宣统二年（1910年），日木帝国主义吞并朝鲜后，大批朝鲜人逃往中国东北，其中一部分来到绥芬河，他们分别定居于黑瞎子石河畔和寒葱河村。在黑瞎子石河畔北端西岸形成一个朝鲜人村庄，人称高丽屯。

至此，一个由国人、朝鲜人和俄罗斯人构成的社区在黑瞎子石河畔围山形成了。

有矛盾，有对抗，有碰撞，也有融合。后来，在万福华的治理下，俄罗斯农民也都成了阜宁屯垦公司的佃户，与中国农民多有交往，多能友好往来。有俄国燕麦播进中国农户的耕地，有中国农民打的洋草进入俄罗斯牧牛人家；有中国烟梗子，在俄罗斯母什斗克中燃烧，有俄国列巴摆上了中国人的餐桌。有俄国人帮助中国人劫狱，有中国护路军为俄国农民抢回被土匪劫持的奶牛和赎金，等等。

朝鲜水稻种植技术传入绥芬河。

到20世纪20年代，因这里位于市区和阜宁镇中间，被正式命名为：腰屯，老百姓仍称"妖毛屯"。

到1939年，腰屯划为伪绥芬河街协合区。有3条主要街道，北街为新华街，南街为福音街，东街为向阳街。阜宁镇国民优级学校和朝鲜人兴办的大成学校设于此区。

这里解放后，腰屯的苏联侨民陆续回国，朝鲜族人也迁移外地，中国居民逐渐增多。1947年，改腰屯为友好村。苏侨回国后，将房屋、蜜蜂、奶牛和养蜂技术留在了绥芬河。

1957年，友好村农业生产合作社与苏联格罗捷阔沃友好集体农庄结成友好村镇。苏方来绥访问，赠送友好村农业生产合作社马6匹、汽车1辆（这是绥芬河的第一辆汽车，军车除外）；友好社回赠麦种20麻袋、大豆种10麻袋。这6匹大洋马，在友好社乃至绥芬河镇受到了隆重的礼遇，为其修建了一栋高规格的木结构窗明瓦亮的马厩——人称马殿，遗憾的是这6匹马均没有生殖能力，没有留下后代。由此，友好村农业生产合作社被命名为中苏友好农业生产合作社。到1958年人民公社化时，绥芬河镇又被命名为中苏友好人民公社。1969年改称反修大队。1980年又改称建华村。到2018年，那个尖顶白墙的原汁原味的欧式风格的移民村，已彻底被铲车铲走，为现代化的楼群所取代了。

还有一角国境商都余容斑驳处——与毛屯隔汽笛相望的站前（老站）区（偏南），仍然坚守在旧梦中。所幸，有文物保护单位的牌子在为之守望。

二、屯垦炊烟

北寒葱河村，是阜宁屯垦公司主要垦区之一。它位于虎头山下寒葱河畔，距市区12.5公里。

这里是绥芬河古人类生息地之一，有玄武岩石臼、"绍圣元宝"等文物出土。由此证明北寒葱河村是绥芬河文明的发祥地之一。

寒葱河是绥芬河市两大河流之一，因在河之流域生长着一种植物叫寒葱，故名寒葱河。河的两岸是由草甸土、沼泽土、泥炭土和河淤土形成的山地平原，土地肥沃，植被茂盛，物产丰富。瑕疵是水质欠佳，生活此处之人多患大骨节病。

约光绪七年（1881年）有山东人捷足先登，来到这里垦荒种地。他们呈季节性居住，春来秋去，无家室。

光绪二十三年（1897年）中东路建设之初，吉林将军在这里设"赴五站通站"，驻扎靖边兵勇（人数很少）。

光绪二十九年（1903年）清政府在三岔口设绥芬厅建制，寒葱河流域划为绥芬厅兴壤社，社治在北寒葱河。无正式官吏，民选乡约1人，倡办地方公益事务和应付官府交办事项。

光绪三十五年（1909年）建东宁厅后，寒葱河流域隶属东宁厅，仍为兴壤社建制。

1910年后，北寒村人烟渐厚，常住居民增多，被纳入阜宁屯垦公司事业区，村民皆为公司佃户。至1914年居民达400人，有垦熟耕地120坰（公顷）。1915年春，阜宁屯垦公司机关由东宁县马家大营迁至北寒村，万福华的屯垦改革大计和"中华市场"建设规划，多半是在这里的茅草房里完成的（1916年迁阜宁镇）。万福华在这里放眼世界，发现了美国的火犁（拖拉机）和与阜宁垦区气候相仿的日本北海道水稻种植技术。他一方面到美国购置火犁（因战事搁浅），一方面号召垦区佃户借鉴日本北海道水稻种植技术开发水田。在此期间，先后有几十户朝鲜族农民来北寒村开垦水田种植水稻。

1917年，民国政府在寒葱河流域设区，为吉林省延吉道东宁县第四区，设一个警察署管理区内一切事务，署所在北寒葱河村。

1929年，中共东宁特支于寒葱河组建支部，至1930年有党员3人，书记崔专龙。

1930年前，北寒村朝鲜人曾组建朝共组织（于1930年5月解散）。

到1931年沦陷前，北寒村为绥芬河地区第二大村屯，有居民70余户。

解放后，这里二次设乡治。

人民公社时期，这里是学大寨先进单位，率先实现农业机械化，拥有拖拉机最多，不足是这些拖拉机多数在公路上磨胶皮

（当年学大寨批判用语，即跑运输）。这里劳动日值最高。这里开绥芬河人工养鱼之先。这里"敢教日月换新天"。有3名插队的铁路部门的下乡知青，在改河工地排哑炮时把他们的一腔热血洒在了这片土地上。

这里人才辈出。

在抗日时期，有蓝鸿章曾与李延禄并肩战斗过。

1946年，有董汝奎当选为绥宁省临时参议会议员。

1969年，有时任绥芬河区革委副主任的刘金生，作为贫下中农代表，去北京参加国庆典礼。

市里的许多干部、领导，都是从北寒大队（村）走出来的，刘金生是代表。

第三节　黑白火车站

到耶稣出生的时候，女娲的形象早就光炳华夏大地了。伟大的华夏民族，以万里长城和四大发明折服世界。后来，我们抛弃了墨子，独尊儒术，在理学中游梦。当西方传教士叩我门扉的时候，一个崛起于欧洲的军事封建帝国主义者——沙皇俄国，继掠我大片国土之后，又向万里长城挑战，将一条西伯利亚大铁路支脉塞进了中国东北的腹地。

这是一条张牙舞爪的铁龙。它由西伯利亚窜来，钻过三道洞子，在一个以俄文命名的"鲍格拉尼奇那亚"的小站上喘息下来。

这就是绥芬河站。

中东路绥芬河站临时站舍于1903年建成并交付使用。

永久站舍于1922年建成，总面积923平方米，其中候车室445平方米，分普通室、软席室和贵宾室，另有行李房81平方米、仓库60平方米。有旅客站台两个，其台面一为水泥浇铸，一为沙石铺设，面积分别是399.21平方米、1 117.20平方米。

站舍南北走向，长约40米，具有巴洛克建筑风格。造型：两山（南北山墙）耸立，一脊修长，墙体抱柱，雕工苍劲；拱联女儿墙，又多了几分秀气；延出遮雨回廊，则怀抱琵琶半遮面了。

宽敞的候车室暴露在钢架拱梁之下，有点英国帕克斯顿设计的伦敦水晶宫的结构特点，使室内空间如穹宇，令人舒展豪放。其宽14.5米，高10余米，中悬圆形吊灯；窗为瘦身秀楣的几何体；地铺方形瓷砖，黑白相间；门厚重，饰有浮雕。候车室门外冲站台方向女儿墙下，有阳文汉字"绥芬河"，下是俄文"鲍库拉尼奇那亚"。候车室西侧遮雨回廊下铺水泥方砖，在平台西侧与站台落差处，修有花岗岩砌成的挡土墙，墙上有造型粗放的铸铁栅栏，有煤油吊灯垂首如草莓果，中间叠出三组阶梯，通向站台。

这是孔雀之首，有花园路等街路展屏，形成欧式风光之俄人区。其向东北外延者，为华人区之国境商都。

1903年11月6日，哈尔滨经绥芬河至海参崴间正式开通旅客列车，有中俄旅客数人；到

未曾破坏的绥芬河车站原貌

1913年中外旅客达2万人次/年，其中背背老客居多；自1921年6月1日起，哈绥间有4次客邮、客货列车往来。第三次邮务快车自海参崴站发出，运行15小时50分钟，于12点20分到绥芬河站；停车2小时后再运行19小时到哈尔滨站。第四次邮务快车自哈尔滨站发出，18点40分到绥芬河站，20点10分发往海参崴。第五次客

货列车18点50分自绥芬河站发往哈尔滨站。第六次客货列车自哈尔滨发往绥芬河，12点25分到站。哈绥间第五、六次客货列车仅挂二、三、四等客车；哈尔滨至海参崴间第三、四次邮务快车中途不倒车，挂有餐车及一、二、三等卧铺车，另有不设床的一、二、三等客车。在中国旅客中，多是来绥芬河从事走私贸易的；在外国旅客中，有来绥芬河收购土特产的外国商人，除大量的俄国人外，主要有日本、朝鲜、法国、英国、澳大利亚、波兰、美国、意大利、捷克和一些无国籍外国人；还有一些以外交官为主的外国官员，主要有法国驻海参崴领事、法国驻哈尔滨副领事、法国驻苏联符拉迪沃斯托克领事、苏联驻哈尔滨代理总领事、苏联驻日本东京领事、日本驻苏联莫斯科武官、法国驻哈尔滨领事、美国驻哈尔滨领事，等等。

货运方面：

中东路通车初期，正值日俄战争爆发，中东路主要忙于军运。

光绪三十四年（1908年）秋，开通绥芬河至海参崴和海参崴至欧洲的陆海联运，出口粮食250车。

宣统元年（1909年），经绥芬河出口黄豆38.7万吨，其中25.8万吨转运欧洲、日本。在此前后几年间，黑、吉两省豆类90%经绥芬河出口运往海参崴。到1913年6月，进出口绥芬河口岸的物质达17 690.4吨。从1918年至1920年经绥芬河运往俄国的小麦、面粉、豆类、肉类、油类、日用品等货物，年过货量逾百万吨。1925年，经绥芬河出口黄豆51万吨、豆饼18.3万吨。1926年，进出口运量为141万吨，1927年增至170万吨，1928年184万吨，其中进出口约各占一半。1929年中东路事件后，绥芬河口岸货运量逐年下降，直到1933年中苏贸易中断。在出口物质中，不乏沙俄侵略者于中国东北掠夺的物质。这是沙俄修筑中东路三大险恶用心——经济侵略、兼并中国东北、夺取远东霸权之经济侵略的具体体现。

商都像一只美丽的蝴蝶，却罩在铁路附属地这只大玻璃瓶子里，在黑白之间炙烤、翩跹。

主观、客观、历史漩涡，批判起来，总要拖泥带水，只有以建筑体现的文化才是永远的结晶。

当今世界，西伯利亚大铁路走出历史，与滨绥铁路接轨于新时代。绿灯闪烁，轮轨合奏。

绥芬河站站舍，已完成它的历史使命，被列为文物保护单位了，称"百年老站"。它走过荣辱，在城市符号中止步了。

作为绥芬河市的城市符号，作为中东路的身影，尚余三道洞子和骑马道——一种供中俄两种轨距的火车行走而不增加宽度的火车道。它是铁路人的创造，具有申遗价值。它也是一个瓶颈，制约着铁路的发展。中东路的轨距执行的是俄国轨距标准。日本购买中东路后，将轨距改为标准轨，防止俄国火车长驱直入，这是基于战争的考虑。

这是一个记忆，老中东路，老嘎达木，一个需要蒸汽火车抻长了脖子爬坡的地方。它离绥芬河站只有几里地了，司炉不敢歇息，要一锹连一锹地往炉膛里添煤，让火车多一些劲，喘息着，拱过这段坡路。一路咳嗽着总算进站了。

现在，记忆翻过去了，连同坡度，一个不能建立站台的坡度。这里展开的是一个新站区。它平整、宽阔、规模，一片龙门吊，一片待调的原木车，一片旅客如潮。

绥芬河站，今非昔比！

第四节　荣辱大白楼

大白楼，位于绥芬河老百年火车站北侧、梨树街老梨树泻荫之余；一座有巴洛克风格余韵的欧式建筑。它注重装饰但不繁冗，它虎踞一方，在霸气中透着几分安抚。

大楼很敦实，其屋顶如削，推坡起峰，如鹰鼓翼；白墙瘦窗，或雕楣，或塑裙，或变换拱形；雕塑以几何体为主，也有山花缠绕于檐下。有两个门：一门面向广场，篏于如岗似堡的门楼之中，狭窄幽深如锁；一门开于大楼南侧，须由与正门侧对的折尺回廊曲折绕行，方能问门入室。南侧还有一个大门洞子，通向幽闭的内庭，庭内别有洞天。在大楼北侧山形檐下高悬着一副马赛克壁画——一位俄国艺术家的《乐耕图》。人说，这是俄国艺术家所渴望的那份人世间的安宁与和谐。然而，在此时、此地、此境，表现的则是另一番寓意了。难道这不是沙皇及其追随者的征服意识的艺术象征吗？那烈马与耕犁，不就是中东路吗？那被翻垦的土地，不就是中国的经济和沃土吗？这动作，这气势，何谈乐耕？役马问蹄何处是止境，农夫躬身昂首目穷东方。

这是一部艺术品，一部在光明与黑暗的交织中、在耻辱与光荣的共振中、在生活与信念的共居中，由俄国工程师和中国工匠共同完成的艺术品。典雅与霸气共生。

这部艺术品的使命是什么呢？

这是一个符号，一个显示沙皇扩张、侵略意识的符号。

这是一个楔子，一个推行沙皇侵略计划的楔子。

这个楔子，于1643年由波雅科夫从中国的精奇里江流域的雅克萨城堡（据点）楔起，历时254年，一直楔到以霍尔瓦特为首脑的中东铁路附属地。在绥芬河楔出了圣·尼古拉教堂，楔出了大白楼……楔出一个继《北京条约》之后以铁路附属地为名义的俄国"殖民地"。

不必回避，这个楔子是一种精神。

列宁说："（俄国）在东北亚也一贯按预先考虑好的计划（这个计划看情况而变动，但其重要部分保持不变）在实行扩张，目的在于占领一直到长城脚下的大片领土，并获得在东亚的霸权。"（《列宁全集》第36卷，第765页，列宁转引的材料）恩格斯说：为了达到这一目的，"这一帮人以钢铁般的坚定意志，始终不渝地追求既定的目的，不惜背信弃义，阴谋叛变，进行暗杀，也不惜卑躬屈节，重金贿买，不因胜利而陶醉，也不因失败而气馁，踏着千百万士兵的尸体和至少是一个沙皇的尸体前进——这一帮人有多大本领就能干出多大的伤天害理的事情"（恩格斯《俄国沙皇政府的对外政策》、《马克思恩格斯全集》第22卷，第17页）——一个狼与北极熊的楔子精神，当发人深省。

约1903年，这个楔子——大白楼，在绥芬河铁路附属地破土开槽了。

在俄国工头声嘶力竭的叫嚷下，十几名中国建筑工人围住一块磨盘石，在一片嗨哟嗨哟的号子声中，雷声大雨点小地，做蚂蚁搬山运动。终于，大半晌工夫，这块磨盘石还是被推下了深渊（这就是意志）。然后，层层磨盘石浇灌层层混凝土，一层咬一层，一个坚如磐石的大白楼基础就鼓出了地平面，把个大白楼楔得固若金汤了。看来，拖后腿是没用的。不过，老祖宗还给我们留下了一句话，叫"滴水穿石"（这是老百姓的力量，而笑在最后的必然是这种力量）。

我们的建筑工人，不失对生活的热爱。他们一手在撕扯恶魔的脚步，又把另外一只手给了天使——他们钟爱的艺术。

对恶魔，他们继续"磨洋工"。

在工地上，他们眼观六路耳听八方。他们听到、看到、闻到，喝得醉醺醺的俄国工头的信息，就起来给《皇帝的新衣》织布——把一块砖托在手中翻来覆去地掂量，然后仔仔细细地摊开灰浆，周周正正地把砖摆好，再反反复复端详一番，然后说：赫老少。工头被他认真负责的工作态度所感动，便夸一声"上高"满意而去了。一天他砌了三块砖，临下班时，他又拆下一块，只剩两块。这两块是给天使的。那一块是给恶魔——铁路附属地建设当局的，算是对其所付1天10戈比生活费的回敬，填给了大白楼的造价。于是，这座大白楼耗时五年多才盖起来。

这是一个巢穴，一个压迫、剥削中国人民之沙俄鹰犬的巢穴。

这个外锁内阔的大白楼，内设办公室30余间，建筑面积2 153平方米，为典型的俄罗斯建筑。站舍及附属建筑均由俄工程师设计，为长方环形二层楼房，中间有天井，东南部有一天井通道。建筑正门设在西南角处，门台阶两侧粗重的绞拧状圆柱独具特色，一楼南侧有拱形门洞，西南角有伸出墙体的亭式平台。80厘米厚的墙体，上为黑色铁瓦房顶，呈菱形拼接，这是一座具有俄式折中主义风格的建筑，屋面坡陡，强调两翼，具有童话的情趣。特别是拱券式的门廊、丰富的门窗形式及檐口的装饰手法，都体现出浪漫主义建筑风格。大白楼原为总理绥芬河铁路交涉分局总理委员官邸，俗称"大白楼"。1933年为满铁日籍员工宿舍；1945年后为苏联铁路专家宿舍及办公地；1955年为铁路职工的独身宿舍；1968年后为绥芬河铁路地区党委办公室及职工宿舍，绥芬河铁路地区办事处。

然而，这又是一座殿堂——共产国际的地下驿馆。

在中东路国际共管期间，其技术部设在海参崴，为了接待往返海参崴的各方人员，大白楼被指定为哈尔滨铁路局的招待所，执行接待任务。中国铁路之父、中国驻国际共管中东路驻海参崴技术部代表詹天佑，经常下榻在这里，为在海参崴技术部的例会上，为中国争权益，提供了一个安逸的思索环境。

中国共产党绥芬河地下国际交通站成立后，这里又在党组织的周密安排下，成了地下交通站的招待所。地下交通站无数次地完成了地下交通任务，安全迎送往返于中苏之间的党的各级领导干部。其中，1928年中国共产党第六次代表大会在莫斯科召开，六大代表瞿秋白、蔡畅、龚饮冰等人经绥芬河口岸出国时，就下榻在大白楼。六大会议闭幕后，六大代表周恩来、罗章龙等50余人，先后经绥芬河口岸回国时也落脚于大白楼。这些领导干部在大白楼逗留期间，接见了当地党的领导干部，对当地的革命斗争产生了深远影响。

大白楼不白。

俄式典范性建筑——大白楼

这里曾经是共产主义思想在绥芬河乃至全中国传播的驿站。后来，作为中东路铁路职工宿舍的大白楼，这里不乏布尔什维克的身影。1929年1月19日、26日，市警察署在苏籍职工住宅（应为宿舍，民宅遍布站前区和三合林，不可能挨家搜查）搜查出赤色报纸若干张，有苏籍工人被逮捕。此前，也在铁路工厂搜查出以反抗日军、中国官吏、打倒资本家、实现共产主义的宣传品。

这就是历史。

大白楼是一个历史符号，记住列宁说的话吧：忘记历史就等于背叛。

第五节　名人故地

一、阜宁及裕宁公司楼舍

阜宁屯垦公司遗址有两处：一处在北寒村临寒葱河处，有草房三间，现已湮没；一处是今阜宁镇，史称"中华市场"的地方（前建设小学址），为砖铁结构平房。张宗昌接管后，原房被拆除，新建一组三环组合建筑，其中面街者为一栋二层小楼，称裕宁公司楼。裕宁公司楼外观古朴典雅，门窗对称，上下楼层间有腰线，有女儿墙，在两门上方雕有"裕宁公司"和"福和公"阳文；在楼之西侧，有亭榭式楼梯，拾步而上，左右对称。但基础不牢，建材简陋。到20世纪60年代，拆除了楼外阶梯亭榭；到70年代，被削掉一层；到21世纪初旧城改造时，被完全拆除了。

阜宁公司主办万福华，初期住在公司；后期往返于京绥之间，其家住北京东西牌四条胡同东口第一号门牌。在京期间，著有《呈吉林省实业厅缓限升科报告》，原文存于吉林省档案馆。

万福华在任期间，在师爷张西垣的帐下，每年总收入为1.5万~1.6万元，总支出约1.5万元，收支大体相抵；截至1918年，公司共为垦户垫费折合吉银7 000余元，借出粮食800余石（每石合

600斤）。

只为屯垦实边，只为激励来归，只为烟户厚，余荒尽辟。

在老百姓心目中阜宁屯垦公司就是一座圣殿，他们来这里借籽种、求帮助、缴钱粮、还恩义。他们敬称万福华为万大人，敬称张西垣为张先生。

在老百姓心目中，后起的裕宁公司楼就是一个小朝廷。在裕宁屯垦公司范围内，农、工、商、教育和城市建设，都归这座大楼管。张宗昌继承和发扬万福华制定的优惠政策，推行鸦片经济，开征鸦片税（每斤2元），向赌场抽红（每日50元），开征土地税。张宗昌不再向国家缴纳税款，所收税捐由张宗昌支配。

老百姓经常和这座小楼打交道，往返于春贷秋还的希望与收获的耕耘中。在这座小楼的东北角，阜宁镇老百姓为其立了一座歌功颂德的石碑。

石碑紧邻铁路附属地，含有镇东（老毛子）的寓意。

二、乌洛班比瓦庄园区

1913年，俄籍捷克人乌洛班怀揣欧洲啤酒酿造技术，来到国境商都绥芬河。他选址黑瞎子石河畔，在一眼清泉旁建起了乌络班比瓦庄，生产"熊牌"啤酒。

这里风光秀丽，前有黑瞎子石河叠出一月滢滢湖水，有紫燕掠美；西山高耸，有百花流蜜，清泉甘美。比瓦庄就镶嵌于这湖光山色之中。一座欧式小洋楼如雕如塑，约300平方米的厂房里，有柞木发酵桶在溢香，有马拉石磨在奏乐。所产啤酒畅销中东路沿线，享誉哈尔滨，是绥芬河工业史上的一朵奇葩。

有绥芬河第一代啤酒人在这里成长，出类拔萃者是刘立山。他深得乌洛班真传，与其成为莫逆之交，把他的啤酒酿造技术献给了新中国，有"海鸥"牌啤酒享誉东三省。

其遗址在新华立交桥下。

那眼地下的清泉依然牵动着人们的记忆。

三、宝成电灯公司

宝成电灯公司是绥芬河工业之父。

其遗址在百年老火车站西侧，隔铁路与文化街相对。

这个地方很平展，是绥芬河难得的平川谷地。这里，树荫交织着云影，幽静中带有几丝恐怖。夜晚，这里和市区都包裹在夜幕之中，星光下的山城，斑驳而诡秘。黑瞎子石河不甘寂寞，撕扯夜幕为乐，令人毛骨悚然。

李金生喜欢这里，他的使命就是于黑暗之处制造光明。

他要在这里把"电"这个商都人未曾经营的特殊商品，推销给商都。

绝非神来之笔，在资本和市场的限制下，他只能从小做起。所以，厂房不算宽敞、高大，一个造价4万元能容下两台（分别为16和32马力）发电机和年300千瓦发电能力的面积而已。

然而，它却是一颗北极星，在绥芬河的夜空下熠熠生辉。

有两根电线爬上一字排列的红松木电杆上，形成了宝成电灯公司的供电线路，商都人惊异了，一些识多见广的商人，就掏钱把电买回了家。从此，绥芬河有了夜明灯，沸腾了绥芬河人的夜生活，被人誉称"东方小莫斯科"。于是，这条有电灯线随行的无名大街，则被人们敬奉为"电灯街"了。

这是一条紧邻铁路的南北大街，盛名于20世纪二三十年代。1941年，绥芬河规划街名，共30个，电灯街排序17。1983年地名普查时，因发电厂已改作啤酒厂了，当时啤酒又是绥芬河的拳头产品，电灯街则被啤酒路取代了，只在老一辈人的口碑中流传。啤酒路命运也不长，到2005年停止使用了（易地发电厂后的啤酒厂盛名一时,倒闭了)。

到1928年,宝成电灯公司粗具规模,有了一组蒸汽轮机,年发电5.16万千瓦,有照明用电户870户、动力电用户6户,输电线路向阜宁镇延伸。

黑瞎子石河系着两颗名珠,其右为宝成电灯公司,其左为乌洛班比瓦庄。

这是一个引绥芬河人骄傲的地方,也是一个让绥芬河人惋惜的地方。

四、王林马车行大院

在"国境商都"时期,与火车相连接的交通工具、公路上的长途运输工具,均以马车或马爬犁(雪橇)为主。所以,马车行应运而生。一个马车行,少则有三五辆马车,多则有几十辆马车,称马车棚子。马车有俄式(车辕配弓)马车、仿俄(无弓)马车两种。雪橇也有中俄两种,俄式做工考究些,正规的手工业产品;中式的,做工简陋,多用户自制。马车不管俄式还是仿俄式,均为四轮,前小后大;前轮有立轴,转向自如。也有两轮车,那是水倌用来卖水的水车。俄式运货马车,车厢深无外延,独马牵引,运载量低。仿俄运货马车车厢有外延(跨杠),装载量大。仿俄马车有长套、短套之分。短套或一马独自驾辕无配套(称外套),或一匹辕马配一至二匹外套,并行;长套,役马或一前一后,或一后(辕马)两前(前套),排成纵队。长套利于爬坡过岗,套长,车还在陡坡这边时,前套已经过岗,可以用上力了,使车轻松过岗。长套多用于长途运输。拉客的车比较豪华,其车体狭长,呈波浪形或峦形;前轼后椅(类似简易沙发),轼后是车老板(使役员)的位置,客位有活动车棚,可展可收;一马牵引,脖配铜铃,辉中有韵,一路叮咚。仿俄马车多为客货两用，支上棚（苇席搭上油布）拉客，卸下棚运货，有时拉客也不用棚。

王林马车行，位于时称八家子的地方，即今之步行街以北秋林商厦一带。当年这里只有少数人家，镶嵌在林莽之中，很隐蔽。王林于此辟地搭屋、买马购车，就把一家马车行鼓捣起来了。

王林马车行，一方由柞木杆子夹成的大院，一溜马棚车棚和铡草间，一趟三间茅草房，有水缸、草垛错落。有红马（白马犯忌）拴槽，有软席客座车待客，伙计们磨刀霍霍。

然后，绥芬河"地震"了，有中东路俄护路军散兵在铁路大桥附近横尸草莽。一杆抗俄大旗在八家子升起来了。有挫折，大旗不倒，一直在中东路东部线沿线飘扬，直到俄国护路军交出护路权撤离中东路。

这杆大旗，飘扬在绥芬河历史之深处。让我们拿起地名——八家子——王林马车行，这部历史望远镜去领略那杆大旗和绥芬河历史的风采吧！

第二编 ★ 日伪时期

第六章　被殖民统治下的经济社会发展状况

1929年末，爆发了世界经济危机。这次危机很快席卷了日本，使日本社会内部的矛盾更加尖锐，日本为了摆脱其自身的困境，缓和国内矛盾，决心趁欧美各国正忙于对付国内的经济危机，趁蒋介石政府正忙于进行内战、对外实行投降政策之机，悍然侵占我国东北，进而实现其独占中国的野心。东北沦陷后，经济和社会都发生了巨大的变化。

1933年，绥芬河沦陷后，绥芬河辖区先后划归伪北满特别区第三区（1933年7月1日）、伪滨江省东宁县（1934年12月1日）、伪绥阳县（1939年6月1日），昔日的"国境商都"景象不再，大部分外商迁走，日商增加。绥芬河地区的商户由沦陷前的261户减少到1937年的50余户。1933年初，绥芬河地区总人口11 445人，其中分布寒葱河流域306户1 458人，分布阜宁镇703户3 987人，绥芬河站区6 000人。沦陷后，绥芬河地区部分居民逃亡外地。到1942年，绥芬河人口下降到7 862人（包括外国侨民2 079人，其中日本侨民1 740人）。绥芬河城在日本侵略者的铁蹄下已是满目疮痍。朗朗街头，塞入窥视人民的碉堡，秀丽之建筑，夯入日本警、宪机关的铁窗。

第一节 经济

一、交通邮电海关

1933年沦陷后，国际联运中断。1935年日伪当局断绝与苏联交通后，对苏贸易完全终止。这一时期，为了统治与掠夺的需要，日军在中国边境地区全力经营，形成了四通八达的公路、铁路和航空交通网，主要供军队和日本移民使用。

1935年，中东铁路由苏联单方面转让给日本政府。1942年末，伪满洲国当局完成北满铁路双轨化。1934年4月，日军动工修建绥芬河至东宁三岔口的轻便铁路。主线由绥芬河起，经北寒、南寒、南天门、西万鹿沟、北河沿、小城子大城子到三岔口，全长93公里；支线由寒葱河岔出至红花岭，于同年6月竣工。1938年11月，从市区北山脚下的日军营房到绥芬河车站修有日军专用线，全长7 514米。

1933年1月，中东路东线客车通至穆棱站，绥芬河至穆棱间客车每星期对开3次。1936年，绥芬河站运输旅客49 470人；1938年，运输旅客110 880人。1933年，口岸关闭，铁路运输主要为军运，货运萎缩。1936至1938年3年间，绥芬河站发送货物种类主要有粮食、油料、野菜、家畜、糖、酒、盐、木材、钢铁及其制品等；到达货物主要有粮食、油料、棉、野菜、家畜、糖、酒、鱼、衣物、炭、木材、石油、纸张、钢铁及其制品和药品等。

除铁路外，1933年后，日伪当局出于战争的需要，大举进行公路建设。1933年8月，伪满洲国国道局绥芬河事务所修建绥芬河至穆棱镇公路1条，1934年竣工，全长85公里。1934年，修通绥芬河至海林的公路。8月由国道局哈尔滨建设处和新京（长春）建设处合建绥芬河至土门子（图们）公路，次年3月通车，全长196.6公里。1938年，由国道局东宁事务所修建绥芬河至小城子公路。同时，日军在边境万山丛中修筑了四通八达的军用公路网，将军事设施同主干道路连通起来。先后建有军用公路8条，总长90公里，其中二段至五花山12公里，红花岭至五花山8公里，五花山至绥阳3公里，绥芬河至二段20公里，绥芬河至883.1高地13公里，883.1高地至马架子9公里，绥芬河至四门炮3公里，头道沟至北大营21公里。伪满洲国政府设国道局，有养路工负责公路维修。1933年后，私营客车停运，被满铁东宁汽车站车辆取代。

1936年6月，日军于阜宁镇北侧下甸子建成一处占地31 200平方米的小型飞机场，同时在今青云路设有客机售票处。机场除供日本军用飞机起降外，每周三、四、六有直达长春的小型客邮班机定班往来。另外，还开通了东宁至绥芬河航班，行程45公里，飞行15分钟，不定期航行。此外，日军还在二道岗子附近建有一处占地8 000余平方米的简易军用飞机场，供直升机起降。

沦陷时期，绥芬河铁路、海关等工厂机关都安装了日伪的设备。铁路机务段工厂安装了日产"田熊"锅炉1台，铁路检车段安装了日伪产立式火管锅炉2台，铁路给水所安装了日伪产立式锅炉2台，海关安装了日伪产M5锅炉1台。

1933年以后，绥芬河邮电全部为日本人掌握，邮政局改为邮便局，网路和业务量缩减，日均收发邮件1 400余件。通邮范围只限于绥芬河至东宁和铁路沿线站。1935年，开通绥芬河、三岔口、新京（长春）之间的航空邮路。绥芬河至三岔口航邮隔日一次，绥芬河至新京6日一次。1939年，阜宁镇和寒葱河邮政代办所每日有邮差往返绥芬河邮局取送邮件。绥芬河邮政局服务范围以街内各机关为主，兼及腰屯（今建华村）等附近村屯，邮政业务有汇兑、内容证明、诉讼送达、邮政转账、包裹、挂号及平常邮件等。当时的投递用自行车，局址设邮筒1个。此时，国际联邮中断，汇兑只能汇往沦陷区。1933年，北满铁路长距离电话局与哈尔滨东部各站均可通话。北满铁路局市内电话局、电报局可与中东路沿线各站（包括海参崴、双城子）直接通话通报。绥芬河无线电话局、满洲电报局、绥宁长途电话局可与铁路线以外的周邻市县通话通报。绥芬河至哈尔滨有长途电话线路2条。铁路线以外有通东宁三岔口途经寒葱河、平房、万鹿沟的长途电话线路1条。电信机构有日军野战邮电局、满洲电信电话有限公司、哈绥长途电话局、电话电报局、警备电话所、四乡电话所。

沦陷后，日本侵略者在绥芬河虽设有伪海关，但不久断绝与苏联的交通，伪海关成为一所死关。

1933年1月9日，伪满洲国哈尔滨海关设在爱河的分关迁址绥芬河，接管民国时期绥芬河分关房产，又从哈尔滨海关调员充实，组成绥芬河分关。1935年3月，苏联将中东铁路"出售"给日本后，于1936年宣布不承认"满洲国"，双方贸易往来中断，绥芬河分关业务中断。1938年，绥芬河分关改为分卡。1939年10月，绥芬河分卡改属牡丹江分关。1941年，随着海关业务消失，绥芬河分卡撤销。

从1933年到1941年，在绥芬河分关（分卡）先后任职的有39人，其中日本人7名，俄国人3名，朝鲜人3名，伪满洲国人29人。重要职务多由日本人或效忠"日满"的朝鲜人担任。

1933年绥芬河沦陷后，形成日本商品倾销市场，其轻工产品占垄断地位，民族商品和其他外贸市场甚少。至绥芬河沦陷中后期，断绝与苏联交通，一切外贸活动被窒息而至消亡。

二、外事

1933年，伪满洲国外交部设驻绥芬河办事处，为对苏联交涉的管理机构。同时，伪满洲国外交部在绥芬河口岸派驻日本代表，控制口岸对俄交涉管理实权，办事处实际是傀儡机构。1936年后，伪满洲国与苏联断交，口岸贸易运输中断，对苏交涉事宜明显减少，办事处形同虚设，1945年8月解体。

1927年，日本设立驻绥芬河领事馆，隶属日本驻哈尔滨领事馆。领事馆形式上是负责日本侨务工作，实质负有搜集中国、苏联及其他国家政治、经济、军事等方面情报的使命。1931年"九一八"事变后，东北军驻绥芬河二十一旅旅长张志邦下达驱逐全部在绥芬河的日本人出境的命令，领事馆全体官员及日本侨民30余人取道海参崴回国。日军侵占绥芬河后，又于1934年10月1日在绥芬河设领事馆。馆内有日本工作人员十余人。1941年日本驻绥芬河领事馆撤销。

1933年1月绥芬河沦陷后，苏联侨民继1924年因绥芬河经济萧条陆续回国后，再次成批回国。1936年苏联与伪满洲国断交后，日伪警宪特机关强化对苏联侨民的秘密监视。迫于形势，绥芬河的苏联侨民绝大部分迁回国内。至1936年12月，苏联侨民仅剩50人（不含腰毛屯一带苏联侨民）。

1933年日军侵占绥芬河后，日本居民骤增。1934年有日本居民530人，1936年增至1 277人。日本侵略者控制了当地政治、经济、军事、文化等全部命脉，日本居民地位完全凌驾于其他民族之上。日本开拓团强占了中国农民的耕地。1943年后，边境形势紧张，日本居民大量内迁。至1945年8月苏联红军解放东北前，日本居民已剩不多。

1933年12月，绥芬河的朝鲜侨民达184户752人，分布在市区

（站区以东）、腰屯、阜宁镇、八道河子、太平沟等地。朝鲜侨民中，伪官吏、商人、医师、店铺老板及妓院老板的生活相当富裕，多数农民生活比较贫困，为日本人雇佣的杂役生活最困苦。至1934年，有七八十名朝鲜侨民加入日本国籍。20世纪30年代后期，日伪当局对边境地区统治越来越严酷，朝鲜侨民纷纷迁走。

1936年，有捷克侨民14人、英国和波兰侨民各2人，无国籍侨民603人。这些侨居本地数量不多的外国人，在绥芬河主要以搞口岸贸易、商业及手工业作坊为业。

由于日本侵略者的严酷统治，1933年以后，外侨纷纷迁离，民间对外往来完全停止。

三、农林

中东铁路通车后，在口岸商业经济确立的同时，开始建立以种植业为主的农业经济，种植业总经营人是屯垦公司，绥芬河的农垦事业有了一定的发展。民国时期土地经营人中还有中东路管理局，其按《合办中东路合同》《购买吉林省铁路应用地亩章程》获得在铁路沿线一定范围内的铁路用地，有少数中国农民经由铁路部门租用铁路用地。

清宣统二年（1910年）东宁厅通判张祖策倡办富宁屯垦公司，辖地为东宁县北部的绥芬河、绥阳、土城子等地。1911年，居俄罗斯海参崴的潘姓中国人在中东铁路北侧五站到六站地段买官荒2 500垧，同名富宁屯垦公司，也称北公司。1920年4月，两公司皆归军阀张宗昌所有，合并为新的裕宁无限股份公司。

1933年，日本侵略军进驻绥芬河，裕宁公司全部产业被日本侵略者收归"国有"。日本侵略者以出租收取租粮的形式管理土地。日本侵略者出租的土地多落入乡绅、富豪以及日本侵略者的走狗、特务手中，形成以二次转租为剥夺手段的地主阶级。当时，绥芬河沦为日本侵略者的军事要塞，不准农民入山种地，只有充当日本特务的沟头，才可自由进出山沟，因此有大片深山土地弃耕，耕地面积减少。同时，日本开拓团开进寒葱河畔，占据大片良田，失去土地的农民被迫流落外乡。在"民国"及沦陷时期，森林遭掠夺性采伐，使农业生产条件恶化。

"民国"时期，河流由天然植被保护，呈原始状态。稍后有北寒葱河村朝鲜族农民于寒葱河畔挖渠一条，引寒葱河水灌溉农田，渠长1.5公里，深1.5米，宽2米。日伪时期，没有进行用于生产的农田水利建设。1934年，日本关东军为保护机场，于阜宁镇北侧小绥芬河北岸修建了石砌复式断面堤坝1公里。至1933年，绥芬河地区耕地总面积达2 000余垧。

1932年，东宁农会调查，绥芬河地区有猪229头，羊258只，鸡482只，鸭鹅共50只。畜产品肉、蛋、奶、蜜等是农业的主副业收入。

"民国"时期，除阜宁屯垦公司（后称裕宁公司）外，无地方农业行政机构。日伪时期，由伪县公署实业科农政股管理农业，并由兴农合作社与之配合。1933年沦陷后，原土地管理机构解散，绥芬河地区的土地管理先后分别由东宁县、绥阳县农政股执掌。

"民国"及日伪时期，森林遭中东路当局和日本侵略者毁灭性采伐。除中东路建设用材、日军修工事等战争用材外，林材多数用来打桦子做燃料。中东铁路绥芬河机务段设桦子厂一处，生产桦子供应机车。机关、商店、工厂、居民等也均以桦子为燃料。在头段、二段有几处大锯房，就地加工板材出售。

四、工业

20世纪20年代，在走私贸易和种大烟的利润诱惑下，人们的工业投资心理冷淡，工业发展迟缓。到1933年初，绥芬河地区仍然是一家发电厂一家啤酒厂一群手工业作坊的工业格局。传统的手工业者不为商业利益所动，普遍钻研技术，视手艺为饭碗，敬业终生。阜宁镇李记洪炉掌柜生产的镰刀锋利可剃头。张记木匠铺掌柜生产的畜力车轮（俗称车脚），不上铁瓦加固，可负重1吨行程2里无破损。

1933年沦陷后，作为日本侵略者反苏要塞的绥芬河地区，发电厂被日本满洲电器株式会社接管；东方啤酒作坊也被哈尔滨啤酒股份有限公司强行买去，将设备迁至哈尔滨；所剩工厂仅几家手工业作坊了。

"民国"时期，绥芬河市暨阜宁、裕宁屯垦公司的工厂、作坊、铺子皆私营。宝成电灯公司是私营股份公司。外国人经营的工厂、作坊亦属私营。其时，一户作坊、一家铺子为一个生产单位，无公司之类的集团企业组织。工业市场间的协调工作由商会统管，工业无单独的协调组织。工厂与国家的关系，是取得经营许可和纳税的管理与被管理关系。伪满洲国时期成立了行业组合，有铁匠组合、木匠铺组合等。

啤酒厂

1913年，东方啤酒作坊于西山脚下开业。业主乌洛班投资8万元大洋，建厂房300平方米，其中楼房200平方米。建以维大罗（容量约20斤）为计量单位的前发酵池一座，置柞木质发酵桶20个、灌装机1台，开发水源井一眼。以马拉石磨粉碎，大锅木桦子蒸煮、天然冰冷却的方式生产。雇工3人，昼夜生产啤酒2 400瓶，商标"熊牌"，除供本地消费者外，还销往中东路沿线。

1927年东方啤酒作坊雇工至15人，啤酒年产量400吨。

1933年沦陷后，东方啤酒作坊被日本侵略军霸占，所产少量啤酒仅供日本侵略军。

1942年4月，哈尔滨啤酒股份有限公司强行买下"东方啤酒作坊",作坊主乌洛班亦被胁迫去哈尔滨。"东方啤酒作坊"关闭,技师刘立山受乌洛班委托义务护厂直到解放。

发电厂

1912年,李金生筹建股份制宝成电灯公司,至1920年5月正式开业。1933年1月5日,日本关东军侵占绥芬河,强行接管宝成电灯公司。不久,成立电业营业所。营业所管辖发电厂、外线班、内线班,共20人。营业所隶属满洲电器株式会社。电厂在此期间先后从外地购进德国造600千瓦和1 000千瓦发电机各1台,美国造锅炉4台。1937年,扩建厂房1 975平方米。新厂房落成后,600千瓦发电机开始发电,供应绥芬河街里居民和附近山上、二道岗子及东宁驻军用电。1941年1月,1 000千瓦发电机开始发电,供应绥芬河、绥阳、东宁三镇用电。供电仍以军队为主,其次是民需。此时电厂有日本工人70人、中国工人40余人。

1945年8月9日解放前夕,日本人在逃亡前将电厂破坏。

五、商业服务业

光绪二十八年(1902年)绥芬河口岸形成后,国内和各国商人涌入。到1905年有中外客商105户。到1925年前的高峰期,绥芬河地区各类商号达400余户。依口岸地缘优势崛起的商业服务业,成为绥芬河地区的经济支柱,发展起以商业为依托的手工业。后来,日本学者枝村荣称绥芬河地区是国境上的商业都市。

在商业经营上,外国商号在出售本国商品的同时,主要在这里收购农副产品,将其运回国内销售。中国商号基本上是以俄国和后来的苏联黑市为销售市场的走私贸易者的批发市场。到20世纪20年代,种大烟利丰,居民对其他资源的开发利用兴趣不大。鸦片充斥市场,绥芬河地区的销量为东宁、密山、穆棱、绥芬河鸦片总产量20.25吨的大半。1932年张宗昌调离绥芬河后,东省特别行政区发布禁烟令，鸦片购销锐减。到1932年，有外商3户以绥芬河为中转站收购农产品和农副产品。

沦陷前期，对化学品、钢、铁等对军事、经济有重要作用的商品禁止买卖。1936年日本侵略者切断中东路出境口，使绥芬河地区失去国际商品中继站的地位。农民多在农闲季节到铁路、林业局出劳务，山产品采集活动少，交易寡淡。1937年，伪满洲国颁布《主要商品编制法》，使商品流通变成商品管制，本就薄弱的绥芬河经济在日本侵略者的压榨下，更加雪上蒙霜，居民购买力下降。到1937年，绥芬河地区的各类商号只有50户，日商和日本侵略者操纵下的"配给店"主宰了市场。1945年，北寒村姬庆文私买一个围裙做衣服，被警察按"经济犯"抓到宪兵队治"罪"。

中东铁路通车后，绥芬河成为粮食集散地，东宁、珲春等地以及本地的原粮，经绥芬河出口俄国、英国和法国等。当地粮食消费经营，一部分由粮食消费者与农民直接进行，一部分由杂货商居间经营，其中由哈尔滨等地输入的成品粮较多。

1937年，日伪政权实行粮食统制，兴农合作社为其职能部门。合作社强迫农民低价卖出大部分粮食，个人只许留小部分。1939年10月，伪满洲国国务院公布"主要特产专筹法"，使粮食收购由严格统治变为强制收缴。太平洋战争爆发后，日本侵略者进一步加紧对粮食的掠夺。1941年对农民强制推行"粮食出荷制"，即春天按播种面积、品种与农民签约，秋天按"契约"收粮。同时对城镇居民推行"粮食配给制"。面粉由专卖机关配售，大米不配售。1942年，对面粉采取统制政策。1943年6月，主要实行大米票制配售。1943年以后，在配给粮中掺部分橡子面。1945年解放初，恢复粮食市场，实行自由交易。

1933年初，绥芬河地区有中外商户261户（含服务行业）。

其中民族商业233户，外商28户。在铁路附属地内，外商多分布在市内城南区，民族商业多集中在城北区。城南区十字街心，多设有俄罗斯木结构商亭。沦陷后，外商大部分外迁，只剩下茶商齐斯卡库夫、皮革商鄁劳少诺夫、西洋食品店格鲁肯等3家俄商。日本商号增加，有高岗号、日本合资社、上告繁太郎木材杂谷号、保马列、菊水、黑猫和安部屋号等7家商号。"民国"时期，本金在0.3万元以上的上等杂货店都兼营商品批发，外商商品多由设在哈尔滨的总店拨入或直接从本国输入，对盐等影响国计民生的商品实行专卖管理。1934年后，日本侵略者组织各类商业组合，由组合统一进货并分配。1934年设盐仓1处。

"民国"及日伪时期，一些工商兼营的企业一般为前店后厂，如裕海泉酒局，店前卖酒，后店则是清酒作坊。

其时，独资经营的商业企业没有复杂的组织机构，或老板自理，或雇一司账而已。合资合伙的商业企业，管理组织也不庞大。合伙投资者称财东，财东以下设执事（经理）1至2人，司账1人。执事有的是财东兼任，有的是雇员。各商号多雇佣独身者，吃住在店，除工资外还发洗理费等。店员为二类，即学徒和柜伙。沦陷时期，日本商人田中伊三郎投资丰义杂货铺，是当时的中日合资私营企业。解放后丰义商店作为敌产被国家没收。

1935年，日本侵略者封闭铁路，断绝与苏联交通，作为国际商品中继站的绥芬河成为一隅"死港"。1937年，伪满洲国颁布《主要商品统制法》，进货渠道和商品品种都受到限制。如纺织品以更生布为主，鞋类以胶鞋为主，其他商品很少。大米等物资不准上市。日本人向居民强制发行《统账》，实行物资配给，如火柴等商品皆需按统配手段。警察、宪兵和监狱是日本侵略者在绥芬河地区推行殖民地经济的主要手段。当时的民族商业因断绝货源，纷纷倒闭，能够维持的仅剩50余户。商业网络覆盖面虽未缩小，但密度大减。

在服务业上，1931年市区有照相馆5户、理发店7户、浴池2户、洗衣房3户。阜宁镇有理发馆2户、浴池1户。1932年有日本理发馆1户、修表铺1户、浆洗屋1户。1937年，绥芬河地区有饮食业19户，其中市区17户，阜宁镇、北寒葱河各1户。按类别分，有俄罗斯餐馆1户、面包铺2户，日本咖啡馆4户，中国煎饼铺2户，中国餐馆7户，中国糕点铺3户。有旅馆16户，其中中国人10户，日本人5户，朝鲜人1户。有浴池1户。

在民国及解放初期，外地流动性服务业者频频来绥芬河流动服务，主要项目有掌箩、磨刀、锔锅锔缸、修表、理发等。同期，其他服务行业还有修鞋、镶玻璃、修石磨、赁铺、扎彩铺（纸制品）、喇叭棚子等。

"民国"时期，大饭店挂牌匾，如"增盛园"等。除牌匾外还挂幌。饭店多方形餐桌，对坐8人，称八仙桌。前厅后灶，中隔半截门帘。跑堂穿梭，手不离一方抹布。日本饮食店挂版牌匾，书中日文字。日本咖啡店门首设播音器，播放音乐。煎饼铺挂白布，上写"煎饼"二字。中、日饭店皆备食品盒，为店外送餐用。

沦陷时期，饭店内挂"莫谈国事""守口如瓶""莫论人非"等条（横）幅。此时期日本饭店很活跃。咖啡馆有女招待陪吃，顾客日本兵居多。日本包含经营盒饭。盒为木质，如火柴盒状。内盛米饭半斤，咸菜、山楂或狗宝两块。盒内备一双卫生筷子。日本饮食店还经营蜂蜜馒头，1.5两重一个，卖走份每5个1卷，纸包装，送货到门。还有一种食品叫"姚干"（羊羹），由糖和红小豆制作。

"民国"时期，绥芬河各旅馆挂横匾，书字号，如"德泰楼""泰和楼"等。建筑多为楼，客室火炕，大铺居多。客室悬条幅：客至如家。

沦陷时期，旅店条幅为"莫谈国事"。多数旅店为伪警宪活动据点。"绥芬"、"三若"、"鲍库拉"和"国境候太鹿"等旅馆，为伪官衙、铁路总局、国道局指定旅馆，接待伪官员。1945年，有独家旅馆"明远居"，二层小楼，楼下卖杠杠头，楼上设大铺，有行李卷几套。其时还有大车店、鸡毛店、家庭旅店等。

"民国"时期旅店多兼营饭店。其时，旅店业经营竞争激烈，业主视旅客为财神爷。为"拉主道"，个别业主往往不择手段，毒、淫俱全，贻害社会。另外，"民国"时期土匪猖獗，为生意计，店家与土匪关系特殊，要供食宿，遇兵匪同至，要巧于周旋。沦陷时期，经营体制无大变化。在日本侵略者的统治下，经营艰难，一般业主难以维持，需加入特务组织方保无虞。

"民国"时期的理发业被称作"打唤头"，多挑担理发。固定理发店规模一般在1至10张椅子之间。"义盛祥""大兴堂"等理发店都在10把椅子以上。

浴池主要是塘池，服务有茶水、搓澡等。

照相以固定营业为主，很少有外拍。照相机是大型座机，小型照相机也需肩扛。照片以肖像为主。

在管理上，日伪时期强化治安，串街走巷理发易被警宪怀疑，渐消失。理发业者多在街头搭棚，"剃头棚"缘此而生。为加强殖民统治，日伪当局将商业企业按行业组织起来，为"商品统制"服务。这个组织称组合。1938年12月，有旅馆组合、劳工组合、杂货商组合、理发业组合、料理店组合、饮食店组合、马车组合、小麦粉贩卖组合、自动车组合等行业组织成立。商工会和各商工组合是日本侵略者实行殖民统治的工具，为战时经济统制服务。组合除为当局服务外，也在商人间做些协调工作。

六、财政　税务　金融

1926年，正式建立绥芬河市财政。市财政收入以税收为主，兼有公产等其他收入。沦陷初期，财政机构未变。1939年6月，成立绥芬河街公所，下设财务股，有职员7人，负责财政收支预算和税捐征缴。1933年1月，日本侵略者设立土地管理所，负责寒葱河、阜宁镇及绥芬河的土地税收事项。其他机构、官卡不变。

沦陷后，伪政府颁行新税法。主要有营业税（年税）、房地捐（年税）、铺捐（月税，按等级征收，裕宁公司年捐400元）、屠捐（随时税）、卸地酒精捐（随时税）、戏捐（随时税）、运绥芬河牲畜肉料皮革检验捐（随时税）、妓院（月税）、店捐（月税）、车牌捐（年税）、车捐（随时税）、马车捐（随时税）、商会年捐、道捐（年税）、瓜捐（随时税）、卫生捐（月日税）等。

至1944年，税种达41种。其中"国税"34种（包括消费税11种，流通税13种，所得税10种），当地地方税7种。同时，徭役如麻，人民不堪重负，稍有怠慢，即遭刑罚。

1933年，日本侵略者开征农业税，每垧1.20元，还有遗地租、垧捐（年捐）、房园租等。1936年征土地税，每垧年缴300元。

"民国"时期，市政分局、市政公所的薪俸、办公费等统由省拨，地方财政收入部分缴省，部分留用。沦陷后，绥芬河街公所、各村（区）公所有权向个人和企业收各种费，用于街、村各种开销。

日伪时期，在日本侵略者的统治下，除税收外，人民的徭役负担也很沉重。徭役用工主要有修筑工事、修"国防公路"、村镇建设等。徭役用工由警察管理，通过百家长、十家长分派到各户，有人工也有车工。不管农户生产多忙，活多急，一有徭役派下来，必须无条件服从，不然，轻者被警察暴打，重者以"反满分子"为名治罪。

1935年10月，伪满洲国政府公布《劳工法》，强征徭役，为日本侵略者从事繁重的军事和其他工程建设。绥芬河地区每年都有上百万人被迫当劳工。日本侵略者从外地抓来大批劳工及被俘的抗日战士，为其修筑天长山军事要塞工程。工程完毕，日本侵略者惨无人道地杀害了全体劳工。1942年11月18日，伪满洲国政府颁布《国民勤劳奉仕法》，强迫青年每年做3至6个月的劳工。同年12月，日本侵略者又颁布《学生勤劳奉公令》，强迫学生半日读书半日劳动。

清末，绥芬河出现以典当铺为标志的金融机构。光绪二十八年（1902年），赵胜大、孙福顺两家当铺开设，这是绥芬河最早期的金融机构。至沦陷后期，仅存赵胜大一家当铺，1945年8月关闭。"民国"初期，陆续开设10余家钱庄，经营货币买卖和汇兑业务，主要服务于往来商户。街面上的部分商铺也经营小额典当。1916年4月，绥芬河设立首家银行。沦陷后，哈尔滨福德银行在绥芬河设立分行。随着日伪统治的加剧，民族金融业日渐衰落。1945年8月，金融机构全部关闭。

1934年伪满洲国当局发行伪"国币"，禁止使用中国货币。伪"国币"有壹角、贰角、伍角、壹元、贰元、叁元、伍元、拾元8种面额，还有伍厘、壹分的铜币，伍分、壹角的银合金硬币，后期发行一种塑料硬币。1941年，伪满洲国发行面额为壹佰元的纸币（俗称大绵羊）。

1931年"九一八"事变后，日本金票和朝鲜老头票一度被中国商民拒绝使用。1933年沦陷后，日本金票和朝鲜老头票重新在绥芬河流通并成为主币。日本金票面值有1角、2角、5角、1元、5元、10元、100元7种。1945年8月废止。

"民国"初期，商店进货结账多用现金，后因匪患猖獗，钱庄逐渐增加账纸代金贷业务。绥芬河各钱庄与哈尔滨、沈阳、宁安、东宁等地及俄苏海参崴等地金融机构有汇兑委托业务，钱庄收益主要为汇费。"九一八"事变前，各家钱庄每年纯利润3 000元左右，此后收益日减，终至先后关闭。1933年1月，绥芬河沦陷后，钱庄汇兑业务量下降。

沦陷时期，哈尔滨福德银行在绥芬河设立分行，主要用于当地人存取款和资金借贷往来，没有通常的银行业务。1938年末，福德分行贷款余额9.63万元，拆借存入5 576.8万元。

沦陷时期，绥芬河邮局代办养老保险和终身保险。1945年，保险资金全部损失。

第二节 文化 教育 医疗 体育

"民国"时期，京剧和秧歌是年节主要文艺活动。1930至1932年，东北军张治邦团驻绥芬河。张志邦爱好京剧，与绥芬河业余俱乐部票友排练演出京剧，自娱并以飨戏迷。沦陷时期戏剧演出减少。东宁、绥阳剧团卢文波、"小鞑子"、"筱翠花"等来绥芬河演出《铁公鸡》《大劈棺》等传统剧目。绥芬河站刘士英及市内刘青林等京剧爱好者年节自发组织排演《四郎探母》《捉放曹》《别窑》等传统剧目。1942年4月24日，绥阳县剧团被称为"小白鞋"的女演员来绥芬河演出《拾玉镯》时自编唱"小鼻子带来大烟把人害"遭日本宪兵队逮捕。宪兵队报称"对自己怀才不遇，误认为由于日本之戏剧政策，从而使其怀有反日思想"。日伪后期戏剧演出减少。沦陷初期，一伪职员创作一部以"防谍"为内容的剧本，但未见发表和公演。

日伪时期有"耍扁担戏"的游走艺人在市场演出。表演形式：竖起扁担，挂上三四尺白色幕布，艺人站在前面用手套木偶耍弄，演完即用扁担担走。沦陷时期有时有露天电影放映。

日伪统治时期有脚踏琴传入，为日本小学教学用，光复后归当地小学校，用于教学和演出伴奏。

1933年1月，日本侵略者家属开办有专供日本人阅览、购买书籍的"柳川书店"，后又有以经营报纸为主的"满洲日报社"，有久乐亚一郎开办的"久乐朝日新闻社"。这些店社既出售报纸，又经营图书。1945年8月光复后停业。

至1924年，绥芬河地区有中、俄、朝学校7所及少数私塾，学生约600名，约占常住人口的2.4%。有教师近30名。学校主要集中在市区和阜宁镇。

1933年1月沦陷后，学校均停课，半年后有小学陆续复课。学校的名称有所变更。至1936年，全区有小学校6所：绥芬河完全小学（原东省特别区第三区第一小学）、阜宁镇完全小学、绥芬河铁路子弟完全小学（原铁路附属地中国小学）、朝鲜大成小学、苏联小学和陈氏私塾。日伪统治者将教育作为奴化中国下一代的工具，加强了"官办"学校的力度。同时，将苏联人学校一律改为私立学校。学生在接受文化教育的同时，思想受到奴役。

1937年，日本侵略者加紧对学校的控制，将初级小学改称为"国民学校"，高级小学改称为"国民优级学校"，私塾学堂改称为"国民义塾"。同时，将学校分为公立、私立两类，其中公立学校隶属伪地方政府。

1939年6月，绥芬河地区划归绥阳县后，绥芬河国民优级学校改称县立第二国民优级学校，阜宁镇学校改称县立第三国民优级学校，寒葱河小学恢复，列称第九国民小学校。据1940年夏季统计，绥芬河街有小学校10所。1942年后，北寒葱河村有公立日本初级小学1所，有蒋钦虞办的私塾学堂1所。

1920年，铁路当局成立铁路员工子弟小学，校名为公立华俄中学，学制8年，学生多为俄罗斯人子女，教员为俄罗斯人。1934年，有白俄中学（始末不清，或为原公立华俄中学的别称）。1936年，有私立俄侨中学，学制10年，校长鲁金。1945年8月，苏联学校解体。

"民国"时期，除外国侨民学校外，中国教师一律男性，单身汉多，流动性强，内地籍贯者多。沦陷前，外籍教师多数返回原籍。沦陷后，毕业于绥芬河小学又到外地读书归乡的少数青年学生，成为绥芬河地区的第一代本籍教师。其时有私塾教师和少量高等学历教师。受过私塾教育的教师擅长语文、修身、写字课，经正规培训的教师能力较全面，长于数学、音乐、绘画、体育等。20世纪40年代前后的刘滋泉为燕京大学毕业生。沦陷期间，所有苏联学校由校方自筹办学经费，私塾学堂主要靠学生交学费维持，其他学校由伪政府拨给经费。其时学校管理实行校长制，校长负责教学等全面工作。大型学校设日本主事官。

1933年沦陷后，部分中国居民逃亡，入学儿童减少。后居民渐趋稳定，城镇儿童入学率有回升，入学儿童中女生比例升高。1936年儿童入学率在36.6%左右，女童入学率略高于男童。农村因学校少，适龄儿童多数仍不能上学。1937年，绥芬河国民优级学校和苏俄人国民学校入学儿童在60人以上，其中女生约占男生人数的一半。1939至1940年，阜宁镇国民优级学校入学儿童平均在30人左右。沦陷时期的私塾学堂不收女学生。

沦陷时期，当局出于推行殖民统治的需要，学校注重对学生的思想行为和学业考核，其中学业考核尤重日语。出于对中国儿童奴化教育的目的，于1934年末废除中国教材。1935年初，由伪满洲国文教部统一编制出版教科书达22种39册，供学生使用。当局不准学校使用未经审定的教材。1937年，日本侵略者加紧对中国文化的侵略和对青少年思想的奴役，将修身课、国语课、体育课分别改为国民道德课、满语课和军训课，取消历史课。1942年增加劳动课，实际为义务劳动。

1933年沦陷后，日本侵略者一手推行怀柔政策恢复学校秩序，一手推行殖民教育。向学生灌输"日满亲善，共存共荣"思想，并施行日语教育，学生多不愿学。1937年，高级小学试行日语讲课。教室内不许挂中国地图，学校的日本主事不许学生说是中国人，要说是"满洲国"人，否则挨打。1942年，学校贯彻伪满政府《学生勤劳奉公令》，强迫学生半天学习半天劳动，同时增加军训课，使教学受到影响。

"民国"时期无专门教研组织、教研任务，学校聘用教师注重知识、能力等。沦陷时期，统治者主要注重研究殖民教育思想并灌输给学生。校长直接安排教学工作。伪政府教育部门有视学官定期到学校检查教学工作及学生的学习和思想情况。本校教员由校长选聘。1938年，伪政府颁布文官令，将校长、教师划分为教谕、教导、教辅三个等级。大型学校校长为教谕。小型学校校长为教导或教谕，教师为教导或教辅。伪政府建立教师档案，并列入伪政府职官名册。

光绪二十八年（1902年），中东路当局于绥芬河铁路附属地设职工医院1所，称"北铁医院"。高峰期，医院有病床80张，医务人员百余人。20年代初，俄国人郭鲁别夫开设了"白俄医院"，后朝鲜医师梁县畴开设了"德畴医院"。1923年，日本医师福井吉三设立"赤诚堂医院"，日本人肋田初开设"肋田医院"。1931年后，有中医姜兼卿、宋锡山等先后来绥芬河行医，同时有彭子振开设的牙科诊所。沦陷后，"北铁医院"改称"北满医院"，又设"日本陆军医院"，但该院只给日本军人和家属医疗，不对外开放。1933年，中国西医师黄桀民开设"桀民医院"。同时期有镶牙铺两处。

1933年沦陷后，由于时局混乱，人口减少，环境难以养医，医生流动较频繁。1945年解放前，绥芬河地区中医医疗水平较低，只能治疗一些常见病和多发病，对疑难病和危重病一般不能治疗。沦陷期间，日本医院规模大，医疗设备较齐全，医疗技术比较高，但不对老百姓开放。当时的个人诊所医疗技术仍不高。

1934年，孙冀汉由青岛迁至阜宁镇，开设了"杏林堂"中药店，经营300多种中草药，其中自己炮制中成药10多种。"杏林堂"的药品主要由青岛和哈尔滨购进，品种较全且疗效好，远近村屯的患者多来买药。沦陷后期，由于战乱，大部分药房药店倒闭。

日伪时期，伪街公所有专人负责卫生防疫，定期在机关学校进行预防注射。其时，绥芬河常流行伤寒、霍乱、肠炎、痢疾、白喉、小儿麻痹、麻疹等疫病。1943年4月，发生斑疹伤寒，铁路员工70%～80%染病。由于采取注射免疫疫苗防治，到6月底基本控制蔓延。

第三节　政党　社团

中国共产党诞生不久，绥芬河地区作为国际交通线，成为党的活动地点之一。

1926年4月，中共北满特委派党员5人，建立中共绥芬河铁路支部。此后，几经更迭，中共党组织始终活动在绥芬河地区。以铁路工人、小学教师、邮电工人、医生和其他身份为掩护的中国共产党党员，在群众中秘密宣传党的主张，播下革命火种。

1933年沦陷后，中共绥芬河地区各组织秘密组织抗日活动。在此期间，赵采青等优秀共产党员为人民献出了宝贵的生命。

1945至1946年，绥芬河地区面临着光明与黑暗的抉择。

1945年11月初，成立国民党绥芬河分部。至同年末，迫于民主联军东进的形势，国民党绥芬河分部宣布解散。

1946年3月，成立绥芬河区人民政府。1946年5月4日，国民党挺进军策动"五四"暴乱，颠覆区人民政府，赵长华等共产党员牺牲。绥芬河人民陷入水深火热之中。

1946年6月4日，民主联军第二次解放绥芬河，重建人民政权。

随后，中国共产党"土改"工作团进驻绥芬河地区，领导绥芬河人民完成土地改革。在斗争中，人民提高了阶级觉悟，有16名优秀儿女加入中国共产党。至1948年，全区有党员40人，约占全区人口的0.5%。此后，全区人民在各级党组织领导下，开展反动党团登记、改造二流子等运动，以全新的面貌迎接新中国。

民国时期，绥芬河市和阜宁、裕宁屯垦公司辖区有商会和农会。两会在促进商业、工业、农业发展，排解纠纷，防匪治安，维护民族工商业利益，帮助政府管理市场，安排周济移民等方面发挥了作用。收回中东路行政权后，绥芬河商（务）会在维护民族商业利益、反对苏联消费合作社倾销苏联商品垄断势力方面，发挥了显著的作用。

1937年夏季，因"蓝衣社"事件，农会会长高朗轩随市长赵凌霄等50余人被日本宪兵队逮捕。高朗轩病死狱中，农会工作无人组织，不久解散。

中国共产党领导下的共青团、工会组织，在20世纪20年代就为当地进步青年和工人群众所接受。在旧政权和日本侵略者的摧残下，绥芬河地区的共青团员和工会会员百折不挠地将共青团与工会的影响植根在广大青年和工人群众之中。

沦陷期间，由伪政权组织各类工商业组合，对工商业活动实行殖民主义统治。

1946年8月，东北民主联军粉碎"五四"暴乱后，派出工作队到绥芬河区建立新农会，发动、组织农民参加反奸清算斗争，惩治伪警宪特等反革命分子。不久，民主联军工作队撤出，绥东工作团绥阳县分团共60余人，由团长易晓光、政委苏濑洲带队进驻绥芬河区阜宁镇搞"土改"试点。在"土改"斗争中，各村农会在"土改"工作团的领导下，旗帜鲜明地斗地主、斗恶霸、斗各类封建势力，是推翻封建制度的战斗堡垒。

1932年，在中共满洲省委组织下，成立绥芬河铁路工会。同年夏季，铁路工会同青年团组织发动工人捐款购买慰问品，慰问铁路沿线抗日队伍。1933年沦陷后，铁路工会停止活动。

1925年，绥芬河有进步青年组织共产主义青年会宣传新思想，活动不久，被警察取缔。1930年，成立共青团小组，隶属东宁团组织。1932年，成立共青团绥芬河支部，书记李春荣。团员有孙立文、孟繁恩、李明奎、苗庆元等，均为铁路工人。在中共党组织的领导下，共青团支部利用给工人读报、散发传单等形式，宣传抗日救国道理，还会同铁路工会开展慰问抗日救国军等爱国活动。

1947年春，在土地改革运动中，经"土改"工作队所派的青工队员王为群指导，绥芬河小学组建儿童团。王作鹏担任团长，下设2个中队，共有儿童团员60余名，多是在三年级以上小学生。在农会领导下，儿童团员佩戴红袖标，手持红缨枪，开展站岗放哨，盘查行人，拥军优属，慰问部队医院伤员，排演文艺节目，查鸦片、抓小偷、"打"懒汉等活动。

1947年春，经"土改"工作队组织，东街（市区铁路以东）、西街（建设村）、北寒葱河等村成立妇女会。在各村农会领导下，村妇女会动员并组织广大妇女积极参加"土改"，争取彻底翻身解放。

1948年完成土地改革任务后，农会、妇女会、儿童团停止活动。

第四节　宗教　帮会

一、宗教

绥芬河居民中许多人信仰佛教，但其中多数人不太懂佛教教义，只是信奉生死轮回和因果报应。本地没有佛堂、寺院，信佛者在家设佛龛，供佛像。1937年有人进行了专项调查，结果显示，当地满族人中只是一般的信奉，没有什么特殊活动。1944年时绥芬河佛教信徒700余人。解放后，开展反迷信活动，佛教信仰被抑制。

1947年前，阜宁镇有道教娘娘庙1座，伏魔大帝庙1座。每年农历四月十八（或不定期）在娘娘庙举办庙会。"土改"运动中，娘娘庙被拆除，1959年伏魔大帝庙也被拆除。

清光绪二十四年（1898年）中东铁路开工时，俄国的东正教徒来到绥芬河。随后，俄国人在火车站东侧建造了一座木质简易教堂，并开始传教活动。教徒多是俄国人，中国人很少。1908年教堂失火烧毁。1913年，由俄国工程师齐连诺夫设计，修建了协达亚尼古拉教堂。1925年有5名苏联儿童到教堂洗礼。1939年，绥芬河东正教堂有4名男布道者，信徒53人，其中女性17名。

1943年，教堂有神甫4人，教徒230人。每周六、日，教徒去教堂作祈祷。1945年解放时，教堂被炸，教徒停止活动。1946年又从外地来了两个神甫，不久教会解体。

1925年前，伊斯兰教传入绥芬河。1925年，在杨成信阿訇支持下，由回民杨惠轩、关钟华倡议，经白文惠参议，回民集资200多元钱买下3间房及数亩地，改建清真寺1座，杨成信被聘为第一任教长。1936年有教徒约50人。1941年清真寺有房5间，寺院不动产价值1 500元，教徒发展到64人。

二、帮会

日伪时期绥芬河曾有帮会组织活动，主要有以下几个：

道德会。1935年，道德会传入绥芬河。1938年，徐惠莲去牡丹江听道德会讲演，回来后于同年10月6日在保安街成立道德会，自任会长。1939年3月23日，杨开田任第二任会长。1941年2月22日，道德会得到伪政府的承认，命名为"满洲帝国道德会绥阳县绥芬河分会"，并受新京（长春）总会新京特别市领导。时有43人，其中男会员31人。1942年11月15日，道德会在阜宁区正阳街34号设讲演社，学员38人，其中女学员26人。同月，伪牡丹江省公署署官张荣勋带领省总务会辅导科科长李子春、省宗教联盟副会长释仁性等人在绥芬河讲演两天。以后活动渐少，遂消失。

理善劝诫烟酒会。民国初，阜宁镇成立理善劝诫烟酒会，俗称"在清理"，是一个劝善组织，主张清静无为，戒绝烟酒。会所称公所或善堂，会主持人称"大爷"。每年春秋两季开堂，吸收新会员。1925年1月8日，阜宁镇理善劝诫烟酒会在裕宁街建成敬善堂。1935年，在东街又成立一个理善劝诫烟酒会，设德善堂1处，主持人称领正，副职称帮正。1940年，理善劝诫烟酒会活动冷落，会员仅剩20余人。1942年会员58人，伪满洲国命名为"满洲帝国理善劝诫烟酒会牡丹江省绥阳县绥芬河分会"，会长刘廷顺，会员只剩22人。1943年3月23日至24日，为纪念南海观音"生日"，开堂受戒，接纳新会员40余名，其中女会员12人。以后活动日淡，遂解体。

一贯道。1946年，传道师王继泰等3人从牡丹江来绥芬河办道，先后住在三合林和阜宁镇居民家中，发展道徒19人。该组织以传道为掩护，煽动群众进行反共活动，破坏"土改"运动，并借机勒索民财。入道者必须交一笔数量可观的钱作为入道费。1949年该组织被人民政府取缔。

第五节　伪满洲国的警察统治

1933年日本侵略者侵占绥芬河地区，建立了庞大的警察、特务、宪兵等机构，企图以刺刀和监狱征服绥芬河人民。同年7月，伪北满特别行政区第三区（绥芬河）警察总署，下设3个分署、7个分驻所、10个派出所。同年成立日本宪兵队，治安维持会。1933年冬，成立国境监视队。1934年成立特务机关。同年，推行警察统治下的居民保甲编制。1935年4月，国境监视队与警察总署合并，称国境警察中队。1943年春，成立旨在对中国人民实行思想统治的协合会。沦陷时期，日本警察和宪兵雇佣大批特务，为其提供反满抗日群众的活动情报。特务分两类：一类是民族败类，甘心作走狗的人。诸如杨德福夫妻、郑老六、于忠堂、李氏、张仁凤等。他们以赌馆、旅店、饭店等为据点，收集情报，出卖同胞，罪行累累。一类是迫于生活不得不应付的人。这类人多是在山沟种地的农民。他们要在山沟里继续种地，就得答应给日本人当"沟头"监视抗日分子的活动，向日本宪兵队、警察队、特务机关提供情报。一般旅店业老板、饭店业老板为保经营，也不得不在日本宪兵队、警察队、特务机关挂名，为日伪宪兵特务提供活动方便，如为其安排食宿等，不然就难以经营。死心塌地充当日本特务的多是赌徒、吸毒者、工头等。日本侵略者组织了庞大的警、宪、特务系统，以镇压、奴役中国人民。

伪满洲国时期，警察被称为"皇帝陛下的警察官"，其权限无边，无所不管，成为各村人民的太上皇。房子坏了，要向警察队报告，获准后方能找人修理。家里来了客人，也要到警察队报告。检查卫生、防疫、清理街道都由警察管。阜宁镇有一名伪警察，每天手提柞木棒，看谁不顺眼，找个茬就暴打一顿，人称杨大棒子。早上，他往井里洒些红染料后藏起来。如果第一个到井台挑水的人不去警察局向他报告"井的情况"，他就会找到当事人，一顿棍棒将其打瘫，让人记住无论遇到什么情况都要向警察队报告。

死心塌地充当日本特务的民族败类，动辄以"东沟密探"威胁群众，勒索财物，送群众于宪兵队或警察队，置之于死地。

日本侵略者推行"边境居民证明书"制度，凡边境居民在边境地区活动，须持"边境居民证明书"，否则以抗日分子或可疑分子逮捕酷刑审讯。特务动辄扣压"边境居民证明书"以勒索财物。

1937年夏，日本宪兵队逮捕了市长赵凌霄等50余名"蓝衣社"成员，押往哈尔滨宪兵队。其中多人死于狱中。日本警宪组织疯狂搜捕共产党，破坏地下共产党组织和一切抗日组织。1938年8月，日伪牡丹江省保安局在绥芬河及铁路沿线大搜捕，中共绥芬河铁路支部书记赵宏远等6名党员被列入黑名单。

为剿灭抗日力量，日本侵略者推行"并屯"政策，剔除山沟里的自然屯，将马架子等25个自然屯并入阜宁镇、腰毛屯等大屯。并屯后的自然屯，原来的房屋被烧掉，土地多荒芜，仅有数户"沟头"仍可在那里种地。阜宁镇等大屯用铁蒺藜筑成村围，仅留一二处大门作为出入口。晚间，关门落锁，不准通行。村中央筑有岗楼，由农民组成的"自卫团"值班瞭望，监视四野行人。日本守备队还将市区以东地区列为禁区，不准自由出入。不准农民在铁路、公路两侧种植高棵作物。

1939年，日伪当局又推行经济监督政策，发现群众吃大米，便以"经济犯"逮捕或罚款。阜宁镇一居民酒后吐出大米饭，被警察以"经济犯"罪逮捕，投入监狱。同年，为加强对工人反满抗日活动的监视，对工人进行指纹登记。

1943年，公布《矫正法》，把抗日嫌疑分子、有反满情绪的人送进"矫正辅导院"进行精神折磨，并强迫从事繁重的劳役。

1944年，日本侵略者又推行"剔决"计划，实行"防范周"，成批逮捕人民群众，投入法西斯监狱。

日本宪兵队、特务机关、警察队都设有监狱，多为地下室。主要刑具是"老虎凳"。凡进宪兵队，生还者甚少。阜宁镇原裕宁公司大楼即是警察队杀人的魔窟。海关楼地下室也留下了数不清的冤魂。日本侵略者的法西斯暴行罄竹难书。

第七章 "九一八"事变后当地的抗日活动

　　"九一八"事变日军侵占东北得逞后，狂言"三个月占领支那全土"。国民党政府实行不抵抗政策，使中华民族面临严重危机，对此，一场大规模的抗日反蒋怒潮在全国掀起。这场抗日斗争必然波及东北边疆。从1931年"九一八"事变到1945年8月抗战胜利的14年间，在白山黑水间的东北人民，与日本侵略者展开了艰苦卓绝、气壮山河的殊死搏斗，为中国的民族解放事业和世界反法西斯战争做出了卓越的贡献。作为重要的国际交通线，绥芬河人以其独有的方式积极开展了抗日斗争。

　　自从日本侵略者进入的那一天起，绥芬河进入了黑暗时期。日伪当局在绥芬河先后设伪市政公署、保甲办事处、街公所等伪政权机构，机构的主要头目均由日本人担任。绥芬河地区人民陷入日本帝国主义长达13年的殖民统治。一方面，日本侵略者为侵略战争和殖民统治的需要，抓劳工修建营房、警宪机关用房和其他军事设施；一方面，居民大量内迁，商业萧条，城市建设凋敝。在农村，为了便于统治，日本侵略者推行"净化"和"归屯并户"政策，将山沟里的散户集中到阜宁镇、腰屯等较大村屯。他们还将南寒葱河村民遣散，其村屯为日本开拓团所占据。1933年沦陷后，绥芬河街（绥芬河时称街，一种行政建制）于北寒村设区，成为日本侵略者监视抗日活动的警察特务据点。城市民用建设停滞，日本侵略者大兴军用建筑，先后于地久山前、铁西区建成兵营区和军官家属住宅区。因日本与苏联断交，1936年春，日本人封锁了海关，并且用车皮和土石将绥芬河铁路沟的3号铁路隧道封堵，中断了原中东路中国出境口，人为断开了中东铁路与西伯利亚大铁路的连接。又于1937年6月17日起将原中东路轨距（1.524米）改为标准轨距（1.435米），改中东路为北满铁路，东部线改称滨绥线。日本侵略者一边断绝绥芬河与苏联的联系，一边又修筑了东宁三岔口至绥芬河的轻便铁路。1936年，把东宁至绥阳的铁路也修筑完成。日本人修筑这条铁路的目的是掠夺资源，把东宁的煤炭等资源经中东铁路运回国内。为加强绥芬河同日本本土的联系，日军还在绥芬河的阜宁镇修建了一座小型飞机场。可见，当时的绥芬河已经是日本政府非常关注的一个边防要塞了。

　　然而，日本人的占领并没有把绥芬河人压垮。面对日本侵略者的行径，中共地下党组织领导抗日群众，散发抗日传单，袭击伪警宪机关等。在日本侵略者进入绥芬河的第二年，绥芬河人就在抗日将领周保中的领导下成立了绥宁反日同盟军。这支军队后来改为抗联第五军。这支队伍常常在绥芬河一带的边境线上出没，打击日本侵略者。绥芬河的老百姓自发地为这支抗日军队送情报送给养。后因关东军的大力进剿，抗联第五军被迫退入苏联境内，再后来这支军队又配合苏联红军打进了绥芬河。这期间，绥芬河人不断地偷越边境为苏联红军递送情报，使得苏联红军对日军在绥芬河的兵力、地下工事了如指掌，为进攻绥芬河起到了重要的作用。

　　1931年9月下旬，驻绥芬河东北军第二十一旅六〇〇团团长张志邦，在中国共产党抗日主张的影响下，下令驱逐居住在绥芬河的日本人出境。1932年3月22日，张志邦应李延禄（中共地下党员）电话要求，派兵500人参加穆棱站关家小铺战斗，在同日军激战中，连长张宪廷等102名官兵牺牲。4月15日上午11时许，张志邦在下城子宣布吉林抗日自卫军左路总指挥部成立，同时发布命令，凡我军所到之处，立即恢复民国年号，停止向日伪政权缴纳捐税，禁止使用"满洲""大同"字样，并号召不接受日伪组织命令，联合各地抗日武装，组织抗日活动。同年春，绥芬河铁路车站赤色工会成立。4月16日，迫于张志邦旅长的驱逐令，居住绥芬河的40余名日本人全部撤离出境，取道符拉迪沃斯托克（海参崴）回国。同年5月，张志邦将二十一旅驻东宁的第三营调回绥芬河地区驻防。6月，张志邦指挥二十一旅抗日自卫军联合抗日救国军，在牡丹江一带顽强地抗击入侵的日本关东军。因日军有炮兵和空军支援，自卫军伤亡较重，且因日军利用奸细挑拨自卫军与救国军之间的关系，使张志邦失去胜利信心。在安排了关庆禄代理其职务后，张志邦携家眷离开绥芬河去苏联，后经海参崴返回上海。7月下旬，在下城子召开抗日自卫军、救国军、护路军联席会议，会议决定，提升关庆禄为自卫军第二十一旅旅长，驻防绥芬河。

在反抗日本侵略的斗争中，绥芬河海关工作人员以自己的方式进行了抗争。1932年10月14日，日本关东军控制哈尔滨铁路局后，绥芬河铁路车站站长、商务处经理迫于哈尔滨铁路局的指示压力，对坚持不承认日伪组织的绥芬河分关宣布"绥芬河车站不再承认中国海关，而承认之后由爱河迁来的伪满洲国绥芬河分关。"原绥芬河分关关长多次抗议，在几经交涉无济于事的情况下，绥芬河分关关长王作民决定，留下4人看守房产，其余海关人员借道苏联符拉迪沃斯托克（海参崴）撤往上海。

伪满时期，一些艺人也以自己的方式表达了对日本人的不满。绥阳县剧团有一位被称为"小白鞋"（原艺名为小香兰）的女演员，一次在绥芬河戏园子演出《拾玉镯》时，加入了自编的台词"小鼻子（指日本人）带来大烟把人害，侵占我国家，霸占我土地，同胞快醒来……"引起轰动。女演员因此被日本宪兵队逮捕，并在宪兵队遭到了严刑拷打。后伪牡丹江法院按照反满抗日分子定罪，将她绞死。至今，绥芬河仍有老人像纪念英雄一样讲述着她的故事。

1933年1月5日，日本关东军广濑师团所属一个支队2000余人侵入，绥芬河沦陷。当年，绥芬河街于北寒村设区，成为日本侵略者监视抗日活动的警察特务据点。1939年9月和1942年10月，日本侵略者从其国内秋田县组织50户140余人的开拓团，落户北寒、南寒村。

在日本侵略期间，绥芬河的抗日活动始终得到了中国共产党的组织和领导，当时的日军遭到了重大的打击。

中共地下党员赵采青（又名赵建章）是绥芬河抗日救国会会长，兼任中共吉东特委工运部长和中东铁路职工部书记。他在绥芬河地区发展党员，建立敌后组织，领导铁路工人开展抗日活动。1935年，他在绥芬河到磨刀石的铁路线建立了12个抗日救国会，组织沿线铁路职工配合抗联部队多次袭击日本军用列车，打死打伤日军无数。1937年3月，赵采青组织中共绥芬河铁路支部部分党员及共青团员、赤色工会会员赴穆棱代马沟一带，配合抗日武装颠覆了日军一列列车，造成日军重大伤亡。翌年2月，绥芬河国境监视队姜姓队长组织部分士兵起义，打死日军中尉连长后，多数士兵逃往苏联边境，少数人被捕遭杀害。11月，中共地下党员赵采青被绥芬河日本宪兵队逮捕。在狱中，他坚贞不屈，顽强斗争，后于1939年在牡丹江宪兵队英勇就义。

第八章　苏联红军出兵与绥芬河解放

1933年1月日本侵略者侵入，绥芬河沦陷。为把绥芬河口岸变为发动侵苏战争的桥头堡，从1935年起，日本政府不断调进大批关东军，在中苏边境一带修兵营、建机场、开公路、挖山洞，构筑各种军事设施。北起鸟青山，南至鹿窖岭，驻扎的步兵、炮兵、骑兵、坦克兵、汽车兵等，最多时达3万多人。为构筑地下永备性坑道，日军先后抓来数以万计的中国劳动群众及八路军俘虏，为其充当劳工。这些劳工衣不遮体，食不果腹，在日军的刺刀和皮鞭的逼迫下冒着严寒和酷暑为其挖山洞，很多人被折磨死或冻死。日本人用中国人的生命建造了被他们称作"东方马其诺防线"的工事，然而，这样坚不可摧的工事却最终在正义的反法西斯战争中灰飞烟灭。

从1918年起，日本军队便以各种借口非法进驻绥芬河。1933年沦陷后，日军更是大举进入绥芬河。1935年后，日军八六八野战部队进驻鸟青山"驼峰"（647高地），配备炮兵、步兵共1 400人。二二九野战部队进驻天长山（791高地），配有口径300毫米火炮4门及各种轻重武器。八九四野战部队驻十八盘山岭西（806.7高地）。高地筑有钢筋水泥工事，配有重型火炮。所属炮兵和步兵多时达2 000余人，其部队队长为少将军衔。

此外，日军在绥芬河市区还驻有守备队、停车场司令部和铁路警护团。

绥芬河地域是日军第一道防御区中最坚固的堡垒地域之一，掩护着重要的战略要道中东铁路。筑垒南起十八盘山，北至大石砬子，正面宽约45公里，纵深30至35公里，右翼与东宁筑垒地域相接，左翼凭借着不易通行的山林，与密山筑垒地域相距90公里。筑垒地域由于十八盘山、铁路隧道、天长山、鸟青山、大石砬等拥有永备火力点群的各支撑点，构成了日军在绥芬河边界地段最坚固的防御体系。

南十八盘山高地是绥芬河边界前沿的最高山峰，筑有日军水泥工事，并在807.6高地配置了重炮。绥芬河以东第一、二、三号铁路隧道设有5至10个射击孔的永备工事，驻有日军国境守备队。天长山支撑点位于绥芬河东北部，是本地最大、最坚固的筑垒。建有混凝土地下隐蔽部，仓库、发电、供水、通讯、给养等设施完备，并有四通八达的地下通道。制高点上设有机枪、炮兵永备火力点。建有窄轨铁路的通道。该筑垒居高临下，既可控制通往东南、西北两侧山谷间的公路，又可以封锁重要的铁路连接点。此处设驻屯司令部，有日军1个连驻守。鸟青山高地周围有3条河，几乎四面都是沼泽。日军将山的四周切成陡壁，前面挖了很深的防坦克壕，设6道铁丝网、铁棱堡，在厚厚的花岗岩峭壁层构筑了几十个永备火力点。机枪火力点间距为25至350米，火炮永备火力点间距50至750米，可用305和410毫米口径的火炮射

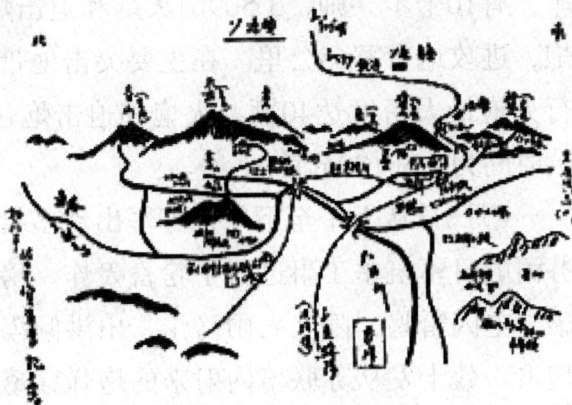

日伪时期军事交通示意图

击。钢筋混凝土墙的厚度达1米，发射孔用装甲板遮盖。所有这些工事及观察哨、地下仓库等，都与在石岩中凿出并用钢筋混凝土覆盖的几道堑壕和坑道相连，驻有日军八六八部队。大石砬子支撑点位于绥芬河防御体系的最北侧，在两道防坦克堑壕和铁丝网间，设置了多处机枪和火炮永备火力点。大石砬子与鸟青山两个支撑点纵深4公里，宽8公里，是日军在佛伦斯基山（今二段一带）的抵抗枢纽部。此外，在绥芬河西侧和二道岗子，日军还建有飞机场。

日军在此派驻重兵，1941年夏曾集结3 000多人。1945年5月，大本营对关东军下达战斗部署，任务是确保满洲东部，因此主力已撤至第二道防线。第一道防线绥芬河筑垒地域仅剩日军约500人，属混成一三二旅。

1945年8月8日，苏联政府对日宣战。此时，日本关东军在绥芬河边境的防御体系成为被苏军首先粉碎的目标。

1945年8月6日，由苏联元帅华西列夫斯基统帅的150万大军，在5 000公里的战线上，对盘踞中国东北日军的包抄已经全面展开。克雷洛夫上将指挥从东普鲁士对德战场调来的第五集团军，负责突破绥芬河地域。这是远东最强大的诸兵种合成集团军，有10个步兵师，3 509门火炮和迫击炮，720辆坦克和自行火炮，进攻地带宽65公里。在主要突击地带，每公里正面坦克和自行火炮最大密度达40辆，火炮和迫击炮达260门，炮火准备的持续时间为4小时20分钟。

8月8日从上午至下午，苏军出动多批架轰炸机和强击机对绥芬河的日军筑垒工事进行了轮番轰炸。傍晚，天气突变，乌云翻滚，电闪雷鸣，随之大雨滂沱，山洪倾泻。18时左右，苏军开始炮击。数十发从苏联境内射来的炮弹穿透雨幕，落在街区炮台山北侧、火车站等处。夜幕完全降临后，苏军大部队开始悄悄接近边界前沿，进入攻击前的潜伏地域。

9日1时，远东第一方面军各先遣支队和边防部队各支队利用夜幕和暴雨的掩护，对日军发起突然进攻。苏步兵成散兵展开，迅速越过国界线向日军阵地接近。

苏军第五集团军共4个军，部署在多格瓦业山、杜霍夫斯卡亚、格罗捷阔沃地域，分别从佛伦斯基山、龙王庙、绥芬河铁路沟（别拉洼）和十八盘山等地向绥芬河日军筑垒地域突击。佛伦斯基山的日军抵抗枢纽部是第五集团军的主要突击目标。

苏军第七十二军步兵二一五师和六十三师先遣营主要突击鸟青山。拂晓，炮兵首先打响。夜间伪装起来的自行火炮和加农炮向驼峰猛烈轰击。苏军战士冒着日军机枪的扫射，把加农炮拖到开阔地，直接瞄准射击。远处，重型自行火炮对准永备火力点进行了震天撼地的轰击。日军钢筋水泥工事被撕裂成碎块。

炮声一停，专门组建的各强击群开始突击，用自动枪和炸药收拾残敌，为步兵分队的冲击扫清道路。苏联英雄莫斯卡列夫大尉指挥七〇七团三营大量使用炸药、背囊式火焰喷射器、发烟罐、发烟手榴弹等，熏出或烧死守在犬牙交错的掩体和堑壕里的日军，有时还在阵地前展开激烈的肉搏战。自动枪手把阻碍进攻和影响迂回的残敌逐个加以肃清，迅速打乱了日军的防御，保障了师主力越过国境线向绥阳进发。

当日4时，苏军各先遣营右翼接近绥阳左翼，左翼前突至鸟青山646.1高地东斜面，深入4公里。5时，二一五师和六十三师的先遣营顺利攻占630高地，不到3小时，鸟青山的支撑点被彻底摧毁。12时，夺取了坐落在鸟青山西斜面上的日军军营。苏军主力从支撑点两侧绕过，至国境线以西4至5公里的二段至绥芬河横向公路线，留下部分兵力继续封锁、围攻筑垒地区内顽抗的日军。15时，大部队以坦克二一〇旅、自行火炮三三三团和两个步兵营组成的先遣支队为前导，经老菜营向绥阳方向推进。

步兵六十五军向佛伦斯基抵抗枢纽部的关键阵地——大石砬子支撑点实施突击，战斗特别激烈。步兵一四四师先遣营夜间发起冲击，因未经炮火掩护，日军事先进入所有火力点，遇到了顽强的抵抗，冲击未能奏效。步兵一九〇师、九十七师的先遣营从北侧迂回进攻并以猛烈火力封锁日军火力点。这一突然打击，使日军陷于被动，但日军仍疯狂抵抗，因此，尽管苏军进行了炮火掩护，先遣营的几次冲击都没有成功。

当日7时，在自行火炮和装甲车的掩护下，步兵七八五团二营突击大石砬子支撑点东南部。两个连从正面冲击日军工事，一个连迂回从左翼突击。猛烈的炮火很快压倒了日军的火力，正面攻击的一个营和侧面迂回的部队同时发起进攻，一举攻占4个火力点，苏军先遣分队已前进至大石砬子以西一公里地区发起进攻，消灭了大石砬子高地两侧的日军。

龙王庙山（绥北东北）日边境守军被苏军强大的正面和侧翼突击所分割，失掉了联系和指挥。715.9高地两侧日军已全部撤离，苏军未遇任何阻击便占领了射击阵地，大部队迅速取道五花山向绥阳进军。

苏军七十二军从绥芬河正面实施突击。当先遣营推进到铁路隧道地段时，受到了日军的顽强抵抗，损失很大。苏一八七师（十七军）先遣营在坦克掩护下沿铁路进攻也遭到日军的猛烈阻击。他们一面与日军对射，一面派出强工程兵二十旅战士从后方绕过日军火力封锁后，在敌永备火力点下安放大量炸药。6时左右，5个坚固的永备火力点全被炸毁，顽抗的日特工队全部被歼。苏军完好无损地夺取了3个隧洞。

苏军十七军从绥芬河南十八盘山高地两侧向日军突击，向南（东宁方向）攻击日军一线筑垒，在鹿窖岭以北地域，日军抵抗

3个多小时后，撤至二道岗子逃窜（10日17时，该苏军奉命转隶第二十五集团军指挥）。

9日10至12时，苏军先遣营和一梯队基本攻占了边境前沿的全部工事，正面扩大突破口60公里。边界上千万部马达轰鸣，每个突破地域遍布沟痕，到处是坦克和自行火炮推倒树木、碾碎土石的黑色车辙。

9日日终前，苏第五集团军在不少地方向纵深推进了近20公里。其右翼部队已推进至太平岭山脉的东部支脉，左翼于10日凌晨全部占领了大型道路枢纽、绥芬河筑垒地域中心——绥芬河城区。

苏各军迅猛从突破口向细鳞河、下城子方向推进。七十二军所辖的六十三、二一五、二七七师每师各留一个配有工兵和自行火炮的加强步兵师，奉命在3日内完成肃清日军守备队残部。

肃清绥芬河地区日军守备队的战斗十分激烈。9月11日，苏军占领绥芬河后，一部分苏军在当地铁路车站东侧小广场集合时，突然遭到日军机枪的猛烈扫射，当即死伤数十人。苏军忙乱中盲目四处射击。当发现东正教堂塔楼上有隐蔽的日军机枪射击时，苏军调来火炮还击，击毁顶部钟楼，两名日军毙命。

9日晨，苏军进攻的炮声使街内日伪军警宪特惊恐万状。上午9时，日军家属、日侨、部分警宪及电报局人员等200多人集中在日满俱乐部和协合会。下午，转退到天长山永备坑道里，企图负隅顽抗。

苏军占领绥芬河城区后，发布公告，令日伪军警宪特上午到红军司令部报到备案，绥芬河东街居民迁到西街（今建设村），同时，向退守天长山的日军发起进攻。

11日（或12日）晨，苏军进攻天长山遭到日军的疯狂抵抗。七十二军留下的部队进入冲锋点后，机枪、火炮的射击未能奏效。3次冲锋均未成功，伤亡很大。苏军派张焕新的女儿嘎丽娅（18岁，中俄混血儿，会俄、汉、日语）去劝降，日军不降，下午再去，未归。苏军最后用十几门大炮持续轰击一昼夜后，以坦克为先导，随后步兵冲上，见洞中警察已逃跑，日军宪兵特务及其家属已全部毙命。

据绥芬河一位目击了天长山战斗的赶车老人（李智长）回忆：那天他被日本人找去往山上送东西，在送第二趟时，看到了日本人井然有序地上山进山洞。也有部分中国人，还有妓院女人。电报局的人背着设备进了山洞。他不敢上了，但没下来山。日本人打仗把外衣都脱了。他看不好，就下来往地久山走，见到道上全是日本坦克车等，道上都满了。好几十北大营的日本兵往南山跑。日本人都在战壕里，天上是苏联飞机。再往下来时，看到苏联红军向天长山冲锋。苏联红军冲锋时都是喊着俄语的。他看到有苏联军人被打死。还看到日本人冲下来反击。他躲在山下的一个菜窖里。过了很长时间，菜窖被一颗手榴弹炸翻，他举起双手跑出来。他会点俄语，红军把他抓走，给他包了伤。这时，他见到苏联红军拉着手风琴又唱又跳，便知道他们胜利了。当时他还看到苏联人把一个日本兵枪毙了。

绥芬河巩义方老人在他的回忆录中写道："八月八日夜间，东北方向飞机嗡嗡声和大炮轰轰声越来越近了。我们确信，苏联快打进来了。家家都在观望，人人心里发慌。我家又像1929年中苏战争时那样，只留下了我父母亲两人，其余的都坐牛车上山躲起来。我们趴在一个宽大的山沟里，眼睛盯着东北方。天亮以后，我们亲眼看见带红星的小飞机一队队地掠过我们的头顶，把正在往西开的一列火车给炸翻了；公路上出现了小吉普和中型吉普车，都用绿草蓬蔽着，每车上都坐着端冲锋枪的苏联士兵。我大哥说：'老毛子'已经进来了，满洲国是完了，我们还藏在这干什么。于是，我们把棉被和吃的东西又装上了牛车迎着苏联红军的军车东走奔家了。途中多次遇见身披树叶的苏联士兵，他们严格搜查，确认是中国老百姓就都放过了……满洲国真的'黄了'。中国人敢说自己是中国人了，从此不当亡国奴了。人人脸上都有了笑容，人们的那股活跃劲儿就不用说了。"

在苏联红军的强大攻击下，曾经不可一世的日本侵略者以及他们炫耀的所谓"东方马其诺"要塞，在不到一周的时间内便灰飞烟灭了。

第九章　嘎丽娅作为军使劝降日军牺牲

　　在绥芬河，有一个家喻户晓的、被称为友谊和平天使的人物——嘎丽娅。嘎丽娅是中俄混血儿，其父亲张焕新，1898年8月生于山东省掖县吕村，1980年3月病逝；母亲菲涅1906年6月生于乌克兰，1993年1月病逝。1912年，张焕新告别母亲和弟弟跟随叔叔加入到"闯关东""跑崴子"行列。1916年，张焕新离开叔叔开始独立做生意，到海参崴做易货交易。1922年，张焕新放弃了原有生意，越过瑚布图河，经三岔口来到绥芬河，凭一口流利的俄语，当上绥芬河火车站列车押运员，往来于绥芬河、穆棱一线。1914年，8岁丧父的菲涅随母亲投奔俄远东滨海边区波利卢给柯村姨母家，1922年春，菲涅告别母亲，随白俄难民来到格罗捷阔沃，后来被绥芬河一位俄侨亲属收留，和俄侨女儿柳芭互称姐妹，由教堂介绍到一俄侨家当佣人。张焕新和菲涅先后来到绥芬河，相同的信仰，相同的境遇促使两人在教堂相识并相爱。1922年10月22日，他们在教堂举行了婚礼。

　　1928年2月18日（农历正月二十七）嘎丽娅降生在绥芬河斯阔沃兹那亚街（现名青云路）的一座普通民房里，其俄文名字为嘎丽娅·瓦西里耶夫娜·杜别耶娃，昵称嘎丽娅。她是张焕新和菲涅唯一的女儿。

嘎丽娅伴随着中国龙年春节来到了人间。小龙女的到来，为这个华俄家庭带来了异常的欢喜。嘎丽娅的幼年和少年是在温暖、祥和的家庭氛围中度过的。当时绥芬河的苏联侨民很多，街里开有俄国商店。凭着当年在苏联闯荡时学得的手艺，嘎丽娅的父亲张焕新开办了一家露西娅餐厅。嘎丽娅常到那里去，有时帮他们做点活，或给他们买点东西。为做好面包，有一次，张焕新偷着买些白糖被日本兵发现抓到宪兵队。为了救爸爸，嘎丽娅和哥哥一起，想尽办法求人，受尽屈辱，才将爸爸从宪兵队里领了回来。"九一八"事变后，1932年2月，东北军六六〇团团长张治邦取替变节投敌的绥宁镇守使、二十一旅旅长赵芷香军政职务，同时出任东北抗日义勇军左路军司令，联合抗日救国军坚持抗战。绥芬河是张治邦的司令部所在地。为了支持抗战，绥芬河地区的抗日民众纷纷捐资捐物，支援前线。张焕新为抗日部队捐献了大量的面包、鸡蛋。

嘎丽娅少年时读书的学校是绥芬河苏联侨民学校（大约在现新华商厦附近）。侨民学校遵循当时苏联的教学体制，使用苏联教材。学校供学生午餐，有统一校服，主要学习俄语、算术、地理、修身、音乐、体工、汉语和日语课等。学校经济来源为哈尔滨侨民协会。日本侵略者统治期间，所有学校强制增设日语，并要求作为主科进行教学。嘎丽娅勤劳善良，不仅在家帮母亲打水、喂奶牛，在学校也常帮助同学。1940年，嘎丽娅得知从东宁来绥芬河逃难的俄侨夏·杜·丹妮娅·伊格纳杰夫娜一家八口十分困难，她发动同学捐款捐物，使这个家庭得到救助。嘎丽娅聪慧活泼，喜欢团结来自苏联、日本、朝鲜等国的小朋友，经常和他们玩一种跳格子的游戏。童年的嘎丽娅勇敢、机智、遇事不慌。有一次，家里的牛跑进日军管制区，被哨兵扣留。嘎丽娅带领她的日、韩、俄小伙伴，每人采了一把野花，假意去慰问哨兵。他们唱歌跳舞，在哨兵放松警惕时，趁机把牛牵走了。和所有女孩子一样，年轻的嘎丽娅爱美，追求时尚，邻居小孩经常看到她穿戴漂亮出入家门（当时的邻居李文斌讲述）。嘎丽娅曾有一张17岁时的照片，上面的她打扮入时，穿着当时非常时髦的西式服装，戴着胸花、耳坠，围着头巾。

嘎丽娅在学校学的是俄语，因父亲是汉族，两个哥哥又都在绥芬河光华汉语学校学习，所以嘎丽娅汉语也很好。1933年日军侵占绥芬河后，实行奴化教育，中国学校和苏联学校都增设了日语，而且是主科，所以嘎丽娅的日语也很优秀。年轻的嘎丽娅追求自己的爱情，她有一个当时两家都认可的男友，苏联人，家住西毛屯（现在的建华村）。男友常去嘎丽娅家干活，清闲时与嘎丽娅一起外出跳舞。

抗战后期，根据《雅尔塔协议》，苏联决定向日本宣战。1945年8月9日零时10分，由华西列夫斯基元帅指挥的苏联150多万人的机械化部队从中国东北的东、北、西三个方向越过边境，在4 000多公里的战线上向日本关东军发动攻击。在苏联红军强大攻势下，日本关东军边境守备队分崩离析。当天，绥芬河城区被苏联红军攻克。城内日伪警、宪、特人员仓皇出逃。日军残部退守到天长山要塞地下工事内。

天长山要塞的日军配备有平射炮、反坦克炮、山炮、高射机枪等装备，火力凶猛。日军凭借防御工事负隅顽抗，给苏军造成很大的伤亡。苏军用迫击炮、坦克炮进行长时间的轰击，但由于天长山要塞的堡垒、工事都是用钢筋水泥构筑的，厚度在1米至1.5米，小口径的炮弹落上去只留下一个白点，毫无杀伤力。另外，关东军守备队为了躲避攻击，在上山前将绥芬河市内的大批日侨、商人、妇女、孩子都带到要塞内作为人质，这给进攻带来了很大的难度。苏军为了减少伤亡，并考虑到要塞内妇女儿童的安全，决定派人上山与日本守敌进行谈判，让他们放下武器。

　　8月11日中午，张焕新一家依照苏军疏散人口的要求，去比较安全的西毛屯借住。嘎丽娅和父亲赶着三头奶牛经大白楼行至铁路桥下时，看见母亲和弟弟被苏军拦住盘问。嘎丽娅让父亲赶牛先走，自己与母亲和弟弟一起到花园街苏联红军司令部办理登记。

　　嘎丽娅和母亲、弟弟赶到苏军司令部时，门外聚集了50多人等待登记。这时屋内出来一名军官用俄语问："你们这里谁会说日语？"人群中有人回答："嘎丽娅会说日语。""谁是嘎丽娅？"军官问道。"我就是嘎丽娅！"嘎丽娅走出人群。军官打量了一眼嘎丽娅，说："好！请跟我来吧。"就把她领进楼里。

　　20分钟后，嘎丽娅跟着一个拿白旗的苏军军官和三个战士走出司令部，人群闪开一条通道。嘎丽娅跑到母亲面前，双手握住母亲的手说："妈妈，红军让我去当翻译，上北山劝日本人投降。"话音未落，菲涅就哭了，抖动着嘴唇一句话也说不出来。她抱住嘎丽娅，泪水打湿了嘎丽娅的肩头。

　　菲涅摘下自己崭新的红头巾，把嘎丽娅头上那条旧的白头巾取下来，哭着说："嘎丽娅，咱俩换一换。"按俄罗斯习俗，逢年过节，人们远行，都要戴新头巾，有吉祥之意。

　　嘎丽娅回头对弟弟张树列说："萨沙，快领妈妈走，爸爸早就到西毛屯了，一定等急了。"说完用双手捧着菲涅的脸，重重地吻了一下母亲的额头，然后挥手说："再见，妈妈，我很快就回来。"这是嘎丽娅和妈妈说的最后一句话。当时是下午两点多，嘎丽娅跟着拿白旗的军官和三个战士，从花园街一直往北走，拐过机务段的房子就不见了。大约下午三点左右，他们乘车来到北大营，这次劝降，日军没有接受。

　　8月11日下午，嘎丽娅随一位军官和三名战士徒步来到天长山楠公园苏军指挥所，同十二步兵师某团政委和团长见面，一起准备了第二次劝降日军的方案。苏军拟定了一份《谈判提纲》。当时由于天色已晚无法上山，嘎丽娅当晚住在指挥所。

午夜，苏军机枪连指导员菲多琴科·斯捷潘·扎哈洛维奇来到指挥所，接受团长下达的劝降天长山日军的任务，由他挑选15名富有战斗经验的战士，配备精良武器，组成一支特别小分队，准备和嘎丽娅一起上山同日军谈判。

第二天，苏军首长把嘎丽娅介绍给菲尔多琴科上尉，一起吃过早饭后，开始登山执行劝降任务。早晨九点多钟，嘎丽娅手持白旗和菲尔多琴科走在前面，特别小分队战士紧随其后。行进中，他们遇到掩体就喊话，一直行至日军阵地前，即一处山中兵营（考证为"日轮兵舍"）便在那里等待上山。

中午前后，嘎丽娅用日语向日军阵地喊话，内容大意是：我们是苏联红军派来和平谈判的代表，不要开枪，请出来和我们谈话。

一个多小时后，日军阵地走出一个打白旗的日本兵和十几名日军，与嘎丽娅和苏军战士相距四、五十米远。经过对话，日军只允许嘎丽娅一人进入日军阵地谈判，禁止苏军进入。双方保持距离，等候谈判结果。

面对这种艰难抉择，嘎丽娅很紧张。菲多尔琴科上尉拥着嘎丽娅安慰说："你不要害怕，你是善良的，又为他们好。日军已打出白旗，同意谈判，不会把你怎样。相信他们能理解我们的好意。"嘎丽娅哭着说："我去了可能就回不来了。"菲多尔琴科上尉继续劝说："我们不懂日语，只有你能把劝降的提纲翻译过去，你会回来的。"他抱住嘎丽娅，扶着她的腰说："去吧。"

嘎丽娅止住哭声，什么也没有说，手持白旗和谈判提纲毅然向日军阵地走去。菲尔多琴科上尉眼看着嘎丽娅一步步靠近那个拿白旗的日本兵，随后消失在树林里。

　　日本兵那边也有一个小分队的兵力，都持枪警戒着。日军派了一名军官同嘎丽娅对话。他们说话的地方离菲尔多琴科只有四、五十米远。当时山里闷热无风，菲尔多琴科隐约能听到他们的对话声。

　　在焦急的等待中，菲多尔琴科隐约听到日军的激烈争吵和野兽般的嚎叫（菲涅儿媳讲述），最后传来一声枪响。上尉预感到嘎丽娅遭到枪杀，马上向日军阵地喊话，并用无线电步话机向山下指挥所报告情况，指挥小分队撤下山。这时，日军阵地冲出一伙日军，向苏军开枪扫射。当时苏军被打死2人，打伤3人。菲多尔琴科带领战士撤到山下。时至黄昏，苏军调集全部重炮，分三处连续轰炸天长山要塞阵地。有目击过当时情景的绥芬河老人讲：大炮黑天白天地打，炮弹像猪仔那么大。轰了三天三夜，天长山上和山西侧的土都翻过来了，树都打没了。15日15时许，天长山要塞筑垒被彻底摧毁。

　　嘎丽娅走后，爸爸、妈妈和弟弟焦急地等待着她的消息。他们听到多处苏军炮火连续几昼夜轰炸天长山要塞。一直到炮声停止，家人仍未见到嘎丽娅回来。他们找到苏联红军司令部打听消息，但得到的回答令他们痛心："原来的司令官和部队都已经调走了，他们不知道此事。"

　　嘎丽娅的家人和她的男友还有邻居们开始上山寻找。在山上，他们用手扒那些被炸翻的土，大声喊着嘎丽娅的名字。他们先后去了三十多次都

和平友谊天使——嘎丽娅·瓦西里耶夫娜·杜别耶娃

毫无收获，只是在山路边的树枝上发现了菲涅送给嘎丽娅的那个头巾（有人分析，那个头巾不是被炸飞后挂上去的，应是有意挂上的）。一个17岁的美丽少女从此消失在天长山。

多年来，嘎丽娅的家人始终没有放弃寻找。他们给苏军司令部，甚至给苏共中央写信，但都没有得到嘎丽娅的消息。中国官方档案也没有嘎丽娅劝降的详细记载，只有绥芬河市公安局的档案中，有两份20世纪五六十年代向上级汇报绥芬河历史的材料中提道："传说张焕新的混血女儿三次上天长山劝降，被日本人杀害。"

"文革"中，菲涅在被打成苏修特务之前的审问中说："我的女儿叫苏联红军找去劝降日本人，后来听说跟苏军去了牡丹江，后又听说女儿在北山被日本人打死。"在其后的日子里，嘎丽娅的母亲每到女儿生日那天，都把嘎丽娅的照片摆上，同时摆上野花纪念她。母亲一直到死都思念着嘎丽娅。

2003年9月，绥芬河人找到了菲多尔琴科上尉的儿媳霍列金娜，得知菲多尔琴科已在1982年9月1日去世。霍列金娜回忆："菲多尔琴科先前无数次和我们讲他和嘎丽娅当年一起上山劝降日本人的往事。当时，红军没有日语翻译，只找到嘎丽娅一个懂日语的，不然也不会让那么年轻漂亮的姑娘上山去和日本军谈判。嘎丽娅明明知道非常危险，可还是去了。为了保证他俩的安全，苏军还专门派出了一个小分队负责保护，可到了山上，情况发生了意想不到的变化。狡猾的日军说什么也不让菲多尔琴科他们靠前，只允许嘎丽娅一个人上前谈判。菲尔多琴科他们只能远离谈判地点四五十米处。日军派出一个代表单独和嘎丽娅进行交谈，其身后有不少日本兵。当时林子里没有风，菲多尔琴科在远处能听到两个人的说话声。由于是用日语谈判，谁也听不懂谈了什么。不过，嘎丽娅事先准备了谈判提纲，就是让日军放下武器，怎么走出山洞，确定什么时间，苏军给什么优待等。嘎丽娅谈完转身往回走的时候，日军的机枪突然响了，将嘎丽娅当场打死。当时，菲多尔琴科指挥小分队一边还击一边撤退。不久，喀秋莎大炮就响了。后来，菲多尔琴科的队伍被调往牡丹江方向，菲多尔琴科没有办法把嘎丽娅牺牲的消息告诉她的父母。菲多尔琴科对嘎丽娅的死一生都感到遗憾，很惋惜，有时望着西边的中国说，也不知道嘎丽娅的父母在哪里，还有没有亲人了。他常常说，当时如果有别的办法，决不会让一个那么年轻的姑娘去冒险，实在是没办法。"

1946年，菲多尔琴科荣获了两枚红星奖章，他的妻子阿卡费娅接受采访时说："这两个红星奖章，有一个是菲多尔琴科带嘎丽娅上山执行劝降任务，消灭拒绝投降的日军获得的。菲多尔琴科生前常说，这枚红星奖章应该奖给嘎丽娅。"

2009年，由绥芬河市孙伯言策划与工程负责，黑龙江万事利经贸集团公司董事长罗新利捐建，俄罗斯圣彼得堡列宾美术学院雕塑系主任、雕塑家斯维什尼科夫·瓦·德教授和中国雕塑家李富军进行主雕塑设计，列宾美术学院院长恰尔金·阿·希艺术总监，列宾美术学院建筑系罗曼诺夫斯基·菲·戈、切尔诺夫·安·普教授进行基座设计，中国书法家协会主席张海题名，上海书法家协会主席管峻书丹的大型青铜雕塑"友谊和平天使"在绥芬河市友谊公园落成。雕塑以嘎丽娅劝降事件为题材，展现了嘎丽娅为国家、为人民、为和平英勇献身的伟大精神与光辉形象。

纪念雕塑策划人孙伯言说："我做纪念碑的初衷是从一个平民的命运和中俄友谊的角度考虑的。嘎丽娅的父母是中俄两国最底层的人，打击日本侵略者，两国人民都付出了牺牲。"

2007年5月4日，俄罗斯总统普京为绥芬河市民给他的信件写

了回信。信件全文:

亲爱的中国朋友们:

我感谢你们这封热情洋溢的来信和善良友好的倡议。我们再度证实,俄中两国的战略协作伙伴关系是建立在两国人民相互理解和真挚友谊的基础之上。

人类在第二次世界大战中遭受的巨大损失是无法弥补的,因此我们每个人都有义务将对这次沉重考验和对那些英勇献身的英雄的哀思传递给子孙后代。为此而建立"友谊和平天使"纪念碑,来表彰这位翻译姑娘为拯救和平居民的功绩,这将受到下一代人的敬意。

我建议,纪念碑上应该刻上这样一段话:"俄中友谊就是相互理解、信任、共同的价值观和利益。我们将铭记过去,展望未来"。

致以崇高的敬意!

弗·普京

2007年5月14日

友谊和平纪念碑碑文:

嘎丽娅·张(嘎丽娜·瓦西里耶夫娜·杜别耶娃)一九二八年二月十八日生于绥芬河市华俄父母的平民家庭。一九四五年八月十一日,苏联红军军使翻译赴天长山要塞劝降侵华日军解救平民而遇害。为纪念她和所有献身民族解放的人们,永祈民族友谊与世界和平而建此碑。

绥芬河市全体市民

公元二〇〇九年八月十五日

2015年抗战胜利七十周年时,嘎丽娅事迹上报到国家民政部,嘎丽娅被国家批准为抗日烈士。

嘎丽娅纪念雕塑

第三编 ★ 新中国成立初期

第十章　口岸贸易的恢复与支援抗美援朝

1945年东北解放后，中苏交通恢复。同年8月下旬，驻绥芬河的苏联红军动员绥芬河铁路工人及其他群众100余人，疏通被日本侵略军堵塞的铁路第三号隧道。隧道疏通后，绥芬河站的口岸功能也随之得以恢复，成为国家进出口商品的中转站。当时，外贸活动由国家（或省）进行，中苏两个边境地区的边境贸易活动未开展。

1946年7月，为巩固东北根据地支援解放战争和恢复中苏两国贸易，哈尔滨东北贸易总公司派曾传六等人率两支武装连队来绥芬河组建办事处。同年10月中旬办事处成立，称东北贸易总公司绥芬河办事处，对外称"中国东兴公司"，中苏两国恢复贸易往来。1948年，东宁县在绥芬河区设贸易公司，经营日用百货、粮食、土特产等。同年，苏联远东驻绥芬河贸易公司成立，哈尔滨秋林公司在绥芬河设秋林分公司。1949年9月16日，东北海关管理局决定设立绥芬河关，12月30日正式对外办公（此前口岸进出口货物税收事宜由东北贸易管理总局绥芬河办事处代办）。绥芬河海关成立后，相继成立了边防检查、卫生检疫、动植物检疫、商品检验等机构。新中国成立前后，进出口货物全在绥芬河换装，装卸量很大。1949年，站区有换装工人300人。1950年，口岸管理局下设搬运公司（后改为换装管理处），有职员17人，换装工人700人。最多时有换装工人1 200多人，每天最多换装100余车。

新中国成立不久，美帝国主义将战火烧到鸭绿江畔，绥芬河成为抗美援朝的后方，绥芬河人积极参加了援朝物资的装运工作。战争爆发后，东北贸易部对外贸易局绥芬河分局所辖的1个朝鲜族连队开赴朝鲜战场。随着经绥芬河口岸过境的援朝物资的增多和中苏两国贸易的发展，东北贸易部对外贸易局绥芬河分局改属中央贸易部，称绥芬河口岸管理局。之后由于口岸货物运输量急剧增加，口岸管理局从各地调来大批干部，录用一批换装工人，职工总数达到1 000多人。中国政府为打破美帝国主义的海上封锁，加大陆路口岸运输任务，经绥芬河口岸出入境的货运量急剧增加。有大量的援朝物资过境，同时，也有中苏两国贸易货物进出境。

20世纪50年代初，绥芬河口岸成为抗美援朝输送军需的重要转运地。1950年，绥芬河海关开始对军用物资实行监管，其中以抗美援朝军用物资监管业务量最大。在监管手续上，对抗美援朝军用物资，凭军方上级证明免验放行，对品名、数量海关不予过问。1950年6月，绥芬河口岸的苏联输朝军需物资转运任务繁重，苏联、朝鲜先后在绥芬河区派驻军事和铁路方面的代表机构，中国在绥芬河区也相继设立口岸检查机构。当时，因商运、军运量大，绥芬河火车站被列为一等站。为适应苏联油料进口换装的需要，50年代初，绥芬河站内新建油槽换装线6条，总长约3 500米，最大换装能力每天120辆。

1950年8月，为了响应中国保卫世界和平大会的号召，绥芬河全区掀起和平签名运动。9月，铁路驻军及党政机关干部全力以赴突击进行抗美援朝各种军火、物资在绥芬河口岸转运的换装搬运任务。全区民兵组织在警备司令部的组织领导下，担任防空演习、戒严区巡逻，维护社会治安以及协助铁路、驻军突击装卸过境援朝物资等各种任务。11月，全区选出30余名党、团员和骨干青年，携带车马，参加全县担架队奔赴中朝边界，参加救护和运送伤病员工作，至1953年3月29日完成任务后返回。同年，全区各界人士及广大群众捐款两亿多元（旧币）购买飞机大炮支援抗美援朝。12月上旬，全区25名青年参加中国人民志愿军，开赴朝鲜战场。同年，经中央军委批准，设立中国人民解放军总后勤部绥芬河基地转运站，主要负责从苏联入境的援朝、援越等国家军用物资（包括石油）的接收和押运工作。同年，苏联红军驻绥芬河司令部设立，朝鲜人民军驻绥芬河兵器局设立，朝鲜人民军代表派驻绥芬河，与朝鲜人民军驻绥芬河兵器局合署办公。

1950年，针对侵朝美机以及台湾国民党飞机有时窜入牡丹江地区上空侦察、威胁等敌情，绥芬河火车站、油库、发电厂、国境线交通要道等重要目标和地带划为戒严区，实施武装警戒。

1951年3月14日，中国铁道部代表团与苏联交通部代表团经过谈判，在北京签订了《中苏铁路、行李和货物联运协定》《中苏国境铁路协定》，从当年4月1日起实行。同日，绥芬河铁路车站与苏联格罗捷阔沃站之间开办联运业务。1951年4月1日，中苏间恢复国际联运。绥芬河海关开始对国家贸易实行监管。1952年后，军用物资监管手续改为凭上级发来的"特货运单"放行。1953年3月14日，中苏两国铁路部门正式签订联运协定。4月1日联运开始。

1950至1953年，除大量的援朝军火、军用物资外，贸易进出口货运量为348.4万吨，年均进出口货运量87.1万吨。1950至1955年间，每周有一对旅大至海参崴对开的苏联军队专用旅客列车经绥芬河口岸进出境。

解放后，东北人民政府在恢复中苏铁路交通的同时，成立东北贸易总公司绥芬河办事处，行使货运管理和海关行政的双重职权。至1952年，口岸查验管理单位已有东北贸易部驻绥芬河代表办事处、绥芬河海关、绥芬河边防检查站3个单位。

从解放初到1969年，绥芬河口岸是国家对外贸易出口的中继站。

1951年，绥芬河车站扩建。主要工程项目有：车站东部沿宽轨正线铺设宽轨迁出线；铺设标准轨迁出线（北迁出线）；将第15、16两道线改为起重机行走线，增设宽轨100吨轨道衡1台；为改善原10至11道、16至17道间的换装工作，在两组道线之间铺设渡线；铺设发电所卸煤线；重新铺设通往油库的走行线；新建车站东北部的煤台及卸煤线；新设道岔23组，并将道岔手扳机改为电手器等。

1951年，根据中央人民政府贸易部、铁道部关于"贸易部在国境站满洲里、绥芬河铁路界内仓库、货物、人员应移交铁路接管"文件精神，绥芬河口岸管理局分两批向绥芬河铁路部门移交财产。4月，绥芬河全区13名青年应征参加中国人民志愿军，赴朝参战。6月，中共中央政务院检查组视察绥芬河，研究解决口岸领导体制问题。同年，苏联志愿军代表派驻绥芬河，办公地点在中国人民解放军总后勤部绥芬河基地转运站。主要负责援朝军用物资过境的接收、验收、交转及联系安排铁路运输等任务。同年10月，设立中国人民解放军绥芬河卫戍司令部，1952年2月1日改称警备区司令部。司令部是为确保边境地区城防安全和援朝物资在口岸安全转运所设。

1954年，中国加入由社会主义阵营的苏联、中国、朝鲜、越南、波兰、罗马尼亚、保加利亚、南斯拉夫、德意志民主共和国、匈牙利、阿尔巴尼亚、捷克斯洛伐克12个国家组成的国际铁路联合运输组织。由此，绥芬河铁路车站除承担对苏联运业务外，还担负着其他10个国家的货物联运过境业务，绥芬河口岸成为中国东北地区联结欧亚经济的通道。20世纪50年代末至60年代初，绥芬河口岸承担了向苏联还债的货运任务。60年代后，中苏两国关系紧张，铁路口岸的功能削弱，最少的年份只吞吐几万吨货物。

1950至1953年，经绥芬河口岸进口大量经济建设物资和部分民用品，同时抗美援朝所需的大量军用物资经绥芬河转运。4年间货运量总计348.4万吨，高峰期日均作业500车。

绥芬河地区军民齐心协力，出色地完成了各项涉及国计民生的进出口转运任务，特别是抗美援朝期间口岸的战备警戒和援朝军用物资的转运任务。

1954年至1961年，国家逐步转入有计划的经济建设时期，中国同东欧一些国家的贸易不断发展。在中苏两国、中国同东欧国家之间贸易不断发展的基础上，从1958年开始，中苏两国省（区、州）之间也开展了贸易往来，致使绥芬河口岸外贸进出口货运量逐年递增。1953至1961年，经绥芬河口岸进出口货运量累计815.4万吨，年均90.6万吨。期间，货运每天有4次对开列车。1958年10月，平均日到货86.8车。

第十一章　经济与社会事业的恢复与发展

　　1950年朝鲜战争爆发后，绥芬河口岸的苏联输朝军需物资转运任务繁重。为加强对口岸各查验机构和驻军的统一领导，政务院和中央军委于1951年10月2日电报批示，决定成立绥芬河市军政委员会。1952年1月1日，绥芬河军政委员会（厅级）正式办公。军政委员会隶属东北行政委员会，主要负责口岸的驻外交往，处理涉外事宜，领导口岸各查验机关和驻军，监督、保证口岸国际运输工作的正常进行。1968年3月7日成立绥芬河区革委会后，军政委员会撤销。

　　1958年9月5日，绥芬河中苏友好人民公社成立。1960年改称绥芬河人民公社。

　　军政委员会与人民公社时期是绥芬河经济和社会发展的一个特定历史阶段。这时期，绥芬河经历了中苏友好带来的社会祥和与经济发展，也经历了中苏关系紧张造成的口岸冷落；经历了解放后经济的恢复，也经历了"大跃进"等运动带来的损失。

　　20世纪50年代初，以刘立山为技术骨干的绥芬河啤酒人打出"海鸥"啤酒商标品牌，在东北地区行业评比中名列前茅。其他工业大都是个体手工业和小作坊。1958年，成立了第三家国营工业企业铁路糕点厂和第二家集体工业企业公社机械厂。到1958

年，绥芬河公社有国营工业企业3家、集体工业企业2家，无私营企业。业余个体钳工、木工、钣金服务依然存在。1959年，绥芬河手工业社部分车间并入公社机械厂，形成被服、钟表、刻字、修鞋、糕点、豆腐坊、白铁社、小酒坊、油坊、粉坊、粮米加工等生产新项目，职工70余人。

1956年，私营商业主接受社会主义改造，转为集体所有制合作商店的经营者，原私营网点撤销，个体工商业者分别以"贫苦独立劳动者""私方"和"业者"身份加入公私合营商店和手工业联社等集体企业。同年，集市贸易关闭。在这种情况下，"黑市"悄然诞生，一是城里人下乡交易，二是农民进城入户或到火车站、火车上进行交易。到1958年，绥芬河公社百货门市部与绥芬河公社供销社、食品商店、铁路供应商店合并，成立绥芬河公社大百货商店。商店有职工26人，年销售总额46.6万元（其中食品部16.63万元），全公社人均购入额41.7元。1959年，根据中共中央《关于组织集市贸易的指示》和《农村人民公社条例》中关于集市贸易是国营商业、供销社商业的补充等一系列政策规定，恢复集市贸易。经营品种限于非国家统购统销物资。蛋禽等农副产品须完成国家派购任务后，才能持人民公社生产大队证明入市。倒卖商品以投机倒把罪惩治。1960年后，商业活动完全进入计划经济的轨道。

新中国成立后，确立了大办教育、提高人民文化素质的基本国策，形成扫文盲、办夜校、发展普通教育的教育体系。宣传教育的重要性，动员贫下中农及其他劳动分子的子女入学，是一个时期区、村干部的中心任务。至1956年，绥芬河地区的学校发展到7所，有4所完全小学。儿童入学量增加，部分大龄少年补上了文化知识课。1957年，中学诞生。1964年，在校学生超过2 000名，占总人口的15%以上。1958年，国家提倡勤工俭学，学校以种地、学生支援农业等方式增加收入，补充办学经费。

　　绥芬河镇政府设文教助理，管理、组织群众文化活动，活动经费由村民和单位承担。至合作化后，农村文化一律由集体承担。抗美援朝期间，街头有机关学校和业务演出活报剧。1958年"大跃进"期间，主要文化活动有：赛诗会、黑板报、壁报、墙壁宣传画等，内容多浮夸，但活跃了民众文化。同年，有线广播进入农户，群众称"小喇叭"。1959年成立公社文化站，有图书借阅和一般性文艺活动。

　　1952年，建立绥芬河区卫生所，有医务人员5人。到1955年，有牙科椅子1把、30毫安手提X光机1台。1958年，区卫生所改称绥芬河公社卫生院，有17名医务人员，设内科、外科、中医科、X光室、化验室，设简易病床10张。1965年，购置200毫安X光机1台。1956年，在私营工商业社会主义改造中，"源成发"药店并入绥芬河镇卫生院。同年，成立绥芬河国药店，经营中草药、中成药、西药和医疗器械。至50年代末，绥芬河地区"天花""霍乱""伤寒"等传染病绝迹。

　　1952年绥芬河区建立了区爱国卫生运动委员会，动员城乡人民大搞环境卫生，参与反细菌战工作，之后转入大规模的"除四害（四害即苍蝇、老鼠、蚊子、麻雀，1962年将麻雀改为臭虫），讲卫生"活动。1959

人民公社革委会办公场所

年，爱国卫生运动再次掀起高潮。1964年，随着"社教"运动的开展，职工、社员通过义务劳动大搞城乡卫生，单位之间相互挑战，爱国卫生运动成为群众的自发行动。

第十二章　绥芬河市的建立

1968年撤销了绥芬河军政委员会，把绥芬河镇公社、建设公社从东宁县划回，组建新的县级行政区，即绥芬河区。

于同年3月7日，绥芬河区挂牌办公。

绥芬河区隶属牡丹江地区，不设乡镇机构，所有工作由区革委一杆子插到底，像个独立核算的大公社。到1970年，恢复公社建制，即绥芬河镇公社与建设公社。

运行5年，财政艰难，靠国家填充。绥芬河本不该困难，有民谣唱到：汽笛一响黄金万两。然而，在计划经济体制下，这条黄金通道，不能融入绥芬河的经济之中，白白看着它与自己擦肩而过了。也曾有过小惠，在中苏两个边境地区开展地方贸易时，当地公社社员组建了亦工亦农装卸队加入了铁路运输战场，使社员获益尝甜。

坚持至1973年6月，绥芬河区又撤销了，又恢复了原两个公社体制隶属东宁县。外事、口岸工作由隶属于省政府的绥芬河外事委员会管理，负责当地的边境管理、涉外工作管理、对外交往等；负责口岸查验部门和运输部门的协调管理；内设秘书科、政工科和保卫科；委员由驻军、口岸查验机关、铁路、东宁县及绥芬河城镇公社等部门的15名领导成员组成，李志海任外委主任。

1975年8月15日国务院批准绥芬河建市（县级，地辖），市委、市革委班子于当年11月底组建完成，李志海主持工作。12月1日在原电影院召开庆祝绥芬河市建立大会。

建市初年，全市国民生产总值728.67万元，社会总产值790万元，国民收入327万元，职工人均占有固定资产303元，人均耕地面积4.2亩。全市有啤酒、轻纺、机械、建材等工业企业11家，工业产品10余种。粮食产量2 017吨，出售商品粮150吨，农村经济总收入139万元，多种经营收入64万元。全市有农用小型拖拉机8台，大中型拖拉机12台。商业有百货、烟酒、五金、服务、食品、医药、石油、水产8个公司，商业网点14个，从业人员230人，社会商品零售总额413.8万元。全市财政收入90万元（主要是上级财政补贴）。有各种机动车辆79台。邮电业务总量2.4万元。职工人均年工资553元，城市居民人均储蓄存款余额25元。人均居住面积不足2平方米。全年教育投资14万元。市图书馆藏书1万余册。卫生机构2个，有卫生技术人员60人。全市总人口1.6万人。

随后，全市党政军民投入了建设绥芬河的热潮。从1976年到1978年，通天路和会唔路铺设水泥路面，庆大水库开工，北寒、建设两村安装了自来水，新建邮电局、百货公司、林业局、粮食局、二中、医院、电影院等办公营业楼，扩建了食品公司和啤酒厂，新建了针织厂、珍珠岩厂，在南岭下、炮台山下、北山坡上兴建了三片住宅区。同时，绥芬河大力发展运输业、家庭手工业，重点改革农村产业结构。工业方面，绥芬河同省内外进行联营协作，力争上几个工业项目；市政建设上，修筑中心广场，沿着中心道路，改造周边街道。到1984年，绥芬河市的金融中心、物资中心、龙兴贸易公司、水产供销楼、青少年宫、图书馆、中心幼儿园、体育馆等建筑群陆续投入建设、拔地而起。脱胎于两个农村公社的绥芬河初步有了城市模样，为后来的发展打下了基础。

第四编 ★ 改革开放后的新发展

第十三章　边境贸易的开通与蓬勃发展

第一节　奋力开通边贸的理论探讨与实践

一、边境贸易开通前的商贸活动与组织

1970年9月，成立绥芬河区外贸领导小组，1973年5月，改称区外贸办事处。1973年6月，撤销区外贸办事处。

1976年6月，成立绥芬河市外贸科。1978年12月，外贸科改称市对外经济贸易科，有工作人员5人。1982年4月13日改称市外贸局。1984年改称市外贸公司。市外贸公司为全民企业，隶属牡丹江外贸局，主营出口产品，经营方式为收购。

1977年，市外贸科配合市土产公司在北寒、建东、建新进行出口晒烟生产试验，产品质量不过关，未能出口。同年，市外贸科配合市畜牧局等单位扶持的出口产品生产项目还有黄牛改良、草制品生产等，均属试验生产，未达规模。1978年，市对外经济贸易科协助市有关部门，向市啤酒厂提供国际啤酒生产情报，提高啤酒质量，争取达标出口；扶持市羊毛衫厂建厂，带领羊毛衫厂职工赴天津学习羊毛衫生产技术，年内投入生产；配合市啤酒厂研制玫瑰果汁（维多思果汁），产品出口香港；扶持鹿窑沟青年点采集、加工蕨菜，年内出口338公斤。

1979年12月27日，绥芬河市委第一次代表大会明确了发展口岸经济建设是市委工作重心的方针。工作中心转移到经济建设上来，绥芬河的经济建设开始活跃。

1979年，市对外经济贸易科扶持市木器厂生产木折凳成功，产品达出口标准；在绥北农场进行蘑菇种植试验。1980年10月，市委增设财贸政治部。当年扶持被服厂生产出口工作手套，年内出口产品2 850打。1981年扶持市陶瓷厂生产仿陶瓷砖。1984年，外贸公司扶持市地方工业上卫生筷子、柳条编织两项出口产品。同年，调研市内花岗岩分布与储藏量。

二、理论探讨

1983年10月，市委政研室曹永顺、周艾民首次提出并完成"在绥芬河市开展对苏边境贸易的探索性研究"，从绥芬河具备的条件、双边经济资源特点和市场容量的分析入手，提出了绥芬河市开展边境贸易的构想。这一成果在年底市委全会上以文件形式印发，供全市干部群众学习讨论，次年在省级刊物《城镇经济研究》第二期发表，成为绥芬河市对外开放的理论先导。

当时，国内改革开放不断深化，沿海开放沿边开放势在必行，远东地区则是苏联参与亚太地区经济发展与合作的前沿阵地，苏联领导人非常重视这一地区的开发和开放，戈尔巴乔夫提出："加速发展西伯利亚和远东地区的生产力是党的经济战略的重要的不可分割的一部分。"指出："这里也需要根本的改革，需要持新的态度，以便活跃沿海和边境贸易，采用同国家联系的先进形式，其中包括生产协作、合营企业、创造企业化出口基地。"他还突出强调同中国的合作，他在1986年视察远东时就指出："我们希望，在不远的将来，把我们分割开的（而我想说，把我们联系起来的）边界变成和平与友好的地带。"他从历史上形成的苏中经济互补性出发，指出了扩大苏中经济关系的重要性。苏联还参照我国建立经济特区的做法，开放海参崴，这些都对中方进一步扩大同苏联的贸易和合作，提供了有利的合作环境和机遇。

国内外环境出现的机遇和有利环境，要求绥芬河不能坐失良机，积极参与国际市场交换。在竞争中学会运用国际市场，转换发展机制，使口岸经济步上新台阶。各项理论探讨逐步形成：

继续抓住边境贸易龙头不放，扩大贸易规模，形成规模贸易。要把深化改革和扩大开放结合起来，按照统一对外、分散经营、独立核算、自负盈亏的原则，改革现有外贸经营体制。将现有边贸公司创办为对外经济贸易集团总公司，负责调研、信息、谈判、执导、横向联合。

下设若干进出口分公司。在对苏贸易上扩大联合，把对苏联有贸易往来的各省（区）、市联合起来，一致对外，增强竞争力。

建立稳定的出口产品基地和进出口产品集散地。探讨新的贸易形式，采取工商企业间的"堆货"贸易、寄售等方式扩大对苏贸易，增强吸引力和辐射力，引进资金人才，适应对外经济贸易发展的需要。

在对苏经济技术合作项目上争取有所突破，搞成几个经济技术对双方都能尽快受益的合作项目，争取搞一批以小型为主，中小结合，两头在外，有一定技术水平的项目。以充分利用国外原材料，加工成产品，返销苏联市场，逐步走向更高层次的外向型经济轨道。

在贸易和合作方面，采取更加灵活多样的方式，包括本市企业和苏方城市企业之间进行贸易活动，进行调剂余缺的产品和生产资料交换。广结贸易伙伴，多层次、多渠道、多领域开展各种贸易与合作，实现全方位开放。

三、促进贸易发展的主要举措

开展公路运输。联合国内外交通运输条件优越，对外除铁路外，开展公路运输，有利于鲜活、零散商品的出口、功效显著，国内通过铁路、公路与内地联结成网。

健全外事机构。口岸外事机构比较健全，经验丰富，素质较强，顺势而为，加强沟通与合作。

提高综合能力。通过一些贸易活动的开展，积累经验，锻炼队伍，人员素质也得到了一定程度的提高，工作起来更加方便。

绥芬河口岸的进出口货运量，由1983年的17.4万吨增加到1986年的112.8万吨，约占国家对苏贸易进出口总量的五分之一，在为国家和省级贸易提供良好服务的前提下，由开始对苏的"坐车"贸易发展到更大范围更宽领域的边境贸易。

随着全国改革开放的不断发展，绥芬河市全力进行开通边贸的理论探讨与实践，不断扩大对外贸易和经济合作，发挥窗口纽带和桥梁作用，一个国家、省级和边境城市三位一体的对苏贸易格局在绥芬河口岸逐渐形成。

第二节　绥芬河迎来思想解放

1984年8月16日凌晨2时，由黑龙江省委书记李力安、牡丹江地委书记巴风陪同，中共中央总书记胡耀邦抵达绥芬河。

胡耀邦在绥期间，市委书记刘源东一直跟从左右，汇报了绥芬河的实际情况和绥芬河的两段兴衰史，1922年到1924年的兴盛，1933年被日本侵略军占领后的衰落。汇报了当下与苏联远东地区开展贸易的可行性，存在的困难和问题。谈到"不冷不热"这一中苏交往尺度在实际工作中难以操作时，胡耀邦指出："不冷不热是中央的态度，你们边境地区搞得越热越好……"指示绥芬河市干部群众要解放思想，积极探索同苏联企业开展易货贸易，多做双方人民的友好工作。

胡耀邦总书记走后，刘源东立即召开市委常委会，迅速作出力争尽快开展对苏贸易的决定，提出"以友谊促贸易，以民间促官方，以下级促上级"的措施，全市上下为之振奋。总书记胡耀邦的到来给沉睡的绥芬河注入了活力。随着绥芬河人的思想解放，视野逐渐打开，刘源东、倪连才等领导克服重重困难和阻力，带领全市与苏联开展贸易。

8月18日，市中苏友协副会长、铁路车站站长徐君术受市委书记刘源东、市长刘海涛委托，携带1 000斤西瓜赴波区访问。8月29日，苏边境区苏中友协主席、执委会副主席库坚科夫率代表团一行7人应邀回访。当年8月，日欧集装箱运输公司首次经苏联纳霍德卡、绥芬河至哈尔滨集装箱试运成功，成为开通陆海联运大通道的先声。同年，苏联驻华大使馆商务代表巴夫林、副代表格奥尔吉耶夫斯基在中国经贸部、黑龙江省贸易公司负责人陪同下，到绥芬河了解中苏两国货物运输情况。

1985年3月，绥芬河市改为省辖，由牡丹江代管。

1986年9月5日，市中苏友协派秘书长董金庆等2人，前往苏格罗捷阔沃站，向苏边境区友协赠送500公斤西瓜。后群众有"西瓜外交"赞誉。

1987年10月，国务院经贸部授予绥芬河市对苏开展贸易及经济合作的权限，随之对应的苏联边境区也争得了边贸权。1987年10月26日至28日，在苏联波格拉尼奇内区举行"中苏边境市区级首次贸易会谈"，签订《中国绥芬河市与苏联波格拉尼奇内区开展边境城市间贸易的协定》。规定在双方外汇不足的情况下先期开展易货贸易，以相对稳定的中间货币瑞士法郎计价结算，进口货物在各自口岸站换装，出口货物在对方口岸站换装。从此，绥芬河市与苏联的边境贸易正式开通，当年实现贸易额97万瑞士法郎。

为加深国内外企业界对绥芬河市的了解，吸引内地资金，发展与内地的横向联合，增强对苏联贸易与经济技术合作的能力与后劲。1988年初，市委、市政府及有关部门领导考察南方4个经济特区，提出在绥芬河口岸建立"经济开发区"的设想，上报省委省政府。同年，市政府在牡丹江市、哈尔滨市、北京市举行新闻发布会，向全国和世界宣传、介绍绥芬河市。9月20日，为进一步发展中国与苏联之间的经济贸易关系和友好往来，应苏联边境区苏中友协顾问罗任克邀请，中苏友协顾问刘海涛率团访问苏联边境区，促成苏联边境地区的官员向上反映，要求改变政策，下放权力，和中方多来往，发展友谊，开展边境贸易，两边协调起来。

中国边境地区和接壤的俄罗斯以及独联体其他国家之间的边境贸易，发展得很快，不仅以货易货，其他诸如劳务输出、技术协作、工程承包、旅游和文化体育团组的交换，等等，也都蓬蓬勃勃地开展起来，给边境地区带来活力，带来繁荣，带来了人民思想的解放。

第三节　从易货贸易到边贸无边

1985年5月，成立市经济贸易公司（简称边贸公司），进行对苏联贸易探索性经营。边贸公司属全民企业，与绥芬河市对外贸易公司、旅游服务公司合署办公。同年10月4日，更名为绥芬河市进出口贸易总公司。至年末，定编9人，内设进出口业务部、出口业务部、贮运部，分支机构有旅游服务公司、牡丹江分公司。

成立边贸公司之初，绥芬河市尚无对外贸易权，开展对苏贸易，是在"自找货源、自寻销路、自主经营、自求平衡、自负盈亏"的原则下，通过拥有贸易权的黑龙江省、内蒙古自治区、吉林省等省区外贸公司代理进行的，时称"坐车贸易"。当年，通过"坐车贸易"实现对苏联进出口贸易额300万元，获利29万元。1986年实现进出口贸易额1 300万元，实现利税115万元。1987年10月，获得直接对苏贸易权，实现边境成交额260万瑞士法郎，获利90万元。当年，先后有苏、日、德、法美等国家的18个考察访问团组248人来绥考察，历史机遇和大环境下的绥芬河日渐为世人瞩目。

1987年10月22日，省经贸厅转发国家经贸部《关于"绥芬河市进出口总公司与苏联波格拉尼奇内区开展边境城市间一次性等值贸易的请示"的答复》，原则同意绥芬河市对苏联作一次性等值易货贸易。

1988年3月17日，国家经贸部外贸管体字第66号文、黑龙江省经贸厅黑经贸业字第49号文，肯定了绥芬河市进出口贸易总公司的进出口贸易权。面对国际经济新的发展机遇，国内改革开放的深化和扩大，绥芬河积极参与到扩大开放的进程中，将现有边贸公司创办为对外经济贸易集团总公司，负责调研、信息、谈判、执导、横向联合。下设若干进出口分公司。在对苏贸易上扩大联合，把对苏联有贸易往来的各省（区）、市联合起来，一致对外，增强竞争力。探讨新的贸易形式，采取工商企业间的"堆货"贸易、寄售等方式扩大对苏贸易。

同年4月26日，经省经贸厅批准，绥芬河市进出口贸易总公司改名为绥芬河市国外经济贸易（集团）公司。根据苏联采取多城镇、多企业、多家对外的贸易方式，市委、市政府决定，以流通领域为主，充分利用现有国外经济贸易（集团）公司的19家分公司。各分公司在对外贸易中，实行以集团公司一个窗口对外，实行统一签约、统一报关、统一办理货物交接的管理制度。在经营中，各分公司自找货源、自行销售、独立经营、自负盈亏，组建集团公司一个窗口对外的做法，得到中央及省市有关部门领导的肯定，在全省边境贸易工作会议上作经验介绍。

1988年2月、5月、9月三个月，全市先后举办3次商品展销会，共展出商品4万种，成交4 000多万瑞士法郎。其中绥芬河口岸物资交易中心2月举办的展销会，吸引了全国15个省、市、地区的80多个贸易单位150余人参会，展出商品近2 000种，实现销售额2 541万元；9月，举办对苏联展销会，展销商品2 700余种，其中车辆13种、各种机电样品239种。通过展销活动，与省内及吉林、辽宁、河北、北京、天津、四川、江苏、上海、广东等省市的40多家企业结成贸易伙伴。边贸企业针对苏联客户在掌握不准中国市场价格，不敢成交和不愿算细账的特点，同苏联客户进行以堆估算的"堆货贸易"。市边贸公司用15台"星火牌"客货混载车换回15台"莫斯科人"牌轿车；兴工公司用马赛克瓷砖换回木材；东源公司用油漆换回钢材。兴贸公司与苏联海参崴国营百货商店达成相互设立寄售商店、开展寄售贸易的协议，海参崴寄售商店设于绥芬河市百货商店二楼，双方寄售商店于11月1日开业。

1988年5月，绥市首次派出61名农民在苏滨海边区波格拉尼奇内合作进行蔬菜种植获得成功，拉开了对苏经济技术合作的序幕，8年间累计完成对外经济技术合作项目341项，合同额1.97亿美元，输出劳务11 239人次，合作形式有农业种植、建筑施工、合资企业等形式。

1988年，绥芬河市边贸企业同苏联远东地区5个行政区的34家企业和部门建立长期伙伴关系。至年底，全市外贸企业职工600余人，实现边境贸易成交额12 958万瑞士法郎，实现过货3500万瑞士法郎，实现利税630万元。经营方式主要有易货贸易、堆货贸易、补偿贸易、寄售、代售等。

1988年，成立市对外经济贸易委员会，负责全市外贸工作的综合协调和管理。同年，省委、省政府批准绥芬河市为"通贸兴边试验区"，在对外贸易、经济技术合作、项目审批、劳务输出等方面给予优惠政策。随之，市委、市政府制定《通贸兴边试验区实施方案》，提出"立足口岸，依托牡市，服务龙江，面向全国"的试验区建设指导思想，确立了"以贸为主，贸、工、农协调发展"的方针。1988年8月12日，市政府颁发《对内搞活对外开放十条优惠政策》。

1989年7月，市委、市政府制定"通贸兴边试验区经济社会发展战略"，向国务院和省政府提出进一步放宽绥芬河市对外开放政策和权限的请示。贸易兴边、进一步开放成为绥芬河的共识和发展趋势。

1991年1月，绥芬河市边贸公司土畜产品经营部与海参崴建筑维修机械生产联合体建立贸易伙伴关系，首次易货以方便面换回汽车和钢材。

与此同时，民间易货贸易风生水起。市长赵明非倡导并辟建了"中苏互市大集"，鼓励支持机关干部利用业余时间"欠欠"（该词是由英语"change交换"派生而来，20世纪90年代初在一些中苏口岸风靡一时），而且亲自"练摊儿"。1992年5月的一天，赵明非带着夹克、饭盒、牙具、小收音机等物品，上街摆地摊，以"摆摊秀"的形式呼唤人们经商办厂、发展经济，这一事件成为中国下海潮的一个缩影。这一期间，绥芬河街头巷尾"欠欠"之声不绝，遍及家家户户。绥芬河"人满为患"，住宿、交通等变得非常紧张，坑洼的道路上涌来了各地前来"淘金"的人。

　　彻底改变绥芬河人的观念，让绥芬河走向改革开放之路的重量级人物，当属市长赵明非。在1992年5月召开的一次"解放思想、放宽政策"研讨会上，赵明非提出"税要减，费要免"，不保财政盘子。向国内外企业放开房地产、建筑、设计、文化以及各类经营性市场，吸引全国各地的企业和业户来绥芬河市经商办企业。因投资环境优良，吸引了大批企业与个体经营者，全市呈现出一派繁盛景象，城市建设翻天覆地。为给当地干部群众创造机遇，绥芬河机构改革领导小组召开会议，向参加会议的市政府各行政部门的负责人公布《关于机构改革的实施方案》，共精简181人，其中有40%的机关干部彻底脱离机关办企业、办公司，有70名干部"下海"。为了方便公务员业余时间经商，赵明非还推出了7小时工作制，并推行机构精简。其任职三年间，全市财政收入的同比增幅分别是41.2%、64.9%和21.2%。

　　与此同时，在赵明非主导下，市政府全面推进市属公有制企业民营化改革，激发企业内在活力，财政断奶，使之走向市场。从此，民营经济成为全市市场经营主体，所占经济指标越来越高，贸易额及对财政贡献率逐渐达到90%以上。

第四节　进一步扩大开放的历史机遇

一、抢抓机遇

　　亚太经济的兴起，使环太平洋国家都面临了新的发展机遇，绥芬河在同苏联进行贸易和经济技术合作的同时，利用绥芬河到海参崴的贸易通道及苏联沿海地区，积极参与亚太地区经济合作与循环，开拓更多的国际市场。

1989年9月15日，国务院总理李鹏来绥芬河市视察并题词："经济贸易的窗口，中苏友谊的桥梁"。前来视察的还有李鹏的夫人朱琳，农业部长何康，国务院经济研究中心总干事马洪、国家计委副主任叶青、国家经贸部副部长李岚清等一行16人。市委提请国务院批准绥芬河市进一步扩大开放。

1990年10月31日，在代市长赵明非陪同下，国务院特区办副主任胡光宝一行7人考察苏联海参崴、纳霍德卡的特区政策及在绥芬河市建立沿边经济特区的可行性。

1991年5月30日—6月12日，市长赵明非率市政府代表团访问苏联远东乌苏里斯克、符拉迪沃斯托克、纳霍德卡、哈巴罗夫斯克等地，与苏方签订了一系列长期性合作协议。苏滨海边疆区人民代表机关报《俄罗斯早晨》刊登赵明非的文章《我们共同走向21世纪》，引起俄方广泛关注。

1992年2月24日，受黑龙江省委、省政府委托，市长赵明非和副省长陈云林在北京中南海向中央政治局委员、国务院副总理田纪云汇报"关于建立绥芬河、黑河经济特区"问题，田纪云听取汇报后当即表态："绥芬河市进一步扩大开放条件成熟，这个问题要尽快解决。"3月4日，绥芬河市委市政府召开紧急会议，传达邓小平在武昌、深圳、珠海和上海等地发表的重要讲话及田纪云副总理对绥芬河、黑河进一步扩大开放的指示。

1992年3月9日，国务院发出国函21号函，批准绥芬河等4个边境城市为进一步扩大对外开放城市，设立边境经济合作区，赋予8条经济政策。

1992年3月30日，省政府在全国人大、政协新闻发布中心举行的哈尔滨、绥芬河和黑河进一步开放的新闻发布会。4月6日,牡丹江市委书记贾福林、市长刁家运一行43人,专程到绥芬河市召开现场办公会,宣布给绥芬河市8个方面的20条政策。5月30日,省委省政府出台《关于赋予黑河、绥芬河边境城市的若干管理权限和优惠政策》(共55条)。主要内容有:固定资产投产、外商投资、"三来一补"项目,对独联体国家劳务输出,一日游过境团组等方面绥市享有省级审批权,在流动资金、固定资产、科技开发等方面的贷款省里给予大力支持;对进出口商品实行砍块管理,有些易进产品将自行销售;对人才的引进实行大幅度倾斜,对土地开发实行更实惠的政策。明确规定:对绥芬河经济和社会发展实行省内计划单列;免除绥芬河定购粮任务,放开粮食供销价格;绥芬河市可代省外办办理由我方招待的俄方客户的免汇手续。

1992年6月19日、20日,国家经贸部部长李岚清在省长助理、省经贸委主任王宗璋陪同下来绥芬河市视察,在听取汇报后决定:1.批给绥芬河市进口机电产品许可证;2.批准绥芬河市在俄海参崴等地设立经贸代办处;3.取消进口生产资料铁路运输不准进关的限制;4.可在俄开发房地产;5.帮助绥芬河市开放新区和协调筹建机场及铁路扩建工作。李岚清强调,要把绥芬河建设成为我国北方重要的"国际大通道"和"北方深圳"。

1992年9月21日—26日,应俄罗斯滨海边疆区政府邀请,市长赵明非率市政府代表团赴俄罗斯滨海边疆区波格拉尼奇内区、乌苏里斯克、符拉迪沃斯托克市访问,希望俄方采取切实可行的措施,保证中国过境人员的安全和提供方便条件及保障;就绥芬河市与乌苏里斯克市在开展长期经贸合作上互相支持等问题,与乌苏里斯克市签订了协议;在购买土地、兴建华绥大厦和长期开展贸易合作等项目与符拉迪沃斯托克市长达成协议。

1992年末，在绥芬河市有边贸代理权的公司1 169家，有工商企业执照的5 000余家。1993年，边贸公司直属贸易部增加到52个，实行分档承包，相对独立。当年新增各部签约额2 000万瑞士法郎，实现过货1 810万瑞士法郎，占总公司过货总额的28%。同时多货并举，发展合资合作，打破单一贸易方式，贸易创汇25万美元。其中分公司经贸大厦成立14个月接待俄方旅游团组25个、800人次、收入2 500万元。

二、扩大开放的进程与成果

绥芬河成为沿边开放城市之后，贸易领域逐步拓宽，由原来集中在俄远东地区，逐步向俄腹地延伸，由对俄罗斯的双边合作向对俄、日、韩等国的多边合作发展，由单纯的流通型企业向工业、农业、金融业、科技界等实体产业发展。

外贸队伍不断壮大。绥芬河市有经营权的外贸公司由一家发展到数百家，贸易领域扩大到原苏联的各个加盟共和国。

扩大开放为当地经济发展注入了活力。1991年全市财政收入2 611万元，1992年财政收入完成5 760万元，1993年全市完成工商各税15 370.7万元，为年计划的115.4%，国企所得税完成1 005.4万元，能源基金完成137.2万元，预算调节基金完成100.2万元，为地方组织财政收入6 131.9万元。税务局运用减免税帮助企业发展经济，使企业生产和经营的活力增强，增加税收90余万元。

1994年绥芬河口岸实现过货888 117吨，其中：进口货物645 263吨，出口货物242 854吨。出入境旅客403 074人次，其中入境201 185人次，出境201 889人次。中外出入旅游团组4 444个，其中俄方团组3 933个，中方511个。位居全省各口岸过货、过客量首位。

从边境贸易开通至1995年，累计实现贸易额9.35亿美元，完成对外经济技术合作项目341项，合同额1.97亿美元，输出劳务11 239人次。贸易形式灵活多样，在易货贸易项下开展了寄售贸易、旅游贸易、现汇贸易、转口贸易等多种形式。贸易品种逐年增加，进口有钢材、木材、化肥、水泥、化工产品、有色金属、工程机械、海产品等，出口主要是服装、食品、机电、农副产品等。

扩大开放为国家做出了贡献。自1988年到1994年，累计上缴国家海关税和代征税76787万元人民币，相当于绥芬河建关以来1949年至1987年38年间总和的4倍；通过贸易进口的化肥和一些生产资料，为国家节约了大量外汇。此外，国家和地方各税收入近20亿元。

在1999年外经贸部统计遴选产生的全国外经贸500强企业中，市对外贸易公司、商隆民间贸易服务公司、金恒基工业原料有限公司、中龙兴石化有限公司4家企业入选。

2000年9月16日，国务院下达《国务院关于同意绥芬河公路口岸对外开放的批复》（国函〔2000〕106号），批准绥芬河公路口岸对外开放，开展国际客货运输，并于10月份开通哈尔滨至海参崴国际客运班车。2000年12月国家统计局农村社会经济调查总队对全国2 000多个县（市）社会经济综合发展指数测评中，绥芬河市综合评比位居第51名，发展潜力位居第17名，是黑龙江省唯一进入综合发展指数前100名的县级市。

2004年6月9日、10日，市长董作民与俄罗斯格城行政长官布里诺夫在俄哈巴罗夫斯克市召开的中俄远东投资促进会上签署了《中国黑龙江省绥芬河市与俄罗斯滨海边区波格拉尼奇内区关于建立工业园区的协议书》。该项目被国家发改委列为中国首批对俄远东地区投资重点推进的七个项目之一。

2007年12月14日、15日，中央政策研究室、财经领导小组一

行来绥芬河市调研考察，总结改革开放30年历史经验，后确定绥
芬河市为全国对外开放的十八个典范城市之一。

　　1997到2007年，绥芬河对外贸易额连续10年占黑龙江省对
外贸易总额的三分之一，其中对俄贸易额占黑龙江省的三分之
二，全国的7%。1988到2006年，共上缴关税和代征税40多亿
元，陆海联运货物200多万吨，边境民间贸易出口的国内长线产
品800多亿元。

　　2009年2月9日，绥芬河会展经济高层论坛在数码港举行。
"绥芬河会展经济高峰论坛"由中国国际贸易促进委员会黑龙江
分会、中国哈尔滨国际经济贸易洽谈会办公室、绥芬河市人民政
府和亚洲财富论坛联合主办。商务部、省有关厅局及国内展会行
业的专家学者50余人出席论坛。论坛主题是依托国内庞大商贸市
场，打造中国对俄会展城市绥芬河。探讨如何依托绥芬河市对俄
的地缘优势、商贸优势、人才优势，利用国家全面振兴东北老工
业基地和提升沿边开放的政策，抓住俄罗斯东部大开发的机遇和
世界金融危机促使国内外贸出口企业市场转型的契机，利用会展
形成的专业，把绥芬河建成面向东北亚，通往世界的商品集散
地，实现省委书记吉炳轩把绥芬河会展产业做大做强的要求。

　　2009年10月9日，第二届中俄政党论坛在绥芬河市世茂假日
酒店举行。国务院副总理王岐山，俄罗斯统联邦政府副总理茹科
夫出席开幕式并致辞。开幕式由中联部部长王家瑞和统一俄罗斯
党杜马议员团第一副主席别赫京主持。省委书记吉炳轩，海关总
署署长盛光祖，国家发改委副主任、国家能源局局长张宝国，商
务部副部长高虎城，以及统一俄罗斯相关部委负责人，就中俄边
境地区经济合作有关议题发表了演讲。国内一些省区市负责人，
以及俄罗斯12个地区的领导人出席了会议。

　　2009年12月3日，绥芬河中俄电子商务平台投入运营后的第

一批货物由市外运5号仓库运往俄罗斯。

2012年7月17日，以"依托高科技实现经济大跨越，认知认同和谐牵手助建绥芬河新兴产业城"为主题的中俄国际电子商务产业论坛，暨绥芬河国际电子商务产业项目启动大会在党政大楼三楼礼堂举行。

2012年，绥芬河公路口岸进口货物9 413批次，货值10 000.4万美元，同比分别增加9.1%和8.8%。进口货物以木材为主，占进口量的99.5%。

繁忙的铁路口岸换装场

三、边境贸易的规范

1993年，中俄两国调整宏观经济政策。俄罗斯政府采取了一些重要调整，一是积极稳定财政、巩固汇率、制止通货膨胀；二是增加对大企业投资的干预，控制大企业对外投资额度；三是调整进出口关税；四是加强政府的宏观调控；五是鼓励现汇贸易，限制易货贸易；六是严格控制重要原料商品和战略性物资的出口；七是严格进出口商品质量的检验和把关；八是实行部分商品的许可证制度，对易货贸易征收50%的关税，对14种商品实行专营，对17种商品实行许可证制度；九是开始清理中方公司；十是实行新的签证制度。1993年下半年，中国经济政策进行宏观调整，实行紧缩银根、加大结构调整力度、治理整顿混乱的金融秩序、治理整顿由开发热、股票热引起的泡沫经济现象。边贸由超常发展开始迅速滑落。

1994年，中俄边贸处于低谷状态。中俄双方外贸公司在经营运作上经过反复磨合，中俄商品差价逐步缩小，边贸步入正轨，逐步走向规范。到1994年底，现汇贸易额度上升，现汇结算业务创新高，达1 185万美元，其中出口568万美元，进口617万美元。全年过货额实现1.2亿瑞士法郎，完成经济技术合作项目48项，合同总额完成1 513万美元。

1995年5月，全市清理整顿公司、组建外贸企业集团。经过调研，出台七条措施，促进边贸再发展。当年完成合同签约额6 126万美元，实现过货1 020万美元，完成销售5 926万元，上缴税金369万元。

截至1995年，边境贸易八年间，绥芬河市累计实现贸易额9.35亿美元，完成对外经济技术合作项目341项，合同额1.97亿美元，输出劳务11 239人次。

20世纪80年代末和90年代初，中俄地方、边境的易货贸易曾把两国的贸易往来推向了高峰，但由于它不是现代化与规范化的贸易形式，随着中俄政府对中俄易货贸易政策调整，边境小额易货贸易不得不向现汇贸易转型过渡。

现汇贸易领域广泛、结算方便，易于为贸易各方接受。绥芬河市的边境贸易逐渐从两国之间的贸易，向第三国以及跨国转口贸易发展，涉及俄罗斯、韩国、日本、澳大利亚、美国、英国等众多国家和地区。通过国际业务结算避免或减少风险。结算形式多为国际信用证。由易货贸易向现汇贸易的转变，现汇贸易上升势头表明，边境贸易发生了质的变化，边境小额易货贸易的历史使命逐渐完成。

易货贸易过渡为现汇贸易的过程,银行的作用比较突出,开始是中行,随后各家银行相继开展边贸业务,大力支持边贸事业发展。绥芬河的"一关四检",即海关、边防检查、卫生检疫、动植物检验检疫、商品检验,包括铁路公路从各自的管理职能上大力支持边贸。

1996年1月3日,国务院下发〔1996〕2号文件《关于边境贸易有关问题的通知》,重新界定了"边境贸易"的范围,公布了新的优惠政策,为绥芬河市边境贸易和经济发展提供了新的机遇。边境贸易区域的限定、对边境小额贸易的鼓励以及边境地区进口货物关税和进口环节税的减半增收都对绥芬河市经贸繁荣产生巨大影响,绥芬河市当时74家享有边境小额贸易经营权的企业,均可按照国家有关规定放开经营28种商品以外的进口业务,边境贸易规模的扩大和档次的提高,使口岸商都再次繁荣起来。

国务院下发〔1996〕2号文件后,绥芬河积极行动,组织召开商贸洽谈会,邀请各地商家到绥芬河经商办企业,给予相应的政策支持,吸纳他们到绥芬河注册公司,建立健全规章制度,凝聚绥芬河发展和繁荣边贸的力量。这一开放包容的举措,吸引了全国各地的投资者和经营者,随后绥芬河的外贸额度占据了全省的半壁江山,在全国占据了四分之一的份额。

1996年,绥芬河市开创了贸易兴盛、市场繁荣,社会各项事业全面发展的局面,是历史上发展速度较快、效益较好的一年。对外经贸合作创新高,全年进出口贸易额3.5亿元,完成经济技术合作项目28个,口岸过货102万吨,过客48.5万人次;旅游业创新高,全年接待出境团组7 800个,国内外旅游者16.3万人次,旅游企业直接创汇900万美元,实现利税1 680万元;个体私营经济创新高,业户发展到7 295户,从业者15 800人,工商税费收入实现

4 500余万元；正式开通了中俄日韩及香港地区的陆海联运国际通道；全年共接待省内外及美国、日本、韩国等国家地区的考察团组、客商150余个、1 000余人，协议引资23 000万元；多渠道筹集资金4 100万元，新建、续建了环宇商厦、曼哈顿商厦等一批档次较高、规模较大的商品市场，新增市场面积3.8万平方米；工业产值10 169万元，在餐具厂、啤酒厂、塑料厂等老企业稳步发展的基础上，新上工业项目40个，总投资7 165万元；农业总产值实现2 470万元，乡镇企业总产值实现13 009万元。绥芬河市边贸经济的发展，带动了文化、教育、卫生、科技等各项社会事业的发展进步，人民生活水平显著提高。

这一时期的边境贸易中，劳务输出和"倒包"是边贸发展中的一景。绥芬河中俄边境线上车流人流中，随处可见"倒包"的人群和堆积如山的货物。

1997年，是绥芬河边贸困难与机遇并存的一年，中俄两国政治经济关系恢复到历史较好时期，呈现出良好趋势，中俄两国经济的互补性依然存在，彼此拥有对方市场的愿望依然强烈。海关在1998年底前对边境小额贸易进口商品继续给予减半征收关税及进口环节税照顾。国家将边民互市贸易列入边境贸易，使边贸增添了活力与生机。中俄经贸关系走向规范，双方按国际惯例开展多种形式的经贸合作，进一步规范边境贸易，并注重了操作的国际化和规范化。

沿边口岸城市边境贸易发展迅猛，千军万马齐下火龙关，各口岸商品蜂拥至俄，贸易额增长幅度巨大，其中难免裹挟了假冒伪劣，俄罗斯市场上出现"星期鞋"和挂起来示众的"羽绒服"，引起时任国务院总理朱镕基的重视，外经贸部发文，国家出面整顿，绥芬河的边贸市场一同走上全面规范管理的道路。

1997年绥芬河在发展中求提高，进出口贸易额实现54 358

万美元，占全省贸易总额的58%，进出口首次持平，对外经济技术合作项目完成20项，合同总额358.3万美元，合同派出劳务500人，口岸过货146.7万吨，过客55.1万人次。

1998年被确定为"招商引资年"，以加速经济社会发展步伐。1998年，全年进出口贸易额实现62 013万美元，对外经济技术合作项目完成19项，合同派出劳务863人，口岸过货167万吨，陆海联运出口煤炭27万吨，中、俄、日、韩、朝、蒙等国家利用大通道转关货物8万吨。

1999年8月18日—25日，举办"99中国绥芬河出口商品交易会"，交易会由国家国内贸易局设备成套管理局、中国机电设备成套服务中心、绥芬河市人民政府主办。参展商品有来自80余个厂家的轻工、轻纺、农产品、日用品、冶金、电子、电器、机械、服装、鞋帽等30多个种类的上万个品种。

1999年全年进出口贸易额实现75 558万美元，对外经济技术合作项目完成31项，合同总额4 642万美元。口岸过货216万吨，占全省过货总量的70%，陆海联运货物40万吨，首次开通了由绥芬河口岸发往美国西雅图的集装箱业务。同年，从绥芬河口岸进口俄产木材80万立方米。

2000年，绥芬河实施"大通道、大经贸、大旅游、大市场、大加工"战略。2000年9月16日，国务院下发《国务院关于同意绥芬河公路口岸对外开发的批复》（国函〔2000〕106号）批准"绥芬河公路口岸对外开放，开展国际客货运输"，批准绥芬河公路口岸为国家一类口岸。经中俄双方交通运输部门会谈，于2000年10月开通了哈尔滨经绥芬河公路口岸至海参崴国际客运班车。各项指标均居全省前列，进出口贸易额突破10亿美元。

2002年1月1日，国家批准绥芬河为进口原木加工锯材复出口指定口岸的政策开始实施，绥芬河口岸成为全国重要的进口木材集散地。2002年末，全市有大小木材加工企业163家，总计加工俄罗斯进口木材40余万立方米，实现产值2.5亿元，年加工能力达到100万立方米。

2004年11月29日，市委常委会议提出把绥芬河打造成"北方深圳"的构想。当年，全市对外贸易额实现25亿美元，占全省对外贸易总额的37%。

2006年9月末，市外贸企业发展到700余家，从单一的对俄贸易发展到面对世界170余个国家和地区，对外贸易呈现出多元化的发展格局，与欧、亚、非、南美、大洋洲的5 000余家企业建立了合作关系。进口商品22个大类、1 800多个品种。

2007年7月2日，在俄罗斯"中国年"哈巴罗夫斯克"绥芬河推介会"上，市委书记鄂忠齐在"传承友谊、合作发展"的发言中说，目前绥芬河与世界190多个国家和地区开展经贸往来，但俄罗斯始终是绥芬河口岸最重要的贸易伙伴国，绥芬河对俄贸易连续9年占黑龙江省对俄贸易额的三分之一以上，占中国对俄贸易额的十分之一左右，已经成为中俄经贸合作的"窗口"和"桥梁"。

2007年，美国爆发次贷危机，如同金融海啸，2008年开始波及全球，美元贬值引起卢布汇率浮动，俄罗斯经济受到影响，2008年绥芬河一、二季度贸易出现大幅度滑落，后又逐步企稳向好。

2009年，绥芬河市外贸进出口累计完成35.09亿美元，同比下降39.79%，占全省外贸进出口总额的21.63%，对俄贸易完成18.15亿美元，同比下降48.79%，占全省对俄贸易进出口总额的32.49%。

2010年，绥芬河市外贸进出口完成60.53亿美元，同比增长72.52%，占全省外贸进出口总额的23.73%，对俄进出口完成

26.27亿美元，同比增长44.77%，占全省对俄进出口总额的35%。

2011年，绥芬河市外贸进出口完成70.05亿美元，同比增长15.72%，占全省外贸进出口总额的18.2%。

2012年，绥芬河市坚持"贸易先行、产业联动，做大物流，项目立市，政策支撑"的工作思路，转变对外贸易发展方式，优化进出口商品结构，积极发展特色优势外向型产业，加强同俄罗斯及周边国家进行深层次合作。全年外贸进出口总额为84.06亿美元，其中进口额70亿美元，出口额14.06亿美元，对俄贸易进出口额完成34.03亿美元。

2013年4月9日，服务全省全国"对俄大规模合作"绥芬河市"双百亿"投资贸易恳谈会在哈尔滨举行，来自全国和俄罗斯的500多家企业参会。恳谈会上，涉及旅游、木业、商贸、城建、现代服务业等一批投资项目和贸易项目签约，签约和洽谈项目总金额达到324.28亿元人民币。

2013年，中国·绥芬河国际口岸贸易博览会吸引了中外6.1万余人参会，展区面积4.5万平方米，参展人数、展会规模、受关注程度均超过预期。

2014年，巨狐电子科技有限公司和俄速通物流平台开展运营，迎泽国际电子信息平台面向俄罗斯市场，精心打造网络销售平台。

2013年至2014年，绥芬河市全方位服务和支持电商企业在绥发展，成绩斐然。截至2014年末，全市有网上店铺986家、网络代购商1 300家、企业自建平台33家，以及配套物流企业198家；全市跨境电子商务交易包裹完成651.2万件，货值5.63亿元；在全国"电子商务发展百佳县"排名第18位，成为黑龙江省唯一上榜的县级市。电子商务成为全市发展对俄贸易的"新蓝海"。

2015年1月4日，召开绥芬河首届中俄跨境电商高峰论坛暨绥芬河购物网上线发布会，称该年为绥芬河电商年。

2017年，绥芬河口岸过货量达到1 110万吨，实现历史性突破；进出境人员105万人次，创8年来最高；哈绥俄亚陆海联运常态化，俄东方港至太仓港开通定期航班；过货量占全省的80%以上。

四、民间贸易

由于绥芬河的几度兴衰、移民特点和地域文化，绥芬河人对个体私营经济认识独特、偏爱有加。1987年10月28日边贸开通后，绥芬河出现了个体私营从业者，但屈指可数。1992年3月9日，国务院批准绥芬河为首批沿边开放城市以后，各地客商潮水般涌向绥芬河，个体私营经济蒸蒸日上。个体私营者为"淘金"而来，也成为绥芬河边境贸易的参与者、建设者和奉献者。

据1992年数字统计，沿边开放不到5个月，新增人口2万余，其中个体私营、商饮服务，修缮人员4 500人，个体私营的比重很大。截至1993年底，全市个体工商户发展到4 300户，比1992年增加了10.2%，私营企业发展到90户，是1992年的5倍；个体私营经济从业人员总数13 000余人，占全市常住与流动人口总数的16.5%。营业总额3.3亿元，其中商品零售额2.9亿元，全年上缴税费1 810万元。市委市政府对迅猛发展的个体私营经济十分重视，先后制定出台一些促进个体私营经济发展的政策规定，保护个体私营经济的发展。

1994年1月15日，召开个体私营经济工作会议。发布了《中共绥芬河市委、市政府关于进一步发展个体、私营经济的决定》。

民贸发展中，随之而来的热词应运而生，"欠欠"和"帮帮干"即在此列，几十年来在绥芬河的民间贸易中长盛不衰，显示出其强大的生命力。"欠欠"是民间贸易中都能理解的"交换"之意。在绥芬河市区，凡能听到"欠欠"之声的地方，即使双方语言不通，也都知道这是在进行着物品或商品的交换。俄罗斯人"欠欠"回去的商品基本上是中国货，中国人"欠欠"来的商品绝大部分是俄罗斯东西，当然也有第三国的物品，如英国、法国产的香水、印度产的茶叶、韩国产的夹克衫、美国产的香烟、意大利产的长皮衣、日本产的照相机。个体业主"欠欠"所得商品很少自用，大多转手，以期营利。俄罗斯人的"欠欠"所得，多留自用，后绝大部分增值。很多中俄商人由"欠欠"中的小打小闹，华丽转身变为大倒特倒的国际"倒爷"。

"帮帮干"，俄语帮助、帮忙的音译。1992年沿边开放，倒包业在绥芬河兴起时，俄罗斯购物游客猛增，帮助俄罗斯倒爷导游购物、扛包拎包这一行当也逐渐兴起，这是旅游购物发展派生出来的新生事物，应市场需要发展为一种专门的职业队伍而日益兴旺。1999年6月，绥芬河市又出现了"洋帮帮干"，丰富了"帮帮干"的国别。当时俄罗斯海关规定每一个俄旅游者进境所带包裹不得超过2个，每个包裹限重50公斤，聪明的俄罗斯"倒爷"马上

来绥芬河购物旅游的俄罗斯人

想到带俄罗斯"帮帮干"到绥芬河来帮助他们往回带货，以增加进货数量，降低流通成本。俄罗斯境内还专门成立管理"洋帮帮干"的公司，需要提前报名才能被雇佣。

1998年，亚洲金融危机爆发，俄罗斯遭遇强大的政治经济危机，卢布急剧贬值，股市、汇市严重下跌，绥芬河对俄民间贸易滑向一波低潮。2004年左右，民间贸易逐渐攀升，掀起新的高潮，至

2007年，出现了新的繁荣和增长。其间福建省、浙江省的商人大批涌入，成为进口俄罗斯木材的经营主体，最高年份两地商人在绥组成的商会成员各达2万人。2008年，受美国次贷危机影响，俄罗斯人购物减弱，民间贸易短暂回落。木材经销商陆续撤离。之后，网络购物逐渐兴起，对民间实体零售造成了影响和冲击。2014年，俄罗斯受欧美制裁，遇到经济危机，绥芬河口岸受到影响，民间贸易遇到新一波滑落。取而代之的是电商业的发展。

据统计，截至2014年末，全市已有网上店铺986家、网络代购商1 300家、企业自建平台33家，以及配套物流企业198家。2014年全市跨境电子商务交易包裹完成651.2万件，货值5.63亿元；在全国"电子商务发展百佳县"排名第18位，成为黑龙江省唯一上榜的县级市。电子商务，已成为绥芬河市发展对俄贸易的"新蓝海"。

2015年1月4日，召开绥芬河首届中俄跨境电商高峰论坛暨绥芬河购物网上线发布会。市政府宣布当年为绥芬河电商年，全力支持电商企业在绥发展。

2018年，绥芬河拥有自建电商平台8家，常年从事电子商务的工商企业、个体工商户总数达到7 000多家，对俄跨境电子商务贸易额与日俱增，电商平台成为促进传统经济转型升级、拉动对外贸易增长的新引擎。"伊戈尔""酷洋"等一批具有批发零售、线上线下交易、冷链物流等服务功能的俄货批发市场蓬勃发展。中俄跨境电商智慧产业园，已有300多家企业报名入驻。目前，全市跨境电商借助铁路公路运输、异地航空物流等途径，把销售市场开拓到全球40多个国家和地区。

五、组织参加贸易洽谈会

边境贸易开通后，全市群情振奋，考虑到俄罗斯人圣诞节已过，正逢冬闲，市领导与相关部门策划举办元宵灯节洽谈会，邀请俄罗斯对应城市的领导和贸易伙伴来绥共度佳节，同时进行贸易洽谈签约。开始几届尚能从实际出发，贸易合同洽谈签约比较真实有效，后期逐渐流于形式，参加省城哈洽会也有这一流弊，仅略举数例。

1994年8月26日，举办首届超储积压暨物质交流调剂会，有来自国内100多家经贸企业厂家与绥芬河市70多家公司参会，成交额8 990万元。

1999年8月18日，由国家国内贸易局设备成套管理局、中国机电设备成套服务中心、绥芬河市政府举办中国绥芬河国际商贸中心落成典礼暨"99中国绥芬河出口商品交易会"。共有参展单位210家，个体客商300多户，各地客商5 000多人。到20日下午，现场交易额达320万元。签订合同51份，金额3 920万元；签订协议38份，金额10 200万元；意向协议46份，金额12 200万元。合计26 640万元。

2000年6月23日，全国2000年中俄边境贸易暨乡镇企业经济技术合作洽谈会在绥芬河市召开，签约总额11 996万美元。当年全市外贸总额突破10亿美元。

2003年5月27日，副省长王利民与俄滨海边区副行政长官科尔恰科夫在绥芬河就因受全国"非典"疫情影响而关闭的中俄两国省、区间各口岸恢复通关事宜进行会晤。会议初步达成下周通关的意向；中俄双方签署中国黑龙江省与俄滨海边区有关经贸合作纪要。

2003年8月6日，举行口岸百年纪念会。共签约外经贸合作项目9个，合同金额20 520万美元；签订招商引资项目12个，签约额83 181万元人民币。

2007年，口岸过货958万吨，占全省口岸过货总量的82%，居全国沿边开放口岸第三位；口岸过客达到139万人次，占全省口岸过客总量的33%；财政收入突破10亿元。

2012年6月15日，在第23届哈洽会上，作为全省"八大经济区"之一的"哈牡绥东对俄贸易加工区"成立"城市合作联盟"。7月17日，以"依托高科技实现经济大跨越，认知认同和谐牵手助建绥芬河新兴产业城"为主题的中俄国际电子商务产业论坛，暨绥芬河国际电子商务产业项目启动大会在党政大楼三楼礼堂举行。

2012年，按照"贸易先行、产业联动，做大物流，项目立市，政策支撑"的思路，转变对外贸易发展方式，优化进出口商品结构，积极发展特色优势外向型产业，加强同俄罗斯及周边国家合作，全年完成外贸进出口84.06亿美元，其中进口70亿美元，出口14.06亿美元，对俄贸易进出口完成34.03亿美元。

2013年4月9日，绥芬河市"双百亿"投资贸易恳谈会在哈尔滨举行，来自全国和俄罗斯的500多家企业参会。涉及旅游、木业、商贸、城建、现代服务业等一批贸易投资项目，签约和洽谈项目金额324.28亿元人民币。

2013年，绥芬河国际口岸贸易博览会吸引了中外6.1万余人参会，展区面积4.5万平方米，参展人数、展会规模、受关注程度均超过预期，盛况空前。

2014年以来，全市努力克服俄罗斯经济危机影响，在"一带一路"倡议和欧亚经济联盟对接的背景下，在基础设施建设、经济转型和对外开放上发力，外贸形势触底反弹，口岸通关、过货能力大幅提升，对俄进出口贸易恢复繁荣。当年巨狐电子科技有限公司和俄速通物流平台建设后开展运营，迎泽国际电子信息平台面向俄罗斯市场，精心打造网络销售平台。

第五节　建设陆海联运大通道

1903年中东铁路建成通车，绥芬河成为口岸站。1908年与俄国乌苏里铁路实行联运后，绥芬河正式辟为商埠，行政上实行商会自治。当时中东铁路80%的货物经由绥芬河进出境。到1928年，铁路进出口年运量已达184万吨，在全国排列为第八大口岸。

整个20年代，由于绥芬河交通便捷，地方政府政策宽松，大批国内外客商云集于此。俄国、日本、美国、荷兰、丹麦、澳大利亚、中国香港等18个国家和地区的商人在绥芬河设立了贸易机构，有30多个国家在这里设立了代表处，参与国际贸易的人数达1.4万人。

中华人民共和国成立后，绥芬河一直承担着国家对外贸易和转口贸易的中转运输和分拨任务。20世纪50年代初，进出口运量达200万吨。

1992年3月，中国政府批准绥芬河为沿边开放城市，享受等同于沿海特区的优惠政策，带来了新的机遇，绥芬河进入了高速发展的时代。

1992年6月19日、20日，国家经贸部部长李岚清在黑龙江省省长助理、省经贸委主任王宗璋的陪同下来绥芬河市视察，在听取汇报后决定：要把绥芬河建设成为我国北方重要的"国际大通道"和"北方深圳"。

1992年3月9日国务院批准绥芬河扩大开放，无论是日本学者提出的环日本海经济圈，还是中国学者提出的东北亚经济圈，绥芬河都处在中心位置。以俄罗斯赤塔为中心，向西沿西伯利亚大铁路深入欧洲腹地，以及东南亚地区。这里距俄罗斯远东的中心城市海参崴只有230公里，距俄罗斯第一自由经济区纳霍德卡350公里，距日本新潟港670海里。举世闻名的中东大铁路和国家干线公路绥满301国道从这里通向俄罗斯远东。通过远东的海参崴港、纳霍德卡港、东方港等港湾，海运可达日本、韩国、东南亚和中国沿海的各大港口，铁路为国际联运，联结着哈尔滨、沈阳、长春、佳木斯等各大中心城市。得天独厚的地缘优势和交通优势，决定了绥芬河在中国沿边开放战略中所处的重要地位和作用，被称为"国际贸易大通道"。

根据绥芬河的地缘优势和综合条件，地方政府确定了当地的发展目标，以贸易为先导，大力发展商业、旅游、通讯、仓储、信息、运输、金融等第三产业，形成以第三产业为主体，以出口加工型工业和城郊型农业为两翼的外向型经济，逐步将绥芬河建成功能齐全的联结中国与俄、日、韩等国多边经济合作的国际大通道，使之成为商贾云集、兴旺发达的东北亚区域性国际贸易中心。

1993年，先后有美国、日本、加拿大、瑞士、芬兰、波兰、匈牙利、南斯拉夫、意大利、伊朗、中国香港等30多个国家和地区的客商来绥芬河考察投资，有18个国家和地区在绥芬河从事转口贸易，有20种货币在绥芬河中国银行兑换，进出境人员达55万多人次。内地人纷纷涌入绥芬河，开设摊床和各种服务行业，深圳、珠海、厦门、温州、北京、大连、哈尔滨的个体户都来到这里，绥芬河的个体工商户从年初的600户增加到4000户，新增人口4.5万人。

1994年4月12日，由牡丹江市出口的货物经绥芬河口岸、俄纳霍德卡运往日本横滨，首次实现中、俄、日陆海国际联运。

1995年4月23日，俄罗斯交通部副部长兼运输局局长安娜多里·巴里沙维奇一行来绥芬河，就公路客运等事宜与绥芬河市领导进行会谈。双方对开展中、俄、日陆海联运进行磋商，俄方同意绥芬河在海参崴设立陆海联运办事处。

1996年11月5日，第一批出口煤炭由黑龙江省的鹤岗发运，经绥芬河、俄东方港运往香港，当年出口煤炭3万吨。

1997年，经绥芬河口岸出口32万吨，到达韩国的釜山港，标志着欧亚陆海联运大通道东部段正式开通。

1997年4月25日，绥芬河公路口岸新通道试运行。

1997年9月19日，经由绥芬河公路口岸、牡丹江至乌苏里斯克区段国际联运开始运行。1997年11月1日，铁路口岸联检通道经过两次改造，由原来的2条改为7条，实行出入境分检，是日正式启用。

1998年5月4日，绥芬河公路口岸的通关时间正式由原来的6小时延长到9小时。至6月1日实行10小时通关。

1998年8月26日，绥芬河铁路口岸首次接收明水县发往俄罗斯哈巴罗夫斯克使用集装箱装载的货物出境，这也是首次以集装箱的运输方式装载中国货物经绥芬河口岸出境。

1999年2月24日，应绥芬河铁路车站站长刘殿文的邀请，俄罗斯格城车站站长梅林科夫等领导前来绥芬河市，就绥芬河口岸东北亚陆海联运大通道货物的货代、运输、查验、服务、收费五个事项进行会谈。

1999年4月1日，中国外运（集团）绥芬河分公司与俄滨海边疆区汽车运输联合体股份公司签订一项国际集装箱运输协议；从4月16日至年末，每月自美国西雅图经俄罗斯海参崴至中国哈尔滨发运30个标准集装箱。

2001年6月6日，黑龙江省省长常委会议正式确定哈尔滨至绥芬河为黑龙江省陆海联运主通道。

2002年1月18日—28日，市长董作民赴日本新潟参加由中、俄、日、朝、蒙、韩6国代表参加的"2002年新潟东北亚经济会议"，作题为"拓展大通道、加快互市贸易区建设、积极参与东北亚区域经济合作"的发言。

2007年9月30日，首批出境不出口的12个集装箱231吨货物，以陆海联运方式试运成功，于10月15日抵达上海。

2011年3月7日，国家海关总署日前发函《海关总署关于黑龙江省开展粮食等内贸大宗货物集装箱跨境运输问题的意见》，称在原有绥芬河口岸铁路运输方式出境的基础上，增加公路运输方式。这项政策的实施，将使跨境货物运输更便捷，可缩减货物运输距离，减少运输时间，节约企业成本，同时，将对推动陆海联运大通道常态运营起到大的促进作用。

2013年11月14日，哈尔滨铁路局和俄远东铁路局签署了《哈尔滨铁路局与俄罗斯远东铁路局领导和专家工作会晤纪要》。于2013年年底前组织集装箱运输试运行。俄罗斯铁路集装箱在绥芬河装载中国货物，向东南直接运输到俄罗斯的符拉迪沃斯托克、纳霍德卡、东方港，并可借此运往亚太地区；向西直达俄罗斯莫斯科及欧洲地区。

绥芬河市海铁联捷国际货运代理有限公司启动内贸货物跨境运输常态化运营，2014年11月30日上午大亚木业一集装箱密度板自绥芬河市火车站北站场集装箱货物启运并出境，将通过陆—海—江多式联动的内贸货物跨境运输（中—俄—中）模式，大约10天抵达江苏常州。内贸货物跨境运输，是指国内贸易货物由我国关境内一口岸起运，通过境外运至我国关境内另一口岸的运输方式。黑龙江省内贸货物出境口岸限绥芬河，进境口岸限上海、宁波、黄埔，所经俄罗斯口岸限符拉迪沃斯托克、东方港、纳霍德卡港。允许黑龙江省资信好、规模大、已在海关注册登记的企业，开展内贸货物跨境运输业务。内贸货物限使用集装箱装载的跨境运输内贸货物（不包括出口许可证管理商品），由海关在绥芬河口岸施加封至俄罗斯符拉迪沃斯托克港、东方港、纳霍德卡港，使用整箱（不拆、不换集装箱）承运至我东南沿海港口。

2014年，公路口岸新国门基本完工，旅检大厅完成主体工程。总投资6.4亿元的铁路口岸新站房实现主体封闭。改造后的绥芬河口岸，过货量将由原来的1 300万吨，提升到3 800万吨。成功开展5次"中外中""中外外"跨境运输，受到越来越多的国家和国内外大型物流企业的重视。

绥芬河深挖通道、口岸、合作"三大潜能"，打通龙江出海口，积极推动互联互通，努力建设联结亚欧的跨国物流通道，推动"哈绥俄亚"国际陆海联运常态化运营，是中国"一带一路"建设对接俄罗斯"欧亚经济联盟"，韩国"欧亚倡议"的重要成果，助力于"借船出海""借路行车""借势登高"。货物从哈尔滨经绥芬河口岸和俄罗斯远东港口运到韩国釜山，比经大连港运距缩短224公里，到日本新泻、横滨分别缩短1 390公里、740公里，到美国西海岸缩短2 000公里，可以有力拉动黑龙江与俄罗斯远东地区及日韩等国的经贸往来合作。

2015年8月5日14时10分，在哈尔滨国际集装箱中心站，由绥芬河市海铁联捷国际货运代理有限公司组织的144个集装箱专列从哈尔滨国际集装箱中心站始发，将经绥芬河市和俄罗斯远东港口，最终到达韩国釜山。这个专列的首发运营，是绥芬河市陆海联运大通道建设的一个里程碑，不仅实现了由零散集装箱运输向整列集装箱运输的跨越，更标志着黑龙江省"出海口"的正式打通。哈绥俄亚陆海联运的常态化运行，还将吸引俄、日、韩等国家以及中国华东、华南等地区的企业向哈牡绥东沿线集聚，形成外向型产业带，进一步优化龙江产业结构和布局，加强推进龙江经济发展。

2016年6月"哈绥俄亚"正式开通以来，已累计发出94个班列、10 500TEU，货量15.8万吨，货值9.5亿元。内贸货物进境口岸扩展至上海、太仓等15个，运输商品扩大到粮食、石化、木材等多个品种。

2017年4月11日，开通了俄罗斯东方港至我国太仓港的快航航线（从东方港到太仓港再返回东方港全程仅需9天），每月三个航次。

2017年，绥芬河市共发运64个哈绥俄亚集装箱班列、7 250个标准箱货物，同比增长一倍，满载率达到100%，货物总量10多万吨，货值6亿多元，同比增长超过200%，品种包括木材，大豆、玉米、大米等农产品，大多数货物被发往黄浦、上海、宁波等中国南方港口，有少数商品发往中国台湾，部分商品发到日本和韩国。2017年4月，绥芬河市企业开通从俄罗斯东方港至中国太仓港的集装箱直航班轮，打破了外国船运公司的垄断，让哈绥俄亚陆海联运大通道的铁路运输部分与海上运输部分实现对接。

第六节　加快城市建设步伐

一、商贸市场建设

1981年，绥芬河市建设委员会起草下发《绥芬河市总体规划》，1988年省政府正式批准《绥芬河市总体规划》，开始执行。绥芬河市因铁路分割，形成三个区域：铁东区属市中心，其中光华路为行政中心，站前路为铁路指挥中心，通天路、兴隆路为商业中心，山城路为农贸交易中心；铁西区为市次级中心，未来专业学校、电视大学、业余大学的集中地，又以纺织厂为中心形成地方工业小区；铁北区，亦为市级中心，是新开辟的区域。

1988年绥芬河被黑龙江省委、省政府确定为全省"通贸兴边"试验区后，绥芬河边境贸易日益兴盛，商贸市场在市区内星罗棋布，逐一闪亮登场。

百货商店先入为主。绥芬河百货商店是一家全民所有制商业企业，拥有73名职工，110万元的固定资产。在计划经济条件下，由于经营管理不善，企业负债累累，库存商品积压严重。1988年，绥芬河边贸的开展带动了全市个体、私营商店的迅猛发展。1991年，市百货商店实行了集体承包经营，企业当年扭亏为盈、实现利润8万元，上缴税金4万元。1992年，实现利润12万元，上缴税金8万元。1993年，市委市政府在百货商店实行国有民营试点，经营管理权进一步下放给职工个人。商店的经营品种由6 300种发展到15 000种，当年实现利润30万元，比1992年增加18万元，上缴税金22万元，比1992年增加14万元，甩掉欠账包袱14万元，职工的平均收入1 400多元，个人月最高销售额达到16万元。1993年，商店新吸纳外来租赁者70多人，柜台增加一倍多。1994年，以经理李云山为首的68名职工承担了原商店的40多万元的债务，并出资110万元买下百货商店的国有产权和10年的土地使用权。6月26日，百货商店与绥芬河市国有资产管理部门正式办理了产权移交手续和土地使用权证书，市场化改革真正完成。

1991年5月17日，大型综合性商场青云市场破土动工，1991年12月31日，建成开业。建筑面积为3 800平方米，当时摊位550个，是绥芬河市最大的国内外享有盛誉的对俄民贸的龙头市场。1994年5月，秦玉亮开始扩建青云市场，面积为5 000平方米，与原青云市场联为一体，营业总面积翻了一番。1995年初新楼投入使用，建筑面积达9 500平方米，摊位增至1 535个，全国26个省市区个体业户在这里经营来自全国各地的服装、鞋帽、家电、百货等，每年接待国外购物者20万人次以上，年成交额14亿元人民币。1995年，绥芬河青云市场的摊位是全市各商场最红火和抢手的，12月，青云市场转让第二年摊位使用权，仅12月5日和6日两天时间就收回市场建设资金560万元，转让摊位250个，收到建青云市场以来最好成效。并有单个摊位创下5万元使用费的最高纪录。1996年，青云市场税费收入近4 000万元人民币，接近市财政收入的二分之一。1997年7月9日夜，青云市场失火，市场内所有商品损失殆尽，业户暂搬迁到同为工商局管理的环宇商厦经营。1998年1月10日，重建的青云市场交付并使用。之后的青云市场不断适应新业态，除了传统的柜台出租，2003年在市场不歇业的重重困难下，扩建成3万平方米、700多个精品厅，开始打精品、做电商。2013年成立了电商工作室，与阿里巴巴、速卖通等合作，目前电商年销售额七、八百万元，利润100多万元。

1992年11月，迎泽市场一期工程6 000平方米经营大厅完工；1993年8月，迎泽市场二期工程3 600平方米综合服务大楼完工。到此，建筑面积9 600平方米，占地面积3万余平方米的迎泽市场全部竣工，是绥芬河市最大的以吸收俄货对内销售为主的中外民贸市场、俄货交易市场。

1993年8月28日，中俄合资企业银桥商贸服务公司暨银桥宾馆开业。

1994年5月1日，绥芬河市首家集住宅、办公、商场于一体的供销大厦开业，大厦位于青云市场东侧的黄金地段，总建筑面积8 500平方米。在2 000平方米的商场中设柜台250节，精品屋3处。安排供销系统转换经营机制后的编余职工和家属30名，经劳动部门批准的供销学校大、中专毕业生52名，并招收100名待业的合同制工人。

1994年5月，秦玉亮采取贷款和自筹资金等形式，兴建龙须沟市场，占地面积近4 300平方米，为一半封闭综合性农贸市场。兴建铁西农贸市场，占地约1 100平方米，为一半封闭综合性农贸市场。搭建山城路蔬菜批发市场，占地约1 000平方米，为一简易市场。1994年"三建一扩"四个大市场，对繁荣城市、发展经济、活跃民贸、促进边贸、推动旅游都起到了不可替代的作用。

1997年9月23日，投资500万元的绥芬河市食品果蔬外销市场正式运营。

1998年2月11日，绥芬河市大型装饰材料批发市场——迎泽建材批发市场建成开业。

2000年7月20日，位于市中心广场北侧的市总工会"世纪大厦"举行奠基仪式。该大厦建筑面积1万多平方米、楼高17层。

2000年12月26日，中心广场大型地下商场建成，2001年2月7日（正月十五）营业。

2001年7月2日，市通天路地下商业街举行开工典礼。

2002年5月17日，旭日升国际商厦举行奠基仪式，6月23日开工，2003年10月12日，投资1亿元的旭升国际商厦开业。

2004年1月1日，青云超市开业。

2002年，黑龙江省政府与俄罗斯滨海边疆区政府签署协议，确定了贸易综合体建区方案。由绥芬河市政府引入中俄战略投资者世茂集团与俄罗斯滨海信息集团合作，于绥芬河市公路口岸与俄罗斯滨海边疆区波格拉尼奇内区边境线两侧兴建，总占地面积4.53平方公里，中方占1.53平方公里，俄方占3平方公里，计划投资100亿元人民币。于2006年8月正式启动运营。

二、城市基础设施建设

1988年被省确定为"通贸兴边"试验区，1992年被国务院批准为沿边开放城市，绥芬河在经济贸易上的高速发展，倒逼城市在基础设施建设上扩容增能。

1991年，赵明非市长率政府一班人决定为市民修建一处休闲放松的活动场所——北海公园，在城区东北沟沼泽地开挖人工湖12万平方米。6月19日，由苏方承担人工湖土方工程、中方用货物偿还的合同在乌苏里斯克市签订。7月10日首批苏联工人和工程机械到位，次日开工。9月15日人工湖土方工程完工，苏联工人及工程机械返回。支付给苏方劳务机械费用为阿迪达斯运动服，折合人民币45万元。随后在徐广国主政期间又对人工湖进行了修缮扩建，铺设护坡道板，进行园林式绿化美化，成为市民休闲放松的一处主要活动场所。

1991年至1993年间，绥芬河市建设用地单位210余家，总用地256家。其中，有规划土地审批手续的82家，只有土地审批手续的47家，只有规划手续的79家，没有规划和土地审批手续的48家。竣工建筑楼房250栋。

与此同时，关乎城市长远发展的口岸通道项目逐步展开。1992年进行铁路站场改造，设立编组站，改建、扩建国际、国内客运、货运站。由省政府、哈铁和绥市政府各筹集1 292万元资金实施改造工程，改造后使铁路过货能力达到300万吨以上；兴建公路联检设施，投资801万元，由上海"四方公司"承建；增加国门过境通道；兴建两处28万平方米的露天保税仓储集散地；修建绥芬河至牡丹江市二级公路；投资1 300万元安装程控电话4 000门；修建金鸡岭水库及其供水、净水等配套系统；兴建综合商场和国际经贸大厦。

1993年5月，建市以来最大的道路改造工程——花园路、沿河路道路改造工程开工。同年9月，花园路、沿河西路竣工通车。因花园路拓宽动迁量大、费用高一度引起质疑，但决策层研究后坚持原议，时过境迁后方知节约了大量资金。沿河路因市领导主观干预，线路取直，违背道路设计规范，与301国道相接处成交线而非切线，线路通车后短时间连续出现车祸，造成不应有的生命财产损失，后被迫进行又一轮环岛改造。

1994年1月6日，全市"八五"期间重点项目之一的光缆通信建设工程开通。该工程投资2 000万元，是京沈哈"八五"期间光缆干线建设"三大战役"中的重要组成部分，光缆通信建成开通，打破长期困扰绥市长途电话容量不足的"瓶颈"状况。

1994年10月13日，国家重点建设工程301国道绥芬河至绥阳段全线通车。

1994年10月末，投资1 300万元、占地3万平方米，建筑面积5 750平方米的绥芬河口岸公路国际联检厅主体工程竣工。正式投入使用后，公路口岸年过货能力增至100万吨，过客能力为56万人次。

1997年9月11日，绥芬河铁路口岸北站场建筑17万平方米的部分保税仓库，破土动工。

2002年4月，建于20世纪90年代初的玫瑰影剧院，连同中影综合楼、群众艺术馆平台建筑物以及周边附属设施总面积4 500多平方米开始拆迁，这是绥芬河市有史以来最大的引资项目和拆迁工程。

2002年5月，绥芬河市通过铁西沿河地带开发规划，一座占地93.57公顷的现代化商贸新区开始启动。

2003年1月13日，阜宁国际直升机场基础建设通过国家有关部门验收。后受制于航空运营困难，机场用地转为教育园区用地。

2004年8月4日，绥芬河市中俄国际科技园举行开工奠基仪式。

2005年8月14日，绥芬河市与世贸集团签订投资6亿元人民币的建设五花山水库项目。

2005年8月9日，中俄科技园澳麦尔基因科技大楼开工。

2005年9月20日，绥芬河国际物流园区举行奠基仪式。该园区仅进行了土地平整，随后转为综合保税区用地。

2004年，徐广国主政绥芬河市，在了解市情之后，致力于推动西城区建设，拉开城市框架，为政府主导的绥芬河市成片开发城区之始。西城区位于绥芬河市铁路以西、沿河路以南、西外环以东、南外环路以北所围区域，规划占地面积5.02平方公里，区内道路27条，总建筑面积315.96万平方米，是整个城市体系的一个子系统。2004年设立西城区开发建设指挥部，开始策划实施，至2009年基本建设完成。总体规划有10个住宅组团、医疗中心、文化教育园区、国内客运中心、沿河带状公园、劳务社区、卫生站、青少年活动中心、老年活动中心、文化活动站、综合百货商场，此外还有供热、邮电、通讯、储蓄、社区服务中心等市政公用和公共设施。组团三住宅小区，又称旗苑嘉园住宅小区，总占地面积约18万平方米，总建筑面积约29万平方米，共45幢住宅楼，规划居住人口8 000人，小区绿地率35%，建筑容积率1.61；文化教育园区占地31.01万平方米；组团四建设规模较大，动迁人数也较多，回迁楼项目占地4.6万平方米，总建筑面积6.8万平方米，安置沿河路拓宽工程、医疗中心工程、组团四建设工程、国内客运站工程、历史文化街区改造工程和基础设施建设工程等项目拆迁户711户，住宅面积5.5万平方米；组团十（时代广场），由绥芬河市盛世嘉园房地产开发公司进行开发，占地8.8万平方米，建筑面积16万平方米；沿河带状公园，位于沿河路北河堤两侧，投资420万元，建设面积20万平方米，进行绿化、亮化，栽植树木种植草坪，修筑河堤护栏，铺设园路并增设园林设施，使沿河带状公园成为一个濒水的绿色景观带，为市民提供了良好的休闲场地。

西城区成片开发启动后，为将新老城区联为一体，接着开工建设新华街立交桥。2005年9月27日，市新华街立交桥水平转过70.2度角，该桥平转后的轴线误差仅为3毫米，标志着独塔、单索面、单点、平铰、水平转体施工的我国最大跨度斜拉桥转体成功。总重量14 000吨、主桥为100米+100米的新华街立交桥，横跨绥芬河铁路站场12股铁道和两个站台，墩高12.28米，塔高61米，共18对索，双向4车道，大桥总投资9 180万元。新华街立交桥的成功转体，竣工通车，作为又一条方便快捷的城市通道，使新老城区的各方面流通更为紧密。

2006年7月26日，历时4年投资7 200万元、建筑面积1万多平方米的市体育馆竣工剪彩。

2006年，全市共引进项目100个，到位资金15.3亿元。

2007年7月1日，总投资1.65亿元，建筑面积47 000平方米，按照"三级甲等医院"标准建设的市医疗中心开工。新院址位于沿河路，占地面积5万平方米，建筑面积3.9万平方米，建设总投资2亿元，编制床位450张，实际开放床位350张，市级重点专科4个，成为一所集医疗、保健、急诊急救、对俄医疗旅游为一体的综合性医院，2012年12月，绥芬河市人民医院晋升为二级甲等综合医院，于2013年12月投入使用，医院拥有64排CT、数字减影X光机、心脏彩超、大生化等大型设备，总价值7 000余万元。绥芬河医疗旅游年均接待9 000人次。

2009年8月28日，绥芬河市沿河街道路改造工程剪彩通车。

2010年6月6日，国家重点基础设施建设项目牡绥铁路扩能改造工程在红花岭举行绥芬河段开工典礼。7月8日开工，作为工程配套项目之一的绥芬河新火车站一并投入建设。历时五年半，于2015年12月28日竣工通车。始建于1899年的老火车站被列入中东铁路建筑群保护规划，为中东铁路沿线865处"线性文化遗产"

之一被进行整体保护。总投资2.68亿元、建筑面积19 700平方米的新火车站，装备最新电子口岸查验设备，设双向12条国际客运查验通道，国际国内候车厅、售票厅、贵宾室、行包房、地下通道等功能区；新建4万余平方米的站前公共交通枢纽工程等附属配套设施，新建国际客运站，可实现铁路公路零换乘。牡绥铁路按照国家一级、双线电气化铁路标准设计，时速目标值为每小时200公里，设计新线全长138.823公里，设牡丹江、爱河、磨刀石、穆棱、细鳞河、绥阳和绥芬河7个车站，总投资106.2亿元。实际运行时，区段车站减至牡丹江、穆棱、绥阳、绥芬河四个，牡丹江至绥芬河间旅客列车运行单程耗时由4个小时缩至1个小时。2018年牡丹江至哈尔滨高铁开通后，绥芬河到省城乘车时间缩短至两个半小时。

新建的绥芬河市铁路车站

2005年8月14日，绥芬河市与世贸集团签订投资6亿元人民币建设五花山水库项目。2010年6月10日，在老菜营村举行五花山水库开工仪式，总投资10.4亿元，水库总库容8 266万立方米，工程设计坝长500米，坝高38米，装机2 000千瓦，是一座以城镇供水为主、兼顾发电、森林防火、改善生态环境的中型水库。2013年12月建成供水，水库最高日通水量达到18万吨，正常蓄水位425.2米，为绥芬河市和绥阳镇每年供水3 102万立方米，远期年供水量为4 673万立方米，可满足40万人口的用水需求。

2011年7月22日，绥芬河市重点招商项目、总投资10亿元，由绥芬河东辰房地产开发有限公司开发的永康五金城项目奠基仪式在头道沟举行。后改为房地产开发项目，称"九号公馆"，后受市场低迷影响，开发资金不继，终成烂尾项目。

2011年8月8日，市政府针对《经济参考报》刊发的《粤水电在绥芬河以棚户改造为名，违规毁林千余亩建别墅》一文所报道的内容，召开政府常务会，安排有关部门就此事展开调查。

2012年9月14日上午，绥芬河国门·新天地——中俄友谊观光塔项目奠基。

2012年1月—10月，实施"5851"战略，推进重点项目建设，全市固定资产投资实现75亿元。

2013年，绥芬河获批国内首个卢布使用试点市，卢布可以在市内自由存取，俄罗斯游客可用卢布直接吃饭、购物、打车、租车等。

绥芬河市体育馆夜景

2014年8月14日，市中俄体育公园正式落成并对市民免费开放。该项目投资4 700万元，总占地面积8.5万平方米。体育场工程包括国际标准400米塑胶跑道、人造草坪足球场、轮滑跑道、单侧看台及附属设施；其中看台建筑面积2 182平方米，设计安装2 400个座位。体育馆附属工程硬质铺装场地面积18 912.31平方米，绿化区总面积17 397平方米。

绥芬河加快基础设施建设，打造铁、公、机一体化国际集疏运体系。铁路口岸货场于2016年10月底完成扩能改造，集装箱货场年作业能力由5万标准箱提升至30万标准箱，年货运能力可达3 300万吨。公路口岸新建联检大楼于2017年投入使用。到2018年底扩能改造完成后，公路口岸可达到年过货550万吨、过客600万人次、车辆55万辆次的运能，通关能力大幅度提升。

三、房地产开发

1952年，东宁县设房地产管理处。1955年，设东宁县房地产管理处第三区（绥芬河）房产驻在所。1975年绥芬河建市后，成立房产管理处和城建管理处。反映绥芬河城市风貌的建筑有建于1953年的铁路俱乐部、1961年的卫检办公楼、1962年的老百货、1978年的动检楼、1979年的医院楼、1980年的国际旅行社、1982年的玫瑰影剧院、1980年的新百货楼、1984年的商检楼、1984年的李季楼（私宅）、1985年的市幼儿园、1986年的市客运站、1987年的市档案馆、1987年的市一小教学楼（仿欧式）、1988年的少年宫（仿欧式）。

1987年，在城市危房改造过程中，因房改资金不足，房地产局以销售部分房屋弥补资金不足，效果显著，尝到了甜头，是为建市后商品房之始。此前机关事业单位及国营企业职工住宅主要为福利分房。1988年实行住房私有化改革，首次出售公产房屋15 248平方米，出售商品楼1 327平方米。以同年具兴日建立绥芬河市土地房屋开发公司、1991年温汝良建立春龙房地产开发公司为标志，绥芬河商业房地产开发正式兴起，渐成规模。许长友通过集资建房建立的房屋开发公司于1992年入市，建成房屋根据楼层不同集资价格在每平方米400至500元不等。

至1989年，全市的城乡建设规模较小，老城区建成面积仅有4平方公里，实有房屋建筑面积41万平方米，房屋建筑以平房为主。同年，驻绥芬河的中省直部门投资拆平房建办公楼和住宅楼，绥芬河的城市改造由此开始。随即，民间房屋交易开始活跃。1989年初，房地产管理处成立了房产交易所。1992年，在大开放的形势下，全市城乡建设快速发展，房地产开发面积80余万平方米，迎来房地产的"第一轮"发展热潮。1993年，受国内治理整顿、宏观调控政策影响，一度走入低谷，许多开发商撤离。此后，每年开发面积基本保持在20万平方米左右。

1997年，为加快老城区的改造步伐，市委、市政府出台了一些优惠政策，鼓励单位职工和个人联合集资建房，房地产开发面积逐渐增大。

1998年，市委、市政府出台政策减免了涉及房屋建筑方面的16项配套费用，使每平方米造价减少100多元，与此同时，还简化了审批手续，使招商引资的步伐加快，十多家外地开发商投入绥芬河市的建设资金2.14亿元，开发面积27万平方米，接近1997年的2倍，带动了相关40多个行业发展，拉动绥芬河市经济增长6.7个百分点，成为绥芬河市发展的重要支柱性产业之一。

1999年，绥芬河三合林开发楼的建成及大批房地产的开发，使绥芬河的房产业向纵深发展。绥芬河第一家综合开发公司——春龙公司除投资开发了北海公园，还投资1 200万元建设占地10万平方米的50栋小康村别墅，为房地产向高档转轨起了带动作用。

2000年，房地产开发热潮迭起，市民在购房时有了更多的选择空间。房地产营销大战此起彼伏，房地产市场由传统市场走向现代营销市场。2001年，全市有40万左右平方米的楼房交付使用，房地产业呈现新的发展趋势，投资多元化、开发区域化，向精品化发展。

2003年，市中海房地产开发公司，于黄河路东中福街南，兴建"盛世嘉园"住宅楼，建筑面积19 946平方米。市锦源经贸有限公司，于通天路西侧新安街南，兴建"吉利大厦"住宅楼，建筑面积13 974平方米。市通达货运公司，于沿河路北小桥北西，兴建"在水一方"综合楼，建筑面积90 348平方米。全市房地产销售逐步活跃，楼房价格分楼层大致在每平方米六七百元不等。

1989至2005年，绥芬河市房屋开发共投入32.5亿元，建筑面积从1985年的36.54万平方米增加到2005年的430万平方米，共增加296万平方米。人均房屋建筑面积由12.7平方米增加到36.3平方米。

2006年开工建设占地面积1.3万平方米的梨树街回迁楼，建筑面积3.5万平方米，2007年全部竣工交付使用。

2007年西城区的开放建设中，预估房价每平方米1 200元，习惯物美价廉购房的绥芬河人对此价格惊为"天价"。此后，随着经济的活跃、市场购买能力的攀升，2007年的房地产业突飞猛进，二手房市场随之异常火爆。一年之后，西城区的二手房销售价格在每平方米2 000元左右，接近翻了一番。

2007年，市元丰房地产开发公司于青云路西通天路东四小北侧，兴建"天佑国际"高层楼房，建筑面积22 502平方米，在日月湖侧畔成为一景，每平方价格三四千元不等。

2008年，市中海房地产开发公司，于301国道北原奥维众和地块，兴建"奥运阳光"花园小区，建筑面积33218.78平方米，销售价格在每平方米2 000~3 000元不等。同年11月，市龙兴房地产开发公司投资1亿元，于文化街北、光华路东，兴建"新华商厦"，建筑面积45 366.81平方米。同年11月，市鑫海房地产开发公司，于301国道南珠江路东，兴建"华府嘉园"住宅小区，建筑面积26 553平方米。同年，迎泽丽都学府新城在教育路高中附近落成，开盘销售价为每平方米2 200元，之后陆续开发了二期、三期，价格一路上升。学子求学的刚需，多年后依然炙手可热。人们习惯并接受了绥芬河的房价每平方米三四千元。

2009年，绥芬河市完成兴隆路回迁楼、阜宁路回迁楼工程，谋划实施政府行政审批中心、公安局、环保检测、检察院侦技业务用房建设，采取政府投资和市场化运作方式，先期启动东城区棚户区改造，规划建设工程许可20项，总建筑面积96万平方米。2010年规划建设工程许可24项，总建筑面积45万平方米。

2009年，绥芬河奥华房地产开发有限公司，于黄河路西侧富华街北，兴建"时代广场"住宅小区，建筑面积246 428平方米。

2010年，省中天恒基房地产开发有限公司，于青云路东，兴建"幸福家园"商住小区（二区），建筑面积112 380平方米；省兴达房地产综合开发有限公司，于东环路西迎新街南，兴建"溪树庭苑"住宅小区，建筑面积55 142.9平方米；同年12月，绥芬河台湾国际商贸中心，于通天路环形桥西嘎丽娅路东南，开发建设"观湖悦景"小区，建筑面积2 0298平方米；同年12月，市元丰房地产开发公司，于体育场路东学府街北，兴建"龙海世纪家园"住宅小区，建筑面积74 143.5平方米。

2012年9月，市龙兴房地产开发有限公司，于新华街南、体育场路东，兴建"欧亚新城"住宅小区，建筑面积130 957.89平方米。当年全市房地产开发项目27项，总面积163.7万平方米，总投资27.4亿元，其中新建房地产开发项目10项，面积49.5万平方米，投资11.9亿元。

2013年，绥芬河铁城房开公司，兴建"吉祥家园"小区一期，建筑面积20 079.81平方米；黑龙江宝城地产，兴建"宝成翰林苑"，建筑面积56 973.49平方米；佳俊威房地产开发公司，兴建"龙泉文苑"住宅小区，建筑面积58 737平方米；硕恒投资开发有限公司，兴建国门新天地一期二标，建筑面积28 430.09平方米；远东房开公司兴建远东国际商贸中心，建筑面积85 505平方米。

2014年，绥芬河海融城投房地产开发有限公司开发建设"海融·书香苑"小区，建筑面积44 681.79平方米；新兴房地产公司开发建设"幸福嘉园"小区，建筑面积23 299.48平方米；亿正房地产开发公司建设"学府名苑"小区，建筑面积8 794平方米；晟翔房地产开发公司开发建设"学府雅居"，建筑面积16 394.95平方米。2014年9月，市山水国际棚户区改造，于乌苏里大街北规划路西，兴建"山水国际"住宅小区，建筑面积74 127.00平方米，直至2019年尚未完工。

2014年左右，银行贷款紧缩，民间借贷资金链断裂，绥芬河民间借贷涉案5 298宗，涉案金额43 852万元，其中2 187宗结案，2016年至2019年，2 159宗案件实际执行，执行金额32 325万元。此外尚有数亿元借贷资金未浮出水面。绥芬河很多放贷家庭恐慌纠结，房地产开发商大多陷入窘境，有的挣扎，有的撤离，房地产业陷入低谷。

2016年6月，绥芬河市新都实业有限公司，于市广播电视台路东，兴建"新都绥园"住宅小区，建筑面积69 291平方米，为2011年《经济参考报》刊发的《粤水电在绥芬河以棚户改造为名，违规毁林千余亩建别墅》的侧翼工程，建成后面临不佳的房地产市场，位置楼层不好的楼房价格为每平方米一千多元。

2015至2018年，有几家房地产公司申请并批复房地产建设，但因二手房市场及整体市场需求的影响，工程建设大多虎头蛇尾。

第七节　口岸加工业的发展变迁

一、薄弱的工业基础

对于1968年前的工业状况，绥芬河区委书记李福顺有一个精辟的概括，叫"两干一湿"。两干：一个发电厂，一个机械厂；一湿：一个啤酒厂。而这少有的两干，在撤销区建制时，给希里哗啦地拆到东宁被废置遗弃了，新建的东宁发电厂根本用不上这些老设备。

1968年绥芬河地区建制升格，有管理人员和技术人才从外地调入，加工业和工业生产均有所发展。发电厂划归东宁县，在一定程度上制约了绥芬河地区加工业的发展。

1973年撤销区建制后，技术、管理人才外流。1975年建市后，调进一批管理、技术人才，工业产品达5种。有全部企业17个。1988年，先后开发当地野玫瑰、五味子、刺五加、山葡萄等土产资源，生产"维多思"饮料、葡萄酒和药品，曾走俏一时，后逐渐疲软、停产；先后以出口转内销水果、进口木材，开发木材加工、水果罐头生产等工业项目，生产不稳，陷入困境。市餐具厂，以邻县出产的白桦木生产卫生筷子，有较好效益。截至1988年，全市有工业企业和个体户等270户，工业总产值1 978万元，其中创汇产值283万元。

二、发展时期的食品加工

1983年4月初，市啤酒厂生产的维多思果汁和五加啤酒分别被评为省优质产品和国家轻工业部优质产品，维多思果汁还被评为全国儿童优秀食品。1985年11月19日，市长冯永祥、市啤酒厂厂长王文金等一行5人，前往南斯拉夫、保加利亚等国考察，由罗马尼亚引进啤酒灌装线设备，于12月2日返回。1996年5月8日—13日，淮北市委书记、市人大常委会主任王成法率濉溪县委书记陈美德及有关部门负责人一行10人来绥芬河市考察。市东方有限公司负责人与来此考察的安徽口子酒厂负责人签订了合资兴建伏特加酒厂的协议。

1992年7月15日，全市第一家独资私营的育才饮料厂在市一中投产，日产"绥宝"饮料1 000箱，其为全市最大的一家饮料厂。

1997年7月16日，以上山贡为团长的日本静冈县经贸代表团一行9人来绥芬河市考察。考察期间，日本静冈县经贸代表团与绥芬河市政府就"中方向日本出口中国豆粕""日方在绥芬河市创办食品加工业""日方月绥芬河市财保公司合资兴建汽车修配厂"等事宜达成意向性协议。

2000年12月，首家俄商独资加工企业——俄罗斯面包坊落户绥芬河。

近年来，综合保税区内的侨兴现代农业，境外农场种植生产出粮食后，回运至境内综合保税区的粮食加工厂，经过深加工后，玉米压片、豆粕等产品再出区销往全国各地。落户到综合保税区的龙源润丰公司，与中鼎牧业合作，投资6亿元，在俄罗斯打造中俄农牧业示范园区，一方面在俄罗斯种植大豆、玉米，发展奶牛和生猪养殖业，另一方面在绥芬河综合保税区内建设粮食回运深加工和奶制品加工项目，生产有机豆油、豆粕、饲料等，有效规避了粮食进口配额限制，高品质的农产品更是销到了国内大中小城市和日韩等国家，形成了"一头在外"的跨境连锁模式。良运油脂饲料加工项目，其运营模式，也是投资在俄罗斯租赁土地，种植农作物，发展养殖业，然后将初级产品运回国内，在绥芬河综合保税区内建厂加工，再将成品或半成品销往国内市场。

三、民贸中的服装加工

1992年9月7日，绥芬河市第一家合资企业，中国红十字会总会和香港德辉企业有限公司共同投资兴办的绥芬河德鑫服装有限公司成立。

1995年1月6日，市政府出台《关于加快发展个体私营经济的若干规定》，仅1995年在市工商局注册的个体私营加工业就有100多家，个体私营加工业的年产值从上年的505万元增至1 008万元。友谊皮装厂投产几个月，便销售出650件皮衣，年产值100多万元。

1996年，全市有成型的个体私营加工业13家（不含非批量生产和传统的简单加工业），其中，皮帽制作业6家，服装制作业3家。这些加工业主要分为三种类型：一是以家庭成员或亲属关系为纽带的个体加工业，如皮帽制作业和服装制作业；二是固定资产和流动资金达到一定规模，雇工8人以上的私营企业；三是由2至3人出资组建的有限责任公司，但实质上仍是合伙私营企业性质。除食品加工业，其他个体私营加工业都具有外向型特点，一种是产品外销型，制成产品销往俄罗斯；另一种是进口原料加工后销往国内，如皮帽制作业，从俄进口海豹、海狮、银狐等毛皮，制作成俄式皮帽销往国内。这些个体私营加工业的特点是规模小，所投放资金一般在5万元至50万元；工艺简单，生产设备、操作工艺都比较简单，正因如此，资金占用少，工人掌握技术快，大大降低了生产成本；效益好，每一个个体私营加工厂都在详细考察和精心筹备的基础上兴建，有稳定的原料采购和产品销售渠道，有适应生产需要的专业技术人员和生产人员，有灵活的生产管理和营销机制。至1996年12月末，绥芬河市个体私营业户增加至7 295户，工商费收入实现4 500万元，个体加工业户65户，产值在百万元以上11户，个体私营加工业总产值实现4 300万元。

2003年7月16日，香港—黑龙江服装园项目考察团、香港客商吴有家一行4人来绥芬河，就辟建服装工业园区相关问题进行探讨。

四、兴盛时期的木业加工

2001年6月28日，由国家林业局、外经贸部、海关总署三个部门联合组成的国家进口原木锯材出口调研组，在黑龙江省有关部门的陪同下来绥芬河市，就俄罗斯进口原木锯材出口配额问题进行调研，绥芬河被国家批准为黑龙江省进口原木加工锯材出口指定口岸。

2002年6月22日，市政府与大连致远国际工贸公司董事长、台商彭增吉签订在绥芬河市孙家沟投资500万美元兴建木材加工厂的协议。

2003年2月18日，中外合资绥芬河亿新木业开业。

2004年7月20日，绥芬河市引进的最大投资项目宏宇人造板有限公司举行开工典礼。

2004年8月13日—16日，中俄木材贸易投资洽谈会在绥芬河市召开，前来参会的有俄罗斯、马来西亚、美国、芬兰、加拿大等9个国家和地区的15个企业代表团。国内有木材流通协会常务副会长朱光前、副会长兼秘书长张国林及各省市参会代表团230余人。

2006年10月10日，中国地板行业的领军企业——圣象集团总裁翁少斌来绥芬河考察，拟投资4亿元，在绥芬河建立年产15万平方米的地板生产基地。

2007年4月8日，作为全国最大的木材进口集散地和加工基地之一，在中国木业行业年会和木业发展高峰论坛会议上，国家木材流通协会授予绥芬河市"中国木业之都"称号。

2007年5月，绥芬河新北方公司投资1亿元，在俄建设占地1平方公里的木材加工园区，年加工能力预计为60万立方米。

2007年8月17日，在第三届中国（牡丹江）木业博览会上，绥芬河市与大亚集团签订年产22万立方米、投资4亿元的中高密度板生产项目合同。

2008年8月28日，在第四届木博会上，绥芬河市签约进口木材、境外木材加工、家具配件、刨光材、板材加工等13个项目，签约额59亿元。

2009年4月27日，哈尔滨市"哈牡绥东对俄贸易加工区"经济合作代表团来绥芬河市进行商务考察和相关工作交流活动。省委常委、哈尔滨市委书记杜宇新，市长张效廉等哈尔滨党政主要领导以及哈工业资产经营公司，哈药集团，哈飞汽车工业集团等20多家相关企业负责人参加了考察活动。

2011年5月，在中国木材与木制品行业年会，暨中国木材与木制品流通协会第六届会员代表大会上，绥芬河市荣获"中国十强进口木材口岸"殊荣。

2012年6月15日，第23届哈尔滨国际贸易洽谈会开幕当天，作为全省"八大经济区"之一的"哈牡绥东对俄贸易加工区"成立了"城市合作联盟"。

2012年12月12日，绥芬河市与中国林业集团公司合作项目在北京签约。

三峡公司成立于2002年，占地4万平方米，注册资金3 000万元，国内外团队共700余人，主营木材进出口及对俄贸易，工厂设立制材、干燥、集成材、刨光材、家具部件、集成材、地板表板、纯实木家具和纯实木地板等。截至2012年，三峡公司境内外项目已完成投资4.5亿元；前一年进口木材53万立方米，过货量已占绥芬河总量的十分之一，为国家上缴税金7 000万元；实施"走出去"战略，打造产业链条支撑市场需求。

2014年，绥芬河市采取"大招商、招大商、引进战略投资者"的招商引资战略，先后引入大亚人造板、中林集团、曲美家具等一大批国内外知名企业和生产项目，积极引导、鼓励和扶持木材加工及家具制造业发展，不断加快技术改造步伐，鑫麟木业、三峡木业、吉源木业等一批重点骨干企业累计投入7.2亿元技改资金，对重点项目实施技术改造，提高了企业的生产能力和产品质量，木业产品品种得以迅速拓展。木业加工产品已达到11大类60余个品种，木业产业集群效应显现。

2014年，央企中林集团同绥芬河友谊木业合作，投资30.5亿元，在绥芬河边境经济合作区内建设国林木业城，创造了创新链、产业链、资金链、服务链"四链融合"的"国林模式"，为木业企业搭建发展平台，2017年已完成三期工程，开始建设四期，实现营业收入66亿元，创利税8 500万元，出口创汇1 500万美元，实现工业产值22亿元，解决林业工人再就业2 000多人，园区成为东北亚地区最大的对俄木材加工贸易示范基地。

第八节　跨境旅游业的发展

一、易货游为先导的起步阶段

绥芬河气候舒爽宜人，景观错落有致，可开发多种旅游产品，可迎接八方来客。

1988年8月组建市旅游局，其任务是快速开通边境旅游，促进绥芬河市旅游业发展，把绥芬河建成集旅游、商务、购物、展销、会议、娱乐、文化交流于一体的综合性跨国旅游城市和沟通东北亚主要国家和地区的旅游热点城市。

1989年5月，中苏关系恢复正常化，开通旅游初见端倪。1990年6月30日，国务院秘书局局长在省政府、牡丹江市政府等有关领导的陪同下，来绥芬河视察，绥芬河领导不失时机地汇报申请开通跨境游事宜，拟定当年8月绥芬河开通对苏一日游活动。

1991年2月9日—10日，绥芬河市与苏联乌苏里斯克对等一日游试行开通。

这一阶段的旅游主要形式是易货旅游，以俄罗斯人员入境为主，俄罗斯商务人员通过旅游渠道进入绥芬河市，从事生活日用品的商品互换。随之其他各项业务逐渐展开。

1991年11月4日，海参崴斯维特兰娜有限服务公司组织滨海边疆区40名旅游者来绥芬河进行"二日游"，中方净挣2万元。时任绥芬河市长助理、经贸委主任的张锦河，在绥芬河市驻波办与海参崴斯维特兰娜有限服务公司旅游团来绥购物的合同上签批，开购物旅游的先河。

1991年，绥芬河口岸出入境首次突破10万人次。

1992年9月5日，国家旅行社绥芬河支社开设的中国绥芬河—俄罗斯符拉迪沃斯托克三日游经半个月的试运行正式开通。

1993年3月29日，由绥芬河至海参崴四日游、至哈巴罗夫斯克或纳霍德卡七日游、到列宁格勒的八日游，正式开通。

至1993年，绥芬河市旅游总公司，下属公司、商场、旅行社11家，总公司下设的分公司和办事处14个，员工总数148人，新批45家旅游接待分部，挂靠绥芬河中国国际旅行社的单位57家。

兴建40公顷，集旅游、贸易、服务于一体的旅游开发区——天长山宾馆和综合服务中心。在旅游市场和旅游环境逐渐改善的情况下，市旅游总公司发展到中国国际旅行社绥芬河支社、中大旅游产业公司、旅游酒店、旅游商场、旅游汽车出租公司、俄罗斯纳霍德卡旅游办事处等十多个直属单位。

1993年5月开始，绥芬河至格罗捷阔沃的列车以35公斤为准，限制带包重量。

1993年，绥芬河口岸管理部门采取多项措施，努力创造条件疏通口岸通道，扩大吞吐能力。全年过货130.4万吨，口岸贸易旅游人员大为增加。经过中俄双方多次协商，达成了双方列车两国旅客可以混乘的协议，改变了以往中方列车只运中国旅客，俄方列车只运俄国旅客的客运限制。疏站部门针对中俄贸易旅游人员增多的实际，还采取了客货分流的做法，即出境旅客走铁路，旅客携带商品从公路运输，缓解了铁路运输的压力。

1994年3月15日，绥芬河市旅游公司与俄罗斯有关方面达成协议，正式开通中国公民对俄"四日游"发包业务。中国公民对俄旅游发包，公路运营仅限到达波格拉尼奇内，铁路运营可分别到达格罗捷阔沃、乌苏里斯克、海参崴、阿尔乔姆。

1994年3月15日、16日，绥芬河市首届边境旅游洽谈会召开，俄罗斯滨海边区旅游管理委员会主席别拉斯达沃等中外来宾和俄罗斯16家旅游公司参加会议。1994年10月，国家公安部批准绥芬河市公安局具有旅游护照办照权。

至1994年，经由绥芬河口岸出入境的游客已达40多个国家和地区。过去由于只开通赴俄四、七、八日游，既制约了旅游事业的发展，又影响了经济效益。1994年，市旅游总公司先后与牡丹江、哈尔滨、沈阳、大连、北京、上海、广州、昆明、成都等9大开放城市的旅游部门建立了旅游合作关系，并对导游、翻译、旅游景点、费用、陆海空交通等事宜进行了妥善安排。

二、购物游为主的发展阶段

易货游逐渐减弱，购物游取而代之，中俄双方人员以旅游的方式出入国境，在易货旅游的基础上演变为现汇购物旅游。这一阶段发展起来的跨境旅游，究其性质，属于贸易驱动型，这种以购物和获利为目的的旅游，具有更大的能动性，不仅活跃了中俄双方的市场，而且增加了中方的边贸出口。呈现了几大特点：一是购物成为入境旅游的主要内容。来自俄罗斯等独联体国家的旅游者，大多数游人在短期内多次光顾绥芬河，目的是购买大量的生活用品，借助旅游团组的渠道运回国销售。二是"倒包"成为出境游的主流。随着个体私营经济队伍的发展壮大和对外开放的不断深入，人们利用旅游的机会，将各种物品打成包裹，发到出境旅游地点销售，形成了"倒爷"大军。三是出入境经贸旅游日趋增多。自1994年初，中俄改革签证制度后，双方经贸人员公务护照数量短缺，大量的经贸人员利用旅游的途径出入境与合作伙伴洽谈业务。四是观光度假的游人越来越多。富裕起来的内地人利用假期经绥芬河去俄罗斯观光的人员增多，来自日本、韩国、俄罗斯、乌克兰等国家和地区的度假游人也频繁造访国内。

这一时期的跨境旅游被称为绥芬河的朝阳产业，堪称同行中的一绝。黑头发的中国人和黄头发的异邦人把旅游的形式与经商的实质巧妙地结合起来，形成了一股人流、物流、货币流奔腾搅动的巨大力量，促进两国周边城市的经济发展。名为旅游，实为"倒包"，个体私营经济蓬勃而起，与旅游"倒包"相关的餐饮、住宿、交通、通讯等行业随之兴旺。绥芬河市有10余家旅游涉外定点单位、6家星级酒店、6家为购物者提供运输服务的托运处，另外个体户们自发形成了跟包、打包、发包等系列化服务。

旅游业的迅猛发展，带动了相关产业发展，特别是全市个体私营业异军突起。根据1995年第一季度统计，全市个体工商户已达到5 100多户，税费收入占全市财政收入的三分之一还多，和旅游业一起构成了绥芬河市的两大财政支柱。

1995年5月8日—9日，黑龙江省边境旅游工作座谈会，在绥芬河市召开。全省16个边境市、县的27个边境旅游部门参加座谈会。与会者通过讨论，达成"共同开发边境旅游，繁荣龙江，服务全国"的共识。

跨国旅游成为中俄民间贸易的一条主要纽带，进出境人员均以购销商品为主，旅游日期都在3日以上，长的达数十日之久。为方便中俄两国人民跨国购物观光，绥芬河市主管部门与俄罗斯波格拉尼奇内多次筹办，1997年7月18日，正式开通绥芬河至波格拉尼奇内中俄一日游。双方定期互派对开"一日游"旅游团组，并由公路口岸进出境，结束了中国旅游出境人员只能通过铁路口岸进出境，公路口岸只有俄罗斯旅游团组通关的历史。

1997年12月1日，在原市国际旅行社的基础上，国家旅游局又批准绥芬河市增加金龙和三丰两个国际旅行社。

1998年5月，绥芬河市与韩国签订了《中国公民团体游客赴韩国旅游实施方案》。1998年10月15日，由市领导、市旅游局负责人、部分经贸公司经理组成的首批赴韩国旅游团，从绥芬河出发，经由俄罗期海参崴、韩国汉城进行旅游考察，中俄韩三国跨国旅游线路从此开通。

1998年12月7日，绥芬河市旅游业协会成立大会召开。会议通过了绥芬河市旅游协会章程，37人被选为首届理事会成员。

1999年，旅游业得到快速发展，俄罗斯游客经绥芬河市转往内地观光旅游，中国游客出境跨国游年接待26.3万人次。中俄双方旅游人数激增，并逐步成为中俄旅游热线，赴韩国、日本、澳大利亚、欧洲八国、南非、北美等跨国游开始起步，国内旅游线路自成网络，经绥芬河可以到达全国任何一个中心城市。

2000年2月19日，绥芬河市第十二届灯节经贸旅游洽谈会开幕，签订旅游合同4个，出境旅游者为4万人。

2000年9月18日，国家旅游局创优检查验收组来到绥芬河，就创建活动进行全面检查验收。绥芬河市入围中国优秀旅游城市。

2000年10月16日，哈尔滨龙运公司开设的途经牡丹江—绥芬河—俄罗斯格罗捷阔沃—乌苏里斯克的客运班车正式开通。

三、跨境游的兴盛阶段

2001年1月，绥芬河市获"中国优秀旅游城市"称号。

2001年2月7日，第十三届灯节经贸旅游洽谈会召开，签订旅游合同5个。

2003年2月15日，第十五届灯节经贸旅游洽谈会召开，签约旅游合同互派旅游者33万人次。

2004年2月4日，中国绥芬河—俄罗斯海参崴公路旅游直通车开通。

2004年9月28日，绥芬河市推出绥芬河—朝鲜（6日）、绥芬河—堪察加（7日）、绥芬河—伊尔库斯克（6日）、绥芬河—杜蒙—满洲里（9日）4条旅游线路。

2005年2月22日—23日，绥芬河市举行第十七届元宵灯节旅游文化活动。

2007年8月28日，第二届中俄韩旅游产品展示会在世茂国际商展中心开幕，三个国家有近500家旅游企业参会。同时召开首届东北东游线合作论坛，会上提出整合区域旅游资源，联合开发旅游产品，共同开拓国内外旅游市场的构思。2007年，旅游进出境人数由1987年的572人次，增加到71.3万人次，年均递增42.8%。

至2008年，绥芬河市有旅行社26家，其中国际社8家，国际社分社2家，国内社16家。国际社分别是：中国国际旅行社、金龙国际旅行社、三丰国际旅行社、淞江国际旅行社、春秋国际旅行社、凯翔国际旅行社、新纪元国际旅行社、卫星国际旅行社。国际社分社是：哈尔滨天马旅行社绥芬河分社、哈尔滨铁道旅行社绥芬河分社。旅游从业人员1 500多人。有各类宾馆150余家，涉外定点宾馆33家，其中星级宾馆6家。

购物游是为适应中俄双方经济发展而产生的一种特殊的旅游方式，这种旅游方式随着旅游市场的不断完善而转变为观光游、度假游、考察游，形成纯粹的旅游市场。

2010年，全市接待俄罗斯入境旅游人数占全省总数的70%，绥芬河市已经成为黑龙江省最大的对俄边境旅游城市。出境游线路由远东地区向俄罗斯腹地延伸，主要有：绥芬河—格城一日游、绥芬河—乌苏里一日游、（二日游）、绥芬河—卡缅二日游、绥芬河—海参崴四日游、绥芬河—海参崴—哈巴罗夫斯克五日游、绥芬河—海参崴—纳霍德卡六日游、绥芬河—海参崴—哈巴罗夫斯克—莫斯科—圣彼得堡十日游等。新开辟海参崴—游击队城狩猎五日游、海参崴海岛四日游、海参崴—伊尔库茨克—贝加尔湖七日游、海参崴—堪察加及"季玛诺夫斯基"泉七日游等。入境线路主要有：海参崴—绥芬河—东宁四日游、纳霍德卡—海参崴—绥芬河六日游、海参崴—绥芬河—牡丹江—哈尔滨六日游。两条空中航线：绥芬河—牡丹江—海参崴四日游、绥芬河—牡丹江—哈巴罗夫斯克四日游。

2012年5月29日，中国哈尔滨至俄罗斯符拉迪沃斯托克国际旅游专列首次列车途经绥芬河口岸出境。以黑龙江省铁路建设领导小组副组长张秋阳为团长的黑龙江省政府代表团，乘坐2012 "中俄旅游年" 哈尔滨至俄罗斯符拉迪沃斯托克国际旅游专列首次列车，前一日途经绥芬河口岸出境。

2012年7月18日晚，在北海公园日月湖畔美食广场上，中俄日韩旅游美食文化节盛装启幕，历时一个月，8月18日晚落下帷幕。

2013年5月17日，凯翔旅行社、春秋旅行社等旅游企业参加在俄罗斯符拉迪沃斯托克市举办的第十七届太平洋国际旅行社展会。有108个展位，为期3天，有来自俄罗斯、中国、日本、韩国、泰国等10多个国家的旅游企业参展。绥芬河旅游企业展示的旅游产品和绥芬河推介，吸引了众多俄罗斯旅游企业的关注。

2013年6月6日，14辆崭新的109路旅游观光车正式上道运行，109路全程运行38公里，设立站点40个，从火车站发车，再回百年火车站，涵盖了全市大部分旅游景点，为绥芬河市旅游景点建设再添新笔。

2013年3月，首批自绥芬河到韩国首尔、仁川、三八线等景点的旅游团出发，全程七天时间，开拓了绥芬河市赴韩国旅游的新路线。

绥芬河对俄休闲、度假游所占比例猛增。在入境游客中，购物游客占70%左右，观光旅游客占30%左右，旅游业对全市其他产业的拉动达到了1：7。

四、全域旅游

2014年，从年初到3月末，有18 759名俄罗斯旅客免签进入绥芬河。配合卢布在绥芬河市自由流通等政策，俄旅客进境旅游人数大幅增加。其中不乏原定从黑河、珲春等地入境的游客。

2014年7月15日晚上九点半，一项新的吉尼斯世界纪录——

112.374米全球最长烤肉串在中俄旅游节现场诞生。

2014年8月，国家下发了《国务院关于促进旅游业改革发展的若干意见》，2014年底，全国有20多个省市90多个区县市提出"全域旅游"发展计划。2015年8月，国家旅游局下发了《关于"国家全域旅游示范区"创建工作的通知》（旅发〔2015〕18号），以县、市地州人民政府为创建主体。国家旅游局给出了明确的概念：全域旅游是指在一定的行政区域内，以旅游业为优势主导产业，实现区域资源有机整合、产业深度融合发展和全社会共同参与，通过旅游业带动乃至于统领经济社会全面发展的一种新的区域旅游发展概念和模式。2016年11月，绥芬河被国家旅游局评定为国家全域旅游示范区。

绥芬河市拥有国家级文物保护单位6处：俄国领事馆旧址、日本领事馆旧址、协达亚·尼古拉教堂旧址、俄国侨民学校旧址、中东路火车站旧址、大白楼，省级文物保护单位6处，市级文物保护单位38处，并有广为人知的国门、嘎丽娅公园、大通道广场、绥—波贸易综合体、大光明寺、天长山景区、中东铁路建筑群等景区。旅游产业的辐射面日益扩大，旅游线路逐步向全国各地景区景点延伸。

研究制定旅游产业发展规划，扩展旅游线路和领域，现任旅游局局长张代利、副局长王涛，在市委、市政府的领导下，在开通医疗游服务、开发红色旅游经典景区、打造"避暑

到绥芬河旅游购物的游客

胜地" "休闲娱乐" "生态旅游" 等旅游新产品方面做了大量工作,致力于将全域旅游的谋划,变为身临其境的实景。绥芬河市共有45家旅行社,有27家具有边境游资质,连续三年口岸进出境突破100万人次。跨境游有力地扩大了旅游经济往来,有利于提升国家间的文化认同感,成为旅游外交的重要载体,为政治、经济、贸易的发展打下了坚实的基础。

第九节　城市文化与城市精神

一、城市文化风情之源

一条屈辱的《北京条约》的签订,使绥芬河人认识到了坚韧不拔的"北极熊"精神或狼的精神。

一条中东铁路的开通,使中俄文化在这里发生碰撞和融合,继而成了共产主义思想在中国特别是东北传播的重要渠道之一。

1922年3月,中共党员马骏受党组织派遣,从天津回到宁安家乡,专程到牡丹江、绥芬河等地向铁路工人和知识分子传播马列主义,这些思想孕育了新文化。

20世纪二三十年代,由于绥芬河交通便捷,地方政策宽松,大批国内外客商云集于此。俄国、日本、美国、荷兰、丹麦、澳大利亚、中国香港等国家和地区的商人在绥芬河设立机构,有30多个国家在这里设立了代表处,绥芬河有了"国境商业之都"之称。各不同国家的机构悬挂各自不同的国旗,绥芬河又被称为"旗镇"。多元文化尽展风姿。

1933年,日本关东军入侵绥芬河,日伪统治下的抗联精神对绥芬河的城市精神产生了深远影响。同时,也有日本建筑文化、饮食文化被融入绥芬河人的建筑和饮食文化之中。

　　改革开放四十多年，一个城市因特有历程而产生的内在城市文化和城市精神，作用于外部，呈现出时代大潮下的变迁及社会百态。

　　1975年绥芬河建市，绥芬河的文化建设在城市的发展中频频亮相，与城市的发展历程相携相生。

　　1977年，绥芬河市图书馆成立。

　　1982年1月12日，召开绥芬河市文学艺术工作者代表大会，会议选举产生文学艺术界联合会。

　　1982年6月6日，10余名文学爱好者成立文学社团——"幽园吟社"。

　　1982年10月，市影剧院竣工交付使用，工程耗资133万元，至1984年春季易名为"玫瑰影剧院"。

　　1991年12月16日，《绥芬河报》创刊，18日，举行首刊发行仪式。在之后的发展历程中，基本呈现了绥芬河经济发展、社会生活、人文风物等世相。

　　2001年9月12日，绥芬河侵华日军遗物陈列馆破土动工，地点在天长山西侧，面积为200平方米。

　　2003年12月15日，绥芬河市爱心助学理事会成立。

　　2009年10月4日，"中共'六大'暨绥芬河红色国际通道纪念馆"建成。通过深入挖掘、整合历史文化资源，提升了口岸文化内涵。

　　2011年8月29日，文汇出版社北京分社副总编萨苏、日本摄影家宗景正向中共六大暨绥芬河红色国际通道纪念馆捐献文献资料。此次捐赠的文献资料共1 500余份，有珍贵的照片、书籍、历史文献等。文献资料记录了日本关东军在东三省的罪行和东北抗日联军与日本关东军作战的历史，有许多文献资料是第一次在中国现身。

2012年1月12日，由俄罗斯世界基金会与绥芬河市职教中心学校合作成立的俄语中心举行揭牌仪式。这是俄罗斯世界基金会在黑龙江省设立的唯一一处工作室，是一个与我国孔子学院具有相同性质的推广俄语和俄罗斯文化的专门机构，对增进绥芬河市同俄罗斯语言文化方面的交往有较大的推动作用。

二、文化活动

1985年5月24日，市中苏友协举办首届邮票展览，期间，省委、新华社、省委宣传部、省集邮协会等部门以及大庆、牡丹江、黑河等十几个市县的领导、广大集邮爱好者前来参观。历时6天，参观者1.1万多人次。

1986年11月下旬，市外事处处长魏尧德随省宣传文化代表团出访日本，归来后首次为中国引进日本和纸画艺术，并开始在市部分美术爱好者中研究贴制。1987年7月12日，举办首次和纸画艺术作品展览，参展作品64幅，展出作品的照片寄往日本国展出。

1988年1月31日，市中苏友协主办的摄影、绘画、纸贴画共90幅，首次在苏联边境区"边境人"电影院展出。1988年1月，《绥芬河民间文学集成》内部出版发行。

1990年6月27日，由绥芬河电视台录制的电视片《边境口岸绥芬河》在省电视台播出。

1990年8月19日，中央新闻电影制片厂姜英杰等3人来绥拍摄纪录片《绥芬河风光》和《开放中的北方窗口》。

1991年8月3日—10日，中央电视台《神州风采》摄制组一行5人来绥拍摄《边陲小城绥芬河》，12月2日播出。

1992年5月25日—28日，由俄罗斯远东《红旗报》总编一行4人组成的新闻代表团应邀来绥访问。访问期间，《绥芬河报》报社与俄罗斯《红旗报》报社结成友好关系，双方就新闻与广告业务合作等方面达成协议。

1994年6月6日，著名作家王忠瑜、孙少山等一行4人来绥，为大型报告文学丛书《绥芬河人》组稿采访。

1995年9月7日，省著名作家、《小说林》副总编王阿成抵达绥芬河市，与绥芬河市作家协会会员及文学爱好者座谈。

1996年8月12日—15日，著名学者、作家余秋雨和夫人、表演艺术家马兰来绥考察。

1998年5月12日，以赫里朴新克为团长的俄罗斯滨海边区所属的39个城市文化局局长组成的代表团一行60人来绥市访问。

1998年6月11日，省文化厅厅长、省作协主席贾宏图来绥举行题为"共议振兴绥芬河文化"座谈会。

1999年8月25日，由中国民俗学会、深圳特区文化研究中心、黑龙江省文牡丹江市文联、绥芬河市委宣传部、牡丹江师范学院等单位联合发起的中国南北民俗文化比较研究学术会在绥芬河市召开。

2001年7月11日，21世纪中国期报刊发展研讨会在绥芬河市召开，共有来自全国26家期报刊的36名新闻界人士参会。

2001年12月，市国家一级作家，中国作家协会会员葛均义的长篇小说《浮世》在《中国作家》杂志发表，后被收入"中国作家精品文库系列丛书"。

2003年8月6日，绥芬河市举行口岸百年纪念盛会。黑龙江省、牡市领

苏联红军纪念碑

导，曾在绥芬河市工作的老领导、友好城市的代表及俄罗斯格罗捷阔沃、乌苏里斯克和纳霍德卡代表团前来参会。

2005年5月11日，绥芬河市在铁路站前广场举行苏联红军烈士纪念碑回迁落成仪式和纪念中国抗日战争暨世界反法西斯战争胜利60周年庆祝活动。俄罗斯驻沈阳领事馆总领事穆拉夫斯基、乌苏里斯克市副市长克洛科夫等20多名政府官员和30多名苏联红军老战士及数十名俄罗斯游客专程来参加。绥芬河市有关领导、十余名曾在抗日战争、解放战争、抗美援朝等战斗中屡建功勋的老革命军人及近百名现役边防官兵、50名少先队员、数千名社会各界群众参加和观看庆祝活动。

2005年2月1日，俄罗斯列宾美术学院院长查尔金一行4人应邀来绥，就友谊和平天使——嘎丽娅大型青铜雕塑的设计和选址等事宜进行具体磋商和考察。

2007年6月13日，俄罗斯驻华特命全权大使拉佐夫来绥芬河访问，转交俄罗斯总统普京致绥芬河市民的一封信。普京总统在信中感谢绥芬河市民的倡议，并为绥芬河在"二战"中牺牲的友谊和平天使——嘎丽娅雕塑题词："中俄友谊就是相互理解、信任、共同的价值观和利益，我们将铭记过去，展望未来。"2009年10月8日，在市和平公园举行友谊和平天使——嘎丽娅雕塑落成仪式。雕塑基座高6米，似嶙峋山崖，象征山城和要塞；青铜雕塑高6米，重4吨，火焰生成双翅，象征主人浴火重生，也象征第二次世界大战战火熄灭，有了世界和平。这是一座见证中俄友谊，永远昭示民族友好、世界和平的历史丰碑。

2008年4月23日，俄罗斯功勋画家谢尔盖·切尔卡索夫在绥芬河市图书馆举办个人画展。

2008年5月27日、28日，由绥芬河市露西亚历史文化资源研究所策划完成的60集电视剧《跑崴子》列为文化立省的重点项目。

2008年7月3日，纪念中共六大召开80周年学术研讨会在绥芬河市开幕，"红色之路与赤色枢纽绥芬河"得到专家肯定。

2009年2月23日，首批85名大学生接受培训，万名大学生创业就业工程活动拉开序幕。

2009年7月19日，由市委、市政府、文体局、大庆智慧岛广告有限公司共同主办的2009环球皇后世界大会最佳形体单项赛评选颁奖晚会在绥芬河举行。来自57个国家和地区的佳丽集聚于此。巴西里约热内卢的选手以102分摘得2009环球皇后世界大赛最佳形体单项赛的冠军，亚军由泰国曼谷的选手获得。

2011年4月28日，由俄罗斯滨海边疆区游击队区文化部组织的104名小学生来到绥芬河市实验小学，中俄小学生们通过集体绘画、文艺演出等形式，与师生进行互访联谊活动。

2011年5月15日，由黑龙江省妇女儿童基金会、哈尔滨电视台电视剧制作中心、哈尔滨景之林文化传播有限公司联合摄制儿童电视系列剧《童年》之《乌拉，童年》开机。该剧讲述了孩子们富有情趣的学习和生活经历，让孩子们在锤炼中健康成长，具有良好的教育意义，该剧所得收益将捐助春蕾计划。

2012年5月28日，（中国·绥芬河）东北亚文化美食节暨全球品牌形象大使（黑龙江东部赛区）区域媒体推介会在数码港举行。全球品牌形象大使中国大赛（黑龙江东部赛区）走进7月18日至8月18日举行的东北亚文化美食节。

2012年6月29日上午，首届龙视观众节暨龙视新闻频道《爱在路上》大型火炬传递活动抵达绥芬河市。来自全市不同行业的17位代表和爱心人士，代表绥芬河人将象征龙江精神的大爱火炬在口岸绥芬河传承、延续。

三、城市荣誉

1996年4月7日，在第三次全国城市卫生检查评比中，绥芬河市被授予"全国卫生先进市"称号。1996年9月24日，绥芬河市被国家授予"边疆文化长廊建设先进城市"称号。1996年10月17日，绥芬河口岸办在全国共建文明口岸表彰大会上，被国家口岸办授予"先进口岸"称号。

1999年11月，绥芬河市被国家建设部授予"国家园林绿化先进城市"，获此殊荣的共有45个城市，绥芬河是唯一的县级市。

2000年12月，国家统计局农村社会经济调查总队对全国2 000多个县（市）社会经济综合发展指数测评中，绥芬河市综合评比位居第51名，发展潜力位居第17名，是黑龙江省唯一进入综合发展指数前100名的县级市。

2001年1月，绥芬河市获"中国优秀旅游城市"称号。

2002年，在中国新闻社评价中心对全国县级市竞争力的评价中，绥芬河市位居全国县级市排行榜第36位，在东北三省上榜的县级市中名列第1位。2002年10月29日，在"全国精神文明创建工作先进单位表彰会"上，绥芬河市获"全国文明城市"奖。

2004年，绥芬河市在全国"百强县"的位次为第85位。发展潜力居全国"百强县"第4位。

2005年10月17日，2005年度中国特色魅力城市200强推选结果公布，绥芬河市作为黑龙江省7个入围城市之一榜上有名。

2007年4月8日，作为全国最大的木材进口集散地和加工基地之一，在中国木业行业年会和木业发展高峰论坛会议上，国家木材流通协会授予绥芬河市"中国木业之都"称号。

2007年9月22日，在2007年度中国中小城市科学发展评价体系研究成果发布暨第四届中国中小城市可持续发展高峰论坛上，绥芬河市入选"2007年度最具投资潜力中小城市百强"和"2007年度全国中小城市综合实力百强"，分别列第42位和第77位。

2007年11月16日，中外跨国公司CEO会议在北京召开，绥市在会上荣获由中国国际跨国公司研究会、联合国全球契约组织、联合国环境规划署共同授牌的"跨国公司最佳投资城市"称号。

2007年，绥芬河先后荣获"中国50家投资环境诚信安全区""中国优秀旅游城市""中国木业之都"、国家级园林城市、中国商贸名城、跨国公司最佳投资城市等称号，政法工作获省"法治环境先进市"、市法院获"全国优秀基层法院"、全市获全国"平安畅通市"等荣誉称号。绥芬河对外发布的主要城市品牌有"百年口岸""木业之都""北方深圳""数字绥芬河""中俄友谊城"等。

2008年1月17日，在首届中国和谐城市论坛开幕式暨"2007公众心目中的和谐之城"揭晓仪式上，绥芬河获"中国和谐之城"称号。10月7日，由中央政策研究室和中央财经领导小组办公室联合组成的中国特色发展之路课题组发布的调研报告中，绥芬河市被列为全国18个改革开放典型地区之一。

2009年7月7日，在海南三亚举行的中国招商引资高层论坛会上，绥芬河市荣获"中国十大最具投资价值城市"称号。11月24日，在全国文化先进单位、文化系统先进集体和先进工作者表彰大会上。绥芬河市政府被文化部评为全国文化先进单位。

2011年4月22日，在2011年中国会展经济研究会年会上，经过会议评定，授予绥芬河市"中俄会展名城"称号。

2012年2月6日晚，全市创建全国文明城市工作表彰大会在市体育馆举行。绥芬河市"全国文明城市"奖牌揭牌。

2012年3月27日，国家发改委批准绥芬河市为全国发展改革64个试点城市之一。

2013年12月8日，《黑龙江绥芬河成为中国首个卢布使用试点市》在新华社刊发，被800多家网站转发，成为当月黑龙江省转发量最高的新闻。

百年口岸的文化底蕴，改革开放带来的开拓进取、包容接纳，写就了绥芬河的城市文化与城市精神。绥芬河城市精神：开放兼容、敢为人先、团结奋进、争创一流。

第十节　互市贸易区、边境经济合作区与综合保税区建设

一、中俄绥芬河互市贸易区

1997年5月经黑龙江省政府批准设立中俄绥芬河互市贸易区，是位于中国黑龙江省绥芬河市公路口岸与俄罗斯滨海边疆区波格拉尼奇内区边境线两侧，经中俄两国政府外交换文确认的第一个全封闭式贸易区。

1991年10月1日，绥芬河市中苏边民互市贸易大集在边境线中方一侧试行开业。因达不到营销条件仅试行3天即关闭。

1993年4月16日，俄罗斯政府副总理绍欣·亚历山大·尼古拉耶维奇率47人代表团来绥芬河市考察访问，省长邵奇惠受国务院委托专程在绥芬河接见。就双方边境接壤口岸建立互市贸易区等问题达成共识。

1994年1月5日，俄罗斯滨海边疆区执行委员会副行政长官别列季涅茨，波格拉尼奇内区行政公署长官日杜诺夫等一行6人来绥芬河市，就建立绥芬河与俄波格拉尼奇内边境互市贸易区及有关问题与副省长王宗章、绥芬河市市长秦玉德达成协议，并分别代表地方政府签署了协议书。

1996年4月中旬，俄罗斯联邦政府向中国政府提交《俄联邦政府与中华人民共和国政府关于开通俄—中边境贸易区备忘录》，建议满洲里与后贝加尔斯克、绥芬河与波格尼奇内、黑河与布拉戈维申斯克三地同时开通中俄边境贸易区。1996年6月14日，外交部将绥芬河与俄波格拉尼奇内及满洲里、黑河与俄罗斯同时建立互市贸易区的内容写入中俄互市贸易区中方协议草案并递交俄方。以此为标志，辟建中俄互市贸易区得到两国政府的原则批准。

1999年7月23日，边民互市贸易区管委会揭牌，是以国际贸易为基础，以投资合作为主导，集贸易、旅游、商务、会展、金融、物流、加工等多功能于一体的跨境综合经济区。中方境内规划有国际商展中心、商务会议酒店、东方风情街、物流加工产业区等，建筑面积约75万平方米。俄方境内设有商务办公区、金融中心、主题公园、酒店、俄罗斯风情街、度假村、滑雪场、仓储加工区等，建筑面积约35万平方米。

1999年8月10日，黑龙江省政府发件黑政函〔1999〕87号《关于重新界定绥芬河市中俄边民互市贸易区区域范围的批复》；绥芬河市中俄边民互市贸易区的范围为绥芬河城区东起边境线，西至301国道与铁路交会处，南起出境铁路线，北至301国道。9月15日，绥芬河市中俄互市贸易区开始运行。省市领导及俄罗斯来宾举行了通关剪彩。当日出入境人数1 685人，其中入境俄商651人。青云市场当天商品成交额达500万元人民币。同日，市委、市政府公布实施《绥芬河中俄互市贸易区管理暂行办法》和《绥芬河中俄互市贸易区对俄公民若干政策的暂行规定》。

1999年9月24日，在绥芬河公路口岸举行绥芬河中俄互市贸易区启动仪式。黑龙江省副省长王振川、牡丹江市委书记沈玉成及其他省市级领导，国家体改办经济特区和开放司处长连启华及相邻友好市县的负责人，俄滨海边区副行政长官斯捷格尼等外宾前来祝贺。省长田凤山贺信祝贺中俄边贸迈向新的台阶，祝互市贸易区健康、持续、稳定发展。绥芬河中俄互市贸易区正式运营。

2002年，黑龙江省政府与俄罗斯滨海边疆区政府签署协议，确定了贸易综合体建区方案。由绥芬河市政府引入中俄战略投资者世茂集团与俄罗斯滨海信息集团合作兴建，总占地面积4.53平方公里，中方占1.53平方公里，俄方占3平方公里，计划投资100亿元人民币。中俄双方已累计投资14亿元，其中，中方一侧，8.3万平方米的国际商展中心和4.9万平方米的五星级酒店已建成，区内封闭及市政道路、水电、供热管网、人工湖、水渠等基础设施建设完工。俄方一侧也完成了联检楼及封闭设施建设和道路、水渠、照明等基础设施，完成了8 500平方米的联络中心和东正教堂建设，并于2006年8月正式启动运营。

2004年3月11日—13日，副省长王利民率团访问俄罗斯滨海边疆区。分别与俄联邦经济政策和企业家与所有制委员会副主席伊万诺夫、滨海边区副省长卡尔恰科夫、滨海信息分析中心董事长雷萨克，就推进中俄"绥—波"互市贸易区建设事宜进行工作会晤，签署《关于加快和发展互市贸易区建设问题的会谈纪要》、《加快互市贸易区建设框架协议》。根据国家财关税〔2008〕90号文件规定，中国公民通过互市贸易进口的商品价值在8000元人民币以下的，免征进口关税和进口环节税。

哈尔滨海关于2011年8月9日批准绥芬河边境互市贸易区设立互市贸易点，享受8 000元免税政策，具体地点限定在中俄互市贸易区的国际商展中心一层D区。2012年2月8日，绥芬河中俄互市贸易区边民互市贸易点启动运营，国家给予的边民互市贸易免税政策开始实施。启动运营以来，互市贸易点累计实现互市贸易额1 639.7万元，其中俄产品以食品类为主，实现交易额为649.2万元，中国产品以儿童玩具、儿童服装为主，实现交易额为990.5万元，参与互市贸易的人员及购物人员实现6 500人次。

绥芬河中俄互市贸易区边民互市贸易点的正式启动运营，体现了国家对边境地区的优惠扶持，是加强中俄双边地区友好往来，增进友谊，促进双方合作的有效载体。

2013年1月—11月，经由互贸区进口的俄罗斯海产品、咖啡、巧克力、瓜子、茶叶、蜂蜜等共37种，合计3 961吨，货物价值3 310万元。进口酒类的品牌由过去的2个增加到8个。

互贸区依法规范俄货市场运营，2012年至2016年五年累计参贸14.8万人次，互市贸易额实现9亿元，2016年实现税收1 400万元，形成了"四真"，即真边民、真交易、真俄货、真实惠，及"四到"，即人到、证到、货到、钱到的运营模式。2017年，互贸区俄式食品加工示范园投入运营。2018年，绥芬河完成了进口面粉与区内俄式烘焙示范试验区（俄罗斯食品加工区）建设有机结合，利用俄罗斯量大质优的面粉，生产加工高品质俄式食品，促进互贸商品交易与实体加工配套发展，目前已有6家企业入驻互贸区。此外，还建设了互贸区边民、游客俄罗斯商品限购超市。目前，限购超市管理系统已安装完毕。并协调海关、铁路等相关部门，积极推进铁路互贸通关，已完成软硬件设施安装和调试，争取年内投入运营。2018年，互贸区投资4亿元的龙运互贸综合体一期主体完工，俄式烘焙食品加工示范园区一期投入运营，实现边民交易与加工贸易联动发展。前11个月，绥芬河互市贸易区共过货1 697车，货运量2.9万吨，进口额2.71亿元，交易额3.18亿元，上缴税款1 049万元，参与交易边民9.7万人次。

二、绥芬河边境经济合作区

1991年7月，省政府以黑政函〔1991〕19号文向经贸部报送了黑龙江省辟建中苏经济合作区方案。

1992年3月9日，国务院发出国函21号函，批准绥芬河等4个边境城市进一步扩大对外开放，设立边境经济合作区，赋予8条经济政策。

1992年4月，市委、市政府决定集中全市力量开发建设合作区，设立边境经济合作区管委会，负责全市的经济工作，对招商引资实行一个窗口审批、一站式服务，放宽了对投资企业的许多限制。当时的管委会，达到了统一、精简、高效的要求，大大简化了办事程序，加快了开发建设速度和效能。但那种管理全市经济工作的职能也是过宽的。

1992年5月16日，以新建党政办公楼破土动工为标志，绥芬河边境经济合作区一小区基础设施建设工程开工。同年7月24日，绥芬河市首次召开边境经济合作区土地使用权公开拍卖出让竞标会。

1993年1月3日，国务院批准绥芬河市边境经济合作区区域范围。东以国门为界，西以朝阳河为界，南以小绥芬河为界，北以地久山为界。核定面积为5平方公里。同年4月，国家实施宏观控制政策，银根紧缩，合作区开发建设尚未形成周期性循环，大部分投资项目后续资金紧缺，开发建设速度放慢。部分烂尾楼到1997年后才陆续完成，但因时过境迁，没能达成初始功能目标。

1994年2月18日，市政府出台《绥芬河市人民政府若干经济政策规定》，对到边境经济合作区投资兴业赋予优惠政策。6月3日，国务院特区办公室主任胡平视察绥芬河边境经济合作区，并题词："北国明珠展新姿，光明东方招万商"。9月2日，国家海关总署批准设立绥芬河边境经济合作区保税仓库。9月23日，绥芬河边境经济合作区经贸实业开发有限公司成立。

1995年1月1日，市委、市政府发布《关于边境经济合作区鼓励客商投资的若干政策的规定》。8月12日—15日，绥芬河边境经济合作区基建物资保税仓库营业。

2007年末，绥芬河边境经济合作区5平方公里已无建设用地。

2011年9月市委、市政府结合实际，提出了拉开城市框架，边合区扩区的发展目标，为合作区新增规划面积16.5平方公里。2011年10月下旬，启动扩区后的绥芬河边境经济合作区一期4平方公里基础设施建设项目。

2012年，边境经济合作区扩区部分基础设施全面开工建设。至年底，边境经济合作区内企业达到312家，固定资产累计投入34.24亿元，基础设施累计投入20.49亿元，培育形成了木材加工、IT、服装、食品、现代服务业等5项基础产业。2012年全区实现工业总产值54.34亿元，利税完成2.7亿元。签约入区企业61个，固定资产投入55亿元，2013年新开工建设项目30个。

2013年，在合作区扩区和调整区域方面，将符合土地规划的7.9平方公里作为扩区范围申报，完成省级批复，上报国家有关部门。于5月份开工五个项目。中林友谊木业木材加工项目，总投资5.8亿元，规划建设综合办公楼1栋，生产厂房15栋，干燥窑20座、复合地板生产线3条、家具生产线3条、实木门窗用集成材生产线3条、刨切生产线6条。隆利源木材加工项目总投资0.7亿元，建设厂房2栋、干燥窑5座、综合办公楼1栋、库房1栋。维多宝食品加工项目总投资0.7亿元，建设综合生产车间1栋、饮料生产线1条、菌类生产线2条。远达食品加工项目总投资0.5亿元，建设生产车间2栋、综合办公楼1栋、腐竹生产线2条。曲美家具生产基地项目总投资2.9亿元，建设综合生产车间6栋，建设现代化家具生产线6条。

2014年，绥芬河边境经济合作区加快扩建步伐，由央企中林集团投资的国林木业城项目建成使用，招引入园企业37家，其中8家已投入生产，累计完成基建投资4.4亿元，引进企业投资18.5亿元。木材储备加工交易示范基地、曲美家具、阿里巴巴"中俄云仓"等52个项目开工建设，总投资21.8亿元的国林木业城项目建成投入使用。

2016年，园区被列为省级重点园区和转型升级基地，获批国家木材加工交易示范基地。边合区入区企业达到67户，其中61户企业投产，累计完成固定资产投资22.9亿元；在建项目总投资9.3亿元，已完成投资9 928万元，续建竣工项目总投资5.82亿元。2017年，边合区获批进口木材落地深加工质量安全示范区。国林木业城三期精深加工区投产，投资10亿元的国林四期、投资14亿元的万泰中俄木材产业园启动建设。2018年，边合区获批进口木材落地深加工质量安全示范区，实现工业产值51亿元。绥芬河积极利用年进口和回运800万立方米俄材优势，加快建设边境经济合作区国际木家居产业园，形成全产业链，实现最大化"过埠增值"，打造中俄木材集散地和木家居制造基地。至目前，边合区入区企业100户，93户投产，累计完成固定资产投资35亿元。

经过20多年的发展，园区呈现出数量不断增加、规模不断扩大、领域不断拓展、实力不断增强的态势。预计到2020年，边境经济合作区将形成以进出口加工业、现代服务业、新兴产业、石化加工业等为主的工业产业集群，成为调整产业结构、转变发展方式的示范区，成为带动地区经济发展的重要载体。

三、绥芬河综合保税区

2009年4月21日，国务院批准设立绥芬河综合保税区，规划控制面积180公顷，具有国际中转、国际采购、国际配送、转口贸易、商品展销、进出口加工等功能，是中俄边境唯一一家综合保税区。企业在区内可享受境外货物入区退税、区内加工企业之间交易不交税，境内商品入区退税，免许可证配额管理和外汇核销等优惠政策。区内建有宽标轨铁路专用线，通过铁路专用线可直接到达俄罗斯或中国内地，是中国目前政策最优惠、功能最齐全、开放程度最高的海关特殊监管区。

2009年6月7日，中央电视台《新闻联播》在头条报道了黑龙江绥芬河综合保税区迎来投资热潮。2009年6月8日，联想集团副总裁魏江雷一行莅临绥芬河市，就绥芬河综合保税区建设及相关情况进行调研。2009年9月10日，由黑龙江省人民政府主办、牡丹江市人民政府和绥芬河市人民政府承办的黑龙江省对俄沿边开放暨绥芬河综合保税区推介会在上海举办。推介会上，绥芬河综合保税区与上海外高桥保税区签订了战略合作框架协议。2009年12月4日，绥芬河市与台湾中华两岸连锁经营协会联手打造"绥芬河综合保税区基础设施和物流设施"项目投资举行签约仪式。

2010年3月16日，在哈尔滨和平邨宾馆一楼会议室举行黑龙江省绥芬河综合保税区招商推介会，推介会由黑龙江省商务厅、黑龙江省绥芬河综合保税区管理委员会主办。省委常委、秘书长刘国中，省商务厅副厅长邹足丽、省新闻办副主任谭宇宏及来自省各局委办领导、重要媒体和140多家企业代表参加会议。2010年8月31日，由国家海关总署加贸司副司长吕伟红任组长，国家发展改革委、国家财政部、国土资源部、国家住房和城乡建设部、国家商务部、国家税务总局、国家工商总局、国家质检总局、国家外汇局组成的国务院联合验收组，对绥芬河综合保税区进行验收。当天下午，联合验收组成员在仪式上签署验收评审意见；国家海关总署加贸司副司长吕伟红向绥芬河综合保税区管委会颁发《绥芬河综合保税区验收合格证书》；吕伟红、谭文、徐广国、谢放为绥芬河综合保税区揭牌。

2010年11月2日，海关总署正式批准绥芬河综合保税区关区代码，代码号为"1921"，并从2010年10月15日起启用。2010年12月22日，18辆满载水果和蔬菜的俄罗斯集装箱货车，首次通过绥芬河综合保税区海关卡口，经由公路口岸驶往俄罗斯。

2011年1月22日，由德国VGH公司为大股东，营口嘉利耐火制品有限公司、绥芬河鑫耐科技发展有限公司参股的维嘉工业技术有限公司，入驻绥芬河综合保税区。市长、绥芬河综合保税区管委会主任付延成和德国VGH公司董事会主席格因特勒，在签约仪式上签约。2011年7月1日，外交部边海司宁赋魁一行到绥芬河综合保税区视察。宁赋魁认为，综合保税区未来发展潜力很大，尤其是宽标轨引入综合保税区，这是工作思路上的创新。他表示，陆海联运大通道的建设，将加速中国与俄、日、韩等国家的贸易往来，外交部将全力推进这项工作。

2012年2月8日，绥芬河综合保税区正式通关运营。

2012年11月27日，综合保税区乌拉薇尼娜酒业首批试生产的葡萄酒顺利通过检验检疫局综合保税区办事处的各项检测，标志着该企业的产品已符合正式生产的检验检疫相关要求，可以正式投产。当年入区企业205家，完成投资17.5亿元，青山电动车、乌拉薇尼娜红酒等一批重点项目开工建设和投产运营。保税区积极探索园区功能创新，扎实推进园区产业结构调整，进出口加工、跨境产业链项目不断取得新突破。

2013年海产品存储、食品加工、国际名品展示中心等16个项目实现运营，入区企业享受边境小额贸易政策获得批准，实现贸易额7.1亿美元。到2016年底，综合保税区累计注册企业483户，完成固定资产投资30亿元，实现贸易额23.1亿美元，形成了以侨兴集团、中鼎牧业为代表的"头在境外、尾在境内"的跨境产业模式。

2017年新增注册企业56户，贸易额完成2.42亿美元，同比增长43.58%。新增固定资产投资2.3亿元。进出口贸易额累计实现24.9亿美元，过货量累计实现584.1万吨，全口径财政收入累计实现12.8亿元。

2018年1月—10月完成贸易额2.13亿美元，过货量完成179.47万吨，工业总产值完成8 309.3万元，"一头在外""两头在外"项目集聚发展。总投资1.2亿元的辛巴赫啤酒精酿项目试酿成功，总投资1.27亿元的良运油脂加工项目12月份试生产，海吉美鲜活水产品项目年内完成投资6亿元，总投资3 000万元的富民互市贸易市场一期项目已完成海关验收，将在年内运营。

新建的绥芬河公路口岸

第十四章　党的十八大之后绥芬河的
社会经济快速发展

第一节　时代变迁

党的十八大之后，以习近平总书记为核心的党中央，统筹国际国内两个大局，各项事业形成了新风气、开创了新局面，绥芬河经济社会发展进入新的历史时期。

国际上，与友邦政治互信不断加强，战略合作日益深化。

2012年5月，俄联邦新一届政府组建增设远东发展部。同年将APEC会议放在符拉迪沃斯托克举行，意在向亚太国家，尤其是东北亚近邻，展示俄罗斯对开发远东战略的重视。2014年，国家主席习近平与俄罗斯总统普京共同签署"中国与俄罗斯关于全面战略协作伙伴关系新阶段的联合声明"。自2014年以来，普京与习近平保持顺畅沟通，两人见面20多次。俄罗斯远东大开发进入实质性操作阶段，俄滨海边疆区成为远东大开发的核心区。俄罗斯政府通过降低社会保险缴费率以及降低个人所得税等措施，鼓励居民向远东地区迁徙。数据显示，2017年有5 431名居住在国外的俄罗斯人迁往远东地区，大约有300名各类干部和专家落户远东地区。俄罗斯的外交内政变化，为中俄合作带来新的契机。

中韩自贸区谈判于2012年5月启动，2015年6月1日正式签署，双方超过90%的产品在过渡期后进入零关税时代。2018年12月7日，中日韩自贸区第十四轮谈判首席谈判代表会议在北京举行，这一经济体量最大、占我外贸比重最高的自贸区谈判的推进，助推绥芬河市加快融入环东北亚多边合作经济圈。

回看国内，党的十八大对我国新一轮对外开放作出具体部署，明确提出"实行更加积极主动的开放战略""创新开放模式""加快实施自由贸易区战略"，为对外贸易、跨境投资、国际合作等方面带来新机遇。国家和省对绥芬河的支持力度加大，2013年至2014年，中俄贸易结算中心、国家进口木材储备加工交易示范基地陆续获批。

从2012年到2017年，地区生产总值从92.2亿元增长到146亿元，同比增长7.5%；城镇固定资产投资从61.3亿元增长到93.2亿元，同比增长10%；公共财政预算收入实现5亿元，同比增长10%；规模以上工业增加值同比增长15%；社会消费品零售总额实现29.5亿元，同比增长8.5%；外贸进出口总额实现25.5亿美元，剔除石油因素同比增长12%；口岸过客105万人次，实现八年来最高；过货1 110万吨，突破千万吨大关。城镇和农村居民人均可支配收入分别达到34 900元和19 200元，增长7%。一批打基础、利长远的重大项目实现突破，为大开放、大贸易、大合作创造了条件。自2014年9月开始，卢布大幅贬值，俄方购买力下降，绥芬河经济及市场发展受到巨大冲击。绥芬河通过转型升级，化解外经贸"一柱擎天"的结构性矛盾；协同开放，强力推进陆海联运大通道；集成创新，创建"国林模式"；大力引进人才，补上发展"短板"，2016年重回全省十强县之首。2018年12月，国家城市品牌评价项目组与相关部门、机构对全国375个县级市的37大项数据进行标准化处理，计算出城市品牌影响力指数，发布了前100名城市名单，绥芬河位列"2018中国城市品牌评价排名试发布（县级市）"第86位。

第二节　加快建设现代化国际口岸

党的十八大以来，绥芬河加快口岸改造，畅通陆海联运，口岸功能不断完善，现代化国际口岸初具规模。

2012年，国家投资106亿元的牡—绥高铁全线复工。铁路口岸客运综合楼完成场址变更报批，公路口岸整体改造全面启动。2015年12月28日，牡绥电气化铁路全线开通，牡绥新线扩能改造全长138.823公里，绥芬河段线路长度16.7公里，牡丹江至绥芬河间旅客列车运行单程耗时由5个多小时缩至1个小时，"两城一家"的美好生活由此开启。铁路客运综合楼同时投入使用，建筑面积19 700平方米，实现铁路公路零换乘。2018年12月25日，哈尔滨至牡丹江高速铁路（以下简称哈牡高铁）正式开通运营，哈牡高铁始发站哈尔滨站同步投入使用，两地最快运行时间缩短至1小时28分。牡丹江至绥芬河间开行动车组，绥芬河、牡丹江、哈尔滨实现"环环相扣"，绥芬河迎来纵横八方、日行万里的高铁时代。国务院新闻发布会上指出，在"十三五"期间，在全国重点打造150个开放式立体化综合客运枢纽，绥芬河赫赫在列。

2016年4月，中铁二十三局集团二公司承建绥芬河铁路北场交易中心综合楼工程破土动工。牡绥线绥芬河铁路货场改造工程正式开工建设，拉开了打造中俄铁路国际物流基地的帷幕。10月，铁路货场扩能改造工程全面完工。标志边境口岸绥芬河成为集国际联运、国内货物仓储运输、进出口加工于一体的中俄铁路国际联运物流基地。时至今日，绥芬河铁路口岸扩能改造已经完成，年过货能力提升到3 300万吨。

2017年9月16日早6时，迎着清晨的霞光，五星红旗在绥芬河公路口岸新国门首次升起，新客运联检楼正式投入使用。实行每周7天12小时无午休工作制，年过客能力达到600万人次，是东北三省对俄口岸面积最大、功能最全、环境最优、设施最先进的国际客运联检机构，为中、外客商提供一流的客、货通关服务。2018年7月28日，绥芬河公路口岸客车一站式通道查验系统启动运行。是全省第一家实现自动化、电子化系统查验进出境车辆的口岸。客车通关时间从原来的15分钟，最短缩减至现在的20秒，极大地促进了通关便利化。2018年11月25日，随着俄罗斯旅客瓦列丽娅·尼古拉顺利通过绥芬河公路口岸出境检查，绥芬河口岸2018年旅客过境达到100万人次，创2009年以来同期最高纪录。

继2012年绥芬河支线机场成为国家民航总局"十二五"期间首个评审项目，完成预可研和省级评审后。2013年绥芬河机场签署军地协议。经过多年论证，因地制宜地改进，2017年10月，绥东机场项目开工建设，国际化跨境运输通道建设取得新进展。作为有着百年历史的重要对俄口岸城市，绥芬河公路、铁路、航空立体化交通格局逐渐形成。

优质营商环境的打造并不止步于硬件建设，绥芬河口岸从优化进出口商品结构入手，推动俄罗斯铁矿砂、煤炭进口实现规模化，使铁矿砂、煤炭等进口新品种运量大幅增加，改变了边境贸易商品结构单一、贸易方式单一的局面。2014年，绥芬河口岸获批对俄出口猪肉指定口岸，果蔬单车出口品种限制全面放开。2016年10月26日，国家质检总局动植司发函，同意绥芬河口岸从11月1日起，开展为期6个月的进境食用水生动物试进口业务，期满合格将自动列为国家质检总局进境食用水生动物进口指定口岸。目前，全国进境食用水生动物指定口岸共有50个，其中黑龙江有绥芬河口岸和东宁口岸。2017年5月28日，经国务院办公厅批准，绥芬河成为全省唯一一个具备汽车整车进口资质的口岸。截至目前，绥芬河口岸已被国家批准为进口粮食指定口岸、猪肉出口指定口岸、进境食用水生动物进口试点口岸、进口汽车指定口岸。

口岸扩能改造完成后，绥芬河口岸承载能力大大提升，通关瓶颈全面突破，口岸活力不断攀升，不断刷新纪录。2012年口岸过货864万吨，创造了历史第三次高峰。口岸过货量全省排位第一，全国排位第二。2013年口岸过货961万吨，创造历史最好水平，为黑龙江省外贸总额的稳步增长做出了贡献。2015年在卢布贬值及国内经济下行压力等因素的影响下，绥芬河口岸过货仍实现830万吨。2016年绥芬河口岸过货890万吨，同比增长7.3%。2017年绥芬河口岸进出口货物累计1 136.7万吨，首次突破千万吨，同比增长25.9%。

随着海关与原检验检疫机构改革，口岸关检作业流程再造和业务深度融合，监管通关业务流程整合优化，通关服务更加简便高效。2012年12月，绥芬河检验检疫局国家木材检疫和监测重点实验室通过国家质检总局专家组核查验收，在保障绥芬河口岸林木生态安全、促进中俄木材产业合作中发挥更加重要的作用。2014年4月29日，绥芬河海关隆重举行"全国文明单位"揭牌仪式。2015年，绥芬河出入境检验检疫局再获"全国文明单位" 称号。2016年3月以来，绥芬河海关与绥芬河出入境检验检疫局全面铺开推行口岸"三个一"通关、中俄海关监管结果互认、铁路口岸"舱单归并"等改革，落实国际贸易"单一窗口"制度，企业申报使用率占全省90%，加快了货物通关速度，为企业降低了通关成本。截至2018年11月底，口岸通关时间已达到海关总署提出的压缩通关时间三分之一的目标，优于全国水平。随着改革的不断深入，口岸营商环境持续优化，企业享受到更多的改革红利。

第三节　开放格局

1996年11月，首批960吨工业水洗煤从绥芬河口岸出境，经俄罗斯纳霍德卡港，装船运往日本和韩国。自此之后，绥芬河对这条贯通中外的陆海联运大通道从未停止实践和探索。2014年7月，由黑龙江省陆海通道国际物流有限公司组织的两个40英尺集装箱的杨木筷子和水曲柳集成材，从绥芬河起运，经俄东方港在韩国釜山港转运，最后运抵日本大阪和名古屋。这次"中俄外"模式的跨国联运，受到俄日韩等国相关部门和企业的重视，绥芬河市作为"龙江出海口"陆海联运大通道的主要运营城市，备受关注。一个月后，由绥芬河市亿亨公司组织的2个装有广东建材商品的集装箱，再次从绥芬河起运，经俄罗斯莫斯科成功发往德国汉堡。

这两次成功的探索实践，为绥芬河市陆海联运大通道进入常态化运营做了铺垫。2015年8月4日，装有144个聚乙烯颗粒的集装箱，由哈尔滨装车，从绥芬河铁路口岸报检出境，经俄罗斯符拉迪沃斯托克港装船，最后运抵韩国釜山港。标志着"哈绥符釜"（哈尔滨—绥芬河—俄罗斯符拉迪沃斯托克—韩国釜山）班列正式开通，打通了"龙江出海口"。2016年4月12日，"哈绥符釜"陆海联运首班常态化运营班列到港仪式在韩国釜山举行。2016年9月，首趟"哈绥符釜""五定"班列自绥芬河出境，标志着哈绥俄亚陆海联运班列正向标准化、高效化迈进。

通道运营不断完善。2017年6月8日，哈绥俄亚陆海联运大通道常态化运营一周年暨对接俄罗斯"滨海一号"推介会上，绥芬河市海铁联捷国际货运代理有限公司与俄罗斯远东海运集团（FESCO）签署了"滨海一号"合作协议，标志着绥芬河陆海联运大通道与俄罗斯"滨海一号"实现了对接，建立起了联接中国与东亚国家和地区之间的货运进出口新通道，大幅度提高了跨境陆海联运的时效性。

2018年前11月，哈绥俄亚陆海联运班列共计发出43列，4 850TEU，货物72 750吨，货值43 650万元。

截至2018年5月，大通道累计发运94个班列，10 500个标箱，发货量15.2万吨，货值10亿元，为历史最佳时期。来自龙江大地的粮食和木材，通过这条陆海联运通道，运往日本、韩国和中国南方港口等。陆海联运通道的畅通，让绥芬河打通"龙江出海口"的潜能进一步释放，"东出西联、南下北上"的集疏运体系更加完善，参与"中蒙俄经济走廊"建设、对接"一带一路"战略的步伐更加坚实。

伴随着对外开放的持续深入，交流合作更加广泛，贸易伙伴从单一对俄，扩展到全球190多个国家和地区；贸易品种由过去的中低档大众消费品，向高科技、高附加值方向转变；全方位开放推进亮点纷呈。

2013至2018年绥芬河市成功举办了六届"中国（绥芬河）国际口岸贸易博览会"。2013至2017年五届博览会共计展出面积26万平方米，意向成交额上亿元，观众总人数近30万人，参展企业5 000余家，其中包括俄罗斯、德国、韩国等国外企业，以及来自台湾、湖南、北京等31个省区市的企业。2018年8月8日—11日第六届中国（绥芬河）国际口岸贸易博览会上，俄罗斯滨海边疆区有40多家公司和80余位企业家参加。博览会规模达3.5万平方米。发挥了"加强口岸合作，促进贸易发展"作用。与会期间，绥芬河先后举办了中国边境与泛东北亚区域协同发展高峰论坛、中俄进口商品采购对接大会、"中蒙俄经济走廊"企业家恳谈会、"哈绥俄亚"常态化运营推介会、全省民营经济现场会等外经贸活动，与俄日韩等国家的27个城市开展常态化人文交流，扩大经贸合作，加速转型升级，城市影响力进一步提升。

第四节　试验区建设与自由区申报

党的十八大以来，绥芬河加快园区建设，进一步优化产业布局，注重实体经济质效并提，市场建设日益成熟。2014年，绥芬河沿边重点开发开放试验区列入《中国东北地区面向东北亚区域开放规划纲要》。此前落地的综合保税区、边境经济合作区、中俄边民互市贸易区这些特殊经济区域，显示出优惠政策在绥芬河的集聚效应。

一、绥东重点开发开放试验区

2011年4月20日，《绥芬河建设国家沿边重点开发开放试验区发展规划》《绥芬河国家沿边重点开发开放试验区实施方案》《绥芬河市建设国家沿边重点开发开放试验区的可行性研究》（讨论稿）专家评审会日前在北京国务院发展研究中心顺利举行。会议由国务院发展研究中心对外经济研究部部长隆国强主持，国家发改委西部司、财政部关税司、商务部外资司、国土资源部、海关总署、国税总局、外管局、质检总局通关司、工商总局外资司、黑龙江省发改委西部处等单位和部门的专家和绥芬河市发改委负责人参加了会议。

2012年8月8日，"研究设立绥芬河重点开发开放试验区"被列入由国务院批准发布的《中国东北地区面向东北亚区域开放规划纲要（2012—2020年）》中。

2016年4月19日，国务院批复：同意设立黑龙江绥芬河——东宁重点开发开放试验区。这是全国第六个获批的重点开发开放试验区，是东北三省唯一的沿边口岸重点开发开放试验区。借鉴其他获批试验区的经验，将享受国家财政每年给予的1亿元转移支付资金，支持试验区建设，时限为10年；享受《关于支持沿边重点地区开发开放若干政策措施的意见》（国发〔2015〕72号）中给予重点开发开放试验区的优惠政策；将获得省里的政策和资金支持；将获得先行先试的机遇。近年来，绥芬河、东宁两地累计投入18.7亿元，推进口岸的扩能改造。

绥芬河—东宁重点开发开放试验区，边境线长166公里，面积1 284平方公里。试验区向外对接俄远东大开发战略，对接"滨海一号"国际交通走廊，向内推动牡绥电气化铁路全线贯通，绥东机场三年通航，东珲公路开工建设，绥芬河至东宁铁路，列入全省铁路"十三五"规划重点建设项目，东宁至珲春铁路，纳入国家发改委、铁路总公司中长期铁路网规划。

2017年2月，省政府首次单独为试验区"量身定制"支持举措，出台《支持绥东试验区建设若干意见》，赋予税收、土地、产业等7方面35条优惠政策。省政府于2018年1月，下放试验区15项省级行政许可事项、3项辖区内审批权；同月印发《进一步支持绥东试验区建设若干意见》，在行政审批制度改革、享受省级许可、创新体制机制、基础设施建设等四个方面，赋予一批扶持举措。绥东两地获批一系列商品进口资质，包括玉石、粮食、中药、饲草、冰鲜水产品、食用水生动物、整车进口指定口岸等，利用综保区申建平行车进口、牛生乳回运，多重政策红利叠加，厚植起两地扩大沿边开放的竞争优势。

2016年以来绥东两地互贸交易额实现12.6亿元。绥芬河俄货市场年交易额突破25亿元，俄货市场面积达到5.4万平方米、商品1 400余种，成为国内最大的俄罗斯商品集散地；中俄自驾游取得重要突破，有14家企业通过国家旅游局批准、经海关总署备案，占全省40%。2017年至今年上半年开展5批次跨境自驾游，共计车辆32部，人员102人，实现全面市场化运营；人民币跨境调运成果显著，中俄首笔1 500万元人民币跨境调运成功，人民币现钞陆路供应的黑龙江渠道正式建立，继续开展了第二笔2 300万元跨境人民币现钞调运业务，为跨境现钞调运常态化积累经验；绥芬河俄货市场年交易额突破25亿元，成为国内最大的俄罗斯商品集散地。绥阳黑木耳大市场实现线下线上互动，年交易额突破120亿元；实行了PPP模式，绥芬河东宁机场是全国第一个实行PPP模式运作的支线机场。

绥芬河率先在全省出台《促进经济发展扶持办法》，深入推进"放管服"改革，2017年新增注册企业4 700家。复制推广仓储货物分类监管5项自贸区创新制度，中俄创业大街一期投入运营，8家企业入驻俄远东自由港和超前发展区。与俄日韩建立国际友城17对，连续举办国际口岸贸易博览会、中俄旅游文化节、宝玉石文化节、黑龙江中俄文化节、中俄体育交流大会等活动，促进各领域全方位交流，在沿边开放大局和对俄合作中，话语权、美誉度和影响力大幅提升。

2018年4月，绥芬河国际综合物流园区项目复工建设，各项工程正在快速有序推进中，年底部分标段完工。建成后年货物吞吐量为145万吨，站级标准为国家一级货运站。整车进口口岸资质获批，6月20日首次开展了俄方汽车进口业务。2018年1月至9月，绥东两地外贸进出口总额134.6亿元，口岸过货量861.2万吨，过客量91.12万人次。截至2018年底，绥东试验区公路营业里程1 447.63公里，铁路里程30.672公里，高速公路里程8.5公里，绥芬河至东宁公路客运线路，实现了公铁联运。

在绥东重点开发开放试验区的框架下，绥芬河东宁联合推进了绥东机场建设。机场项目2012年已完成预可研报告评审。2015年支线机场进入实质性建设阶段。2017年绥东机场主体工程开工，计划2020年竣工。绥东机场竣工后，构建国际集疏运体系，集铁路、公路、海运、航空为一体的立体化交通网络格局将会形成，综合运输服务体系功能将渐趋完善。试验区将建成内外联动的产业基地，打造沿边开放最优的营商环境，建设黑龙江省最活跃经济区。

二、边境自由贸易区

自由贸易区作为国际经济一体化的高级形式，不仅包括特定区域内实现货物贸易自由化，而且涉及服务贸易、投资、政府采购、知识产权保护、标准化等更多领域的相互承诺。

当地研究机构早在1992年已经开始了边境自由贸易区研究，并被市委决策层采纳。1993年10月22日，市委、市政府派员前往北京和省城哈尔滨向国务院和省政府递交《关于创办绥芬河边境自由贸易区的请示》，正式申办在绥芬河市创建边境自由贸易区。1993年11月10日，副市长白伟杰与来访的俄罗斯滨海边疆区副行政长官别里丘克签订共建"边境自由贸易区"意向性协议。国务院于2013年8月份正式批准设立中国（上海）自由贸易试验区，再次激励了沿边开放新模式的探索性研究。2012年12月9日，绥芬河市经省政府呈文向国务院报送了创建绥芬河边境自由贸易区的请示。13日，国务院批转到商务部研究办理；2013年3月末，商务部部务会议将研究绥芬河边境自由贸易区列入当年工作计划；5月8日，制订了绥芬河边境自由贸易区设计方案，并报送商务部；7月4日，商务部工作组来绥实地调研；8月21日，将修改后方案再次呈报商务部。

第五节 改革创新

2013年11月9日，中共十八届三中全会通过《中共中央关于全面深化改革若干重大问题的决定》。绥芬河紧跟时代步伐，加大改革创新力度，营造优良发展环境，加快推进城市经济发展。

一、政策优化

2012年，绥芬河获批全国发展改革试点市，设立驻沪和驻韩国办事处。

自2013年12月在全省首家推行商事登记制度改革试点，激发了全民创新、创业、创富的活力。试点启动后，业务受理量是同期3倍。2014年，全市新登记注册市场主体2 579户，同比增长58.2%。

2016年5月6日，省国税局、商务厅、省旅游发展委员会批准绥芬河为黑龙江省第一批境外旅客离境退税试点城市。2016年，绥芬河成为全省唯一、全国仅有的3个县级创建国家社会信用体系建设示范城市，制定下发了《绥芬河市创建社会信用体系建设示范城市工作方案》。同年，《黑龙江省边民互市贸易管理规定（暂行）》出台，明确了扩大规模、商品管理、运行流程、边民权利义务、互贸区建设标准等内容，为互贸工作提供了遵循和依据。

2017年，绥芬河推进"大众创业、万众创新"，出台创业小额担保贷款政策《绥芬河市促进经济发展扶持办法》，共4个方面10条。从新建产业项目基础设施配套、固定资产投资、经济发展贡献、促进外贸发展、做大总部经济等方面对企业给予相应扶持，对带动性强、地方经济发展贡献大、科技含量高的重点项目，另行予以重点扶持。

2018年，绥芬河综保区建立"一站式"办事服务大厅，开设海关、工商、质监、税务4个并联窗口，实施企业注册登记"四证合一"。出台促进园区经济发展和服务企业的政策措施30余项。2018年，企业登记实现全程电子化，各类型企业的设立、变更、注销、备案等各个业务环节，均可通过互联网办理。截至目前，企业换照率98%。初步建立了企业和个人信用记录和诚信档案，实施联合惩戒168次，失信被执行企业111家，发布失信被执行人名单257条。与群众切身利益最密切的不动产登记工作已实现国土、房产、税务信息互通共享。

二、项目建设

党的十八大后，绥芬河改变以往撒大网捕鱼找项目的做法，开始有针对性地选择项目，产业项目建设快速提升。2012年引进曲美、联华等大企业，与中林集团、中信集团、红星美凯龙等央企国企和战略投资者合作取得重大进展。继2011年绥芬河市维多宝食品有限公司的"维多宝"食用菌产品商标被国家工商总局授予"中国驰名商标"称号后，2012年，三峡经贸有限公司的"三峡永明"家具产品商标又成为省级著名商标。同年建成的"跨国厂商直销贸易通道"，是绥芬河积极拓展对俄市场的又一创新，该项目分为国内绥芬河口岸的"绥芬河中国名优商品展示直销中心"和俄罗斯符拉迪沃斯托克的"黑龙江省中国名优商品展示批发配送中心"，为厂商跨国直销商品提供了一种成本低、信息灵、规模大、交易安全、经营安全、有序控制、突出品牌、售后服务高效率的全面对俄贸易综合服务体系，吸引了来自广东、福建、安徽等地60余家企业前来签约。

2013年通过结合在招商引资工作中摸索的经验以及产业项目推进实际，找项目，引资金，1至11月招商引资到位资金82.94亿元，同比增长6.2%。其中国内招商引资到位资金80.3亿元，同比增长8.1%；实际直接利用外资4 187万美元，同比增长15.3%。

从2014年到2016年，由中林集团与绥芬河友谊木业联手创建的国林木业城，成为龙江区域内央企与民营企业合作共赢的典范，一年建设一期项目，当年开工、当年投产，现已完成投资30.5亿元，一、二、三期已建成投入使用，投资10亿元的四期工程也已开工建设。引来一个央企，建成一个平台，国林木业城吸引了55家企业，2016年营业总收入62亿元。黑龙江省万泰投资发展有限公司在边境经济合作区投资14亿元建设木材产业园，在综保区投资6亿元，建设俄罗斯水产品仓储加工、包装印刷、跨境电商项目，意在整合同行业、同供应链资源，为中小企业打造优势互补、协同配套的产业环境。2018年，绥芬河市9家企业获得驻俄远东超前发展区或自由港区企业资质，形成配套协作、互动发展的跨境产业基地。

2017年，绥芬河组建11个专业招商小分队，对接了中信、华为、汇源等知名企业，辽宁方大等18户总部经济企业落户绥芬河市，新开工500万元以上产业项目21个，全年招商引资到位资金82.5亿元。宝国现代农业项目，良运油脂项目，商和啤酒精酿项目，万泰水产品加工项目等实体产业加快发展。2017年，绥芬河市出台特色农业扶持办法，北药种植面积达到600亩，维多宝富硒黑木耳科技园加快建设，全市木耳产值1.1亿元，全年新增规模以上工业企业12家。发挥两种资源、两个市场的独特优势，推进"老字号"重振、"原字号"强筋、"新字号"培育工程，积极发展跨境产业，依托境内外园区建设产业集聚区，推动对外经贸转型升级。到2017年10月，绥芬河在境外投资项目204个，总额21.6亿元。

三、中俄产业合作

伴随着互联网的发展，绥芬河口岸贸易的新业态、新模式方兴未艾。2014年，绥芬河市与俄远东联邦大学、中国政法大学联合成立中俄经济合作法律服务中心，与俄滨海边疆区合作成立中俄进出口商品认证中心。2014年4月8日和8月8日，绥芬河相继上线了中俄跨境电商通过服务平台与公共服务平台。对俄电商包裹物流专线"边境仓"投入运营；新建中俄经贸创业大街和俄罗斯人创业大街；辟建伊戈尔商场、酷洋冷链物流等专业市场，俄罗斯商品市场面积5.4万平方米，年销售额25亿元。

2015年11月17日，全国首个中俄跨境电商监管中心"中俄云仓"启动运营，跨境电商通关服务平台、公共服务平台、企业综合服务平台与海关"9610"系统实现对接互通，借此来打击"灰色清关"这类违法活动。成立绥芬河电商协会，举办首届中俄电商大会；乌苏里斯克中国名优商品永久展示中心投入运营。除了出口，绥芬河从俄罗斯进口的食品、日用品等产品也通过互联网电商实现交易，在全国"电子商务发展百佳县"中排名第18位，成为全省唯一上榜县市。

2017年，航天信息集团投资的绥芬河"中俄云仓"跨境电商监管中心实现计税纳统。龙关通跨境电子商务项目成功上线，成为全省首家获批运营的保税备货模式跨境电商平台。据统计，2017年绥芬河发送跨境电商包裹21万件，交易额近1 600万美元。迄今，绥芬河已成为全国最大的俄罗斯商品集散中心，年贸易额在40亿人民币左右，通过电商和销售商结合，实现了"买全俄，卖全国"。2017年，"信用绥芬河"网站开通，成功举办首届"中俄信用合作发展论坛"。全市目前有6家离境退税商店，俄罗斯公民进境免签和境外旅客离境退税，占全省业务量的95%以上。

四、金融业务

近年来，绥芬河发挥中俄金融合作试验田作用，积极探寻中俄金融合作的发展途径。由绥芬河市政府相关部门、人民银行、外汇局共同推进，采取约见重点企业、搭建卢布现钞结算交易平台和银企对接平台、为人民币境外投资提供支持、密切跟踪测算企业使用人民币结算收益等措施，推进本币结算业务发展。

2012年，卢布自由流通试点城市申报工作进展顺利，哈尔滨银行落户绥芬河市。同年5月，中国人民银行绥芬河市支行与政府部门密切关注绥芬河中俄跨境电子商务项目，积极促成电商企业落户绥芬河，建设仓储物流与结算平台，推进中俄跨境电子商务项目。

2013年3月，国家外汇管理局黑龙江分局划定绥芬河现钞交易量最大的青云市场为兑换试点区，制定《黑龙江省绥芬河口岸青云市场卢布现钞兑换试点管理办法》，协调工商、税务部门为市场商户逐一出具《涉外商场商品销售真实性审核证明》。2014年9月，再次下发《关于绥芬河辖区办理卢布现钞兑换业务有关问题的通知》，帮助个体商户突破个人结售汇年度总额的指标限制。

2014年，引进"首信易"第三方支付平台，开辟了跨境电商支付结算新领域。2015年8月8日，在第三届中国国际口岸贸易博览会上，中国人民银行货币政策委员会宣布，全国首个卢布现钞使用试点在绥芬河正式启动。绥芬河成为我国首个卢布使用试点市，这也是新中国成立后首次允许一种外币在国内某个特定领域行使与主权货币同等功能。2016年完成农村信用联社改制，引入了农业发展银行、广东发展银行和哈尔滨银行。通过体制机制的革新、战略投资者的引入和地方政府扶持政策的拉动，化解历史包袱，激活发展潜力。

2012年至2017年末，绥芬河市卢布现钞兑换总量167.32亿；跨境调出37次，总计83.59亿卢布。据估算，绥芬河口岸在中俄民间贸易鼎盛时期，年交易量达到二三百亿。

2018年前5个月兑换量2 009.5万卢布，比去年同期的1 795万卢布增长12%。2018年10月28日，在菲律宾马尼拉举行的亚行中国国别贷款谈判会议中，绥芬河市发改委、财政局积极谋划申报世界银行和亚洲开发银行贷款的6个项目通过审核，申请贷款1.65亿美元。项目涉及城市基础设施建设、新能源和经济合作发展多个领域，主要为民生工程，将于2019年年初列入国家发改委三年滚动规划中，对提升人民生活质量，加强城市基础设施建设具有积极作用。

五、旅游工作

绥芬河不断加强城市宣传营销力度，挖掘中俄融合地域文化，打造中俄融合的建筑文化、民俗文化和产业文化，特色旅游渐入佳境。2012年，组建中俄旅游维权服务中心，进一步规范优化旅游环境。2012年11月，聘请北京达沃斯巅峰旅游规划设计院有关专家参加讨论，规划旅游发展新布局。

对"绥芬河秘密交通线"等历史进行深入的挖掘，对现有的"天长山要塞""前山要塞"等红色景点进行全面规划和开发。2013年7月，绥芬河市嘎丽娅纪念馆开馆。2018年10月，秘密交通线纪念馆通过中央党史研究室验收，红色国际通道遗址主体封闭，于年底前完成搬迁。国家发改委、中宣部、财政部、国家旅游局、中央党史研究室等单位公布了《全国红色旅游经典景区名录》，绥芬河秘密交通线纪念馆位列其中。

几年来，绥芬河先后举办了"中俄旅游节""东北亚美食文化节""中俄万人大巡游""中俄露营大会""中俄体育交流大会"等活动，邀请俄罗斯表演团加盟，形成区域性规模盛会，丰富城市文化内涵。

开通"中—俄—日—韩"跨国游。为方便俄罗斯游客就医，配备俄医疗旅游专车，据不完全统计，近3年来，到绥芬河就医的俄罗斯游客达到3万人。

2016年，大通道广场等旅游景点陆续建成，成为绥芬河历史和文明建设的缩影。2016年11月，绥芬河获批国家旅游局认定的第二批国家全域旅游示范区。2016年，大通道广场等旅游景点陆续建成,成为绥芬河历史和文明建设的缩影。2017年,全域旅游城市网正式运营,北京至海参崴、大庆至绥芬河旅游专列开通。2018年,开设了中俄边民大集,新国门景区已投入运营,并进一步谋划建设天长山旅游综合体、温泉体验区等景点景区。

第六节 城市品位

党的十八大以来,绥芬河注重完善城市功能,改善人居环境,整体提升城市形象、品位、功能、文化内涵和综合承载能力。沉淀着百年历史的古老建筑与极具现代感的高楼大厦,有着别样的和谐。贯通东西的新华街立交桥、新华隧道,由东向西拉开了城市框架。乔迁新居的百姓人家,充满了欢声笑语。与人头楼毗邻而建的旗镇广场,与湖光山色交相辉映的北海公园,承载着一场场城市的盛宴。风景秀丽的白桦林湿地,是这幅徐徐展开的美丽画卷中一抹翠绿和清新。绥芬河,已经成长为一座时尚又浪漫的城市。

一、城市建设

2012年,绥芬河编制完成大绥芬河经济区总体发展规划(2011—2030年),获批实施土地利用总体规划(2006—2020年),将城中村纳入社区管理,取消基本农田保护指标,为拓展城市发展空间奠定基础,当年即获批全国生态文明示范工程试点市。

2013年,西山隧道竣工通车,新建站前路和光明寺路,拓宽通天路和远航路,开工建设陆港大道。

2014年,城市绿化面积同比增长17%;完成朝阳村自来水和北寒村给排水改造；新建南寒村跨河桥。编制了新型城镇化发展规划，将前进村等5个村纳入社区管理。

到2017年，会晤路等6条街路和乌苏里大街框构桥竣工通车，实施绿化亮化美化工程，新增绿化面积59.3万平方米。全市城区面积扩大到24平方公里，道路保洁面积260万平方米，绿地面积893万平方米，人均公园面积13.48平方米，城市道路亮灯率达到98%。市区内大小公园20多个，绿地12处，30多名环卫工人用辛勤与汗水，守护着这份文明与整洁。

绥芬河在全省率先实行购买存量房安置的棚改模式，2012年到2016年新建棚改小区50万平方米。对224栋物业弃管楼进行专项整治，完成楼房节能改造185万平方米；拆除违章建筑16.6万平方米。2017年棚户区改造征收房屋298户，形成全省推广的"绥芬河棚改经验"。2017年实施三级河长制度，建成废弃菌袋堆放点。投入6 200万元改造污水管网、供热管网。建设起天蓝、山绿、水清的生态家园。

二、"美丽乡村"

2012年11月，集农业科研、技术推广、生态种植、农业观光旅游于一体的新农村建设重点项目—蓝洋农业科技生态园正式开园。以此为代表，美丽乡村建设进入新层面。

几年来，累计改造农村泥草房、危房832户，完成基本农田划定工作，土地流转5.8万亩，累计创建了42个专业合作社，培育了食用菌种植基地、绥东村花卉基地等一批农业项目。

实行农村集体产权制度改革，共发放农村土地承包经营权证书1182本。"两镇"各村成立集体经济组织基本完成。

推进农业特色化发展，制定了《绥芬河市2018年农业特色化发展实施方案》，确定了特色农业发展的重点是北药、沙棘、花卉种植。经测算，2018年农业特色化种植产值将由1.46亿元增加到1.67亿元，增长14.4%。乡村旅游产生的经济效益、社会效益也将有所突破。

推进特色小镇建设，打造红花岭八十八旅主题小镇项目。截至2018年底，立项、土地预审、规划选址及村屯部分绿化和改造已完成，村内围墙、围栏、边沟及山间木栈道、军马场正在施工。"十四年抗战之路"木栈道开始铺设，正在办理主题小镇基础设施开工前期手续，军旅文化体验区已完成修建性详细规划设计、建筑设计及施工图设计，拟于近期开展招投标。

党的十八大以来，两镇连续多年被评为全国重点镇，绥芬河镇被确定为全国美丽乡村试点，蝉联全国文明村镇，阜宁镇入围全国特色小镇，南寒村被确定为省级美丽乡村试点。2017年2月，绥芬河镇前进社区获"全国最美志愿服务社区"称号。

三、城市文明

开放兼容的绥芬河造就了阳光乐观、积极向上的绥芬河人精神。投身时代激流中，绥芬河人展现出热情、诚信的本色。2012年至2018年1月，先后有李桂、刘明绪、王密发、程立东、单国勇、王利民、杨景霜七人获得"中国好人"荣誉称号。市民朱晓晖被选为2014年"感动中国"年度人物，荣获2015年第五届全国道德模范提名。

市民文明素质水平决定城市文明水平。继2011年首次获得全国文明城市称号后，2017年、2018年取得全国文明城三连冠，获中央、省委表彰。百年绥芬河，全国文明城，彰显出绥芬河城市文明走在实处，走向自觉，走在了全国前列。绥芬河还拥有中国优秀旅游城市、全国卫生城市、中国商贸名城、中国木业之都、全国发展改革试点市、全国生态文明示范工程试点市、中国最具投资潜力百强中小城市、改革开放三十年中国特色发展之路18个典型地区之一等多张城市名片，真正成为一座令绥芬河人自豪，让外来人流连忘返的魅力城市。

第七节 发展成果

党的十八大以来，以民生需求为导向，从群众最期盼、最需要、最迫切的事情办起，惠民实事取得实效。2012年到2016年，民生和社会事业支出实现五年连续增长，占公共财政支出比例由52%提高到78%，累计投入60多亿元。2017年，全年民生支出15.9亿元，占总支出的70.1%，公积金归集额突破1亿元，办成了一批民生实事，全市人民的获得感、幸福感、安全感更加充实更有保障更可持续。

《小康》杂志社联合国家信息中心，会同有关专家及机构进行了"2018中国幸福小康指数"之"寻找幸福百县"调查，在全国27个省市（北京、上海、天津、重庆4个直辖市的市辖区未列入调查）展开。最终，100座小城登上了"幸福百县榜"。绥芬河成为黑龙江省唯一上榜城市，排名第68位。

一、生态建设

绥芬河加快绿色发展，推进生态文明建设，2018年完善了生态文明绩效评价考核制度，划定生态保护红线。重新划定高污染燃料禁燃区，截至11月底，立案查处3家。划定四处禁养区，面积61.39平方公里，占辖区面积的13.3%；完成禁养区内全部企业搬迁。

整治"小开荒"。市政府制发了《绥芬河市清理整顿私搭乱建专项行动方案》，集中清理整治20余次，在全市范围内拆除私搭乱建181处，拆除面积约4 815平方米。清理整治小开荒、小菜园、厕所、菜窖约835亩，拆除围挡、板杖子约6 000米。完成造林380亩。

据环保部门的10个点位负氧离子浓度监测数据显示，每年5月份，绥芬河负氧离子浓度可达到世界卫生组织"清新空气"的标准。每年的七八月份负氧离子含量，达到全年最高。根据《常见的负氧离子等级及与健康的关系表》中的规定，绥芬河市景区空气负氧离子监测浓度高于6级标准，属于对人体健康"极有利"等级。全市每年空气优良天数达到345天。

冬无严寒，夏无酷暑，森林覆盖率79.3%，四季变化明显，来自中外的各地游客对绥芬河的自然生态环境赞不绝口。

二、教育资源

据教育部门统计：党的十八大以来，绥芬河市办学基础设施建设稳步推进。五年总投入9 600余万元，完成阜宁幼儿园，职教中心实训基地，第四小学综合楼，北寒小学食堂，一中、三中塑胶运动场，阜宁小学、第二中学水冲式厕所，第二中学体育活动室等基础设施的建设。三所初中配备了班班通设备，前进幼儿园主体封闭。义务教育学校标准化率达100%。2016年高标准通过国家义务教育均衡发展验收。教育条件和环境极大改善，教育资源增量提质、协调发展。

密切同哈师大附中、哈六中等省内名校合作，2018年分两批共33人赴河北衡水中学交流学习，有66名教师获省市级荣誉称号。高考升学率及重本率连续多年稳居牡丹江6市县前列。开展春蕾计划、慈善资助等活动，筹集助学资金97万元，资助中小学生476人次。逐步形成学前教育普及普惠、义务教育优质均衡、普高教育特色多样、职业教育产教结合的教育体系。

中俄教育资源的互通有无，成为口岸城市绥芬河教育发展的又一项特殊福利。中俄师生互访、家庭互访、夏令营，在绥芬河司空见惯。2018年，绥芬河获批"省级中小学生研学旅行试点县"。截至目前，共组织对俄研学旅行7批1 396人次，接待俄方师生1 206人次、出访190人次，国内研学旅行9批1 007人次。这种内容丰富、规模宏大的中俄校际和民间自发组织的交流活动，在绥芬河已经成为常态。2018年9月，省教育厅批准绥芬河市校外活动中心为省级研学旅行营地，秘密交通线纪念馆、嘎丽娅纪念馆为省级研学旅行基地。

三、医疗服务

绥芬河市人民医院于2012年12月晋升为二级甲等综合医院。医院新院址于2014年1月投入使用，占地面积5万平方米，建筑面积3.9万平方米，楼房建设投资2亿元。医院先后被授予"全国百姓放心示范医院""全国医院改革创新奖""对俄医疗旅游试点医院""黑龙江省群众满意医疗机构""黑龙江省百姓口碑单位"等荣誉称号。

2016年，启动实施中医院、妇幼保健院建设。

2017年，社会福利院投入使用。

2018年，中医院、妇幼保健院主体封闭。城镇医保与新农合完成改革合并，医保实现跨省异地直接结算，全市公立医院全面取消了药品加成、调整了部分医疗服务价格，百姓看病贵、看病难问题得到了有效解决，一批惠民政策真正落地开花。截至2018年10月，全市家庭医生诊疗服务共签约37 932人，签约率33.57%，重点人群签约率66.12%，计生特殊家庭签约率85.71%。截至12月中旬，牡市定点医疗机构直接结算由5家扩大至18家，完成省内、跨省异地备案登记5 725人，异地就医直接结算550人次。

四、文体事业

绥芬河市充分发挥地处中俄边境的地域优势，不断加强对俄文化体育交流与合作，2014年中俄体育公园投入使用，连续举办了5届中俄体育交流大会。2016年中俄文化体育交流大会被国家体育总局和中国奥委会命名为"中国体育旅游精品项目"。

2013年至2016年文体广新局被国家体育总局连续评为群众体育工作先进集体。文化信息资源共享工程、广播电视村村通工程、公共文化和全民健身服务体系实现全覆盖。先后荣获全国文化先进市称号。

市图书馆被国家文化部授予全国文化信息资源共享工程公共电子阅览室示范点，连续多年获得国家级荣誉称号，2015年被国家文化部评为"2015年最美基层图书馆"。

市群众艺术馆2016年被国家文化部评为国家县市级一级文化馆，2017年群众艺术馆与文化市场综合执法大队被中宣部、文化部和国家新闻出版广电总局授予第七届全国服务农民、服务基层文化建设先进集体。阜宁镇谷盈新村农家书屋获得"全国示范农家书屋"称号。

五、社会保障

从最初的吃饱穿暖到"建设幸福城市"，绥芬河市社会保障体系正逐渐完善。党的十八大以来，就业优抚工作有序开展，累计开发公益性岗位1 859个，城镇新增就业15 115人。加大对弱势群体帮扶救助，发放各类补助金6 488万元；最低生活保障实现全覆盖，补助标准继续保持全省最高。

2017年，全市社会保障卡覆盖率达到92%，新增城镇就业2 649人，企业退休人员养老金人均提高222元，失业金标准提高到每月986元，居全省首位。

2018年，推出多项民生领域改革：城乡居民因重大疾病产生大额度医疗费，一个年度内，最高可支付48万元；参保人可直接在牡丹江市内的所有三级定点医疗机构就医，不需要再办理转院登记备案手续；退休、退养人员以"单位人"的身份纳入机关事业单位养老保险系统，确保待遇按月足额发放。

2018年，调整就业补助资金支出结构，制定了《公益性岗位和灵活就业人员社保补贴人员月度退出计划》，共发放创业担保贷款9人89万元。累计发布企业用工信息674家，岗位1 968个，推荐就业887人。开展创业培训和职业技能培训班5期，涵盖导游、电商、办公软件、微商淘宝、礼仪等方面，共培训427人次。

2018年12月20日，绥芬河市退役军人事务局正式挂牌。

民生"大礼包"让边城百姓获得感满满。"平安绥芬河"建设扎实推进，社会治安形势更加平稳，公众安全感明显提高，社会保持和谐稳定，先后荣获全国法治县创建活动先进市、全国"六五"法治宣传教育先进城市等荣誉称号。统计、审计、外事、节能减排、国防、边境管理、民族宗教等工作不断加强，计生、妇儿、残疾人等各项事业健康发展。

随着"一带一路"加快建设，"互联网+"、大众创业万众创新蓬勃发展，新产业、新业态层出不穷。国家对沿边开放、东北振兴和龙江发展高度重视，支持力度前所未有，出台一系列高含金量的振兴东北政策措施，为培育新动能提供了机遇。2018年12月，市委十届四次全会审议通过了《中共绥芬河市委贯彻落实习近平总书记在深入推进东北振兴座谈会上的重要讲话和考察黑龙江的重要指示精神的实施意见》，进一步明确了绥芬河未来发展方向、目标和重点任务，绥芬河全方位振兴的发展愿景将再绘锦绣。

第十五章　远景规划与展望

第一节　战略谋划

研究确定城市发展战略，首先要对城市性质、功能作用、资源禀赋、产业基础、优势和劣势要有深湛的认识，战略制定出来后，能够获得内外上下的一致认可，并坚持抓好实施和落实。

1991年绥芬河扩大开放前夕，赵明非邀请中国（深圳）开发研究院专家来绥芬河研究城市发展战略，形成研究报告《走向东北亚经济圈》出版，为系统研究城市发展战略之始。提出绥芬河的发展方向是利用国内外两种资源、两个市场，"实行双向开放，建立两个基地"。

1993年，秦玉德主政绥芬河，城市发展战略简述为"大通道、大经贸、大市场"，随着产业发展，陆续增加了"大旅游、大加工"，但概念的内涵、外延未经深入研究，表述粗放不系统。

1997年8月28日，由黑龙江省人民政府、综合开发研究院、绥芬河市政府联合主办的"迈向21世纪绥芬河经济发展战略研讨会"在市政府举行。出席会议的有国务院发展研究中心名誉主任、综合开发研究院理事长马洪，综合开发研究院副理事林凌，省边贸局局长纪庆福，绥芬河市委书记郭晓华，市长王立伟及国家有关部委负责人，开放城市主管官员等600余人参加。会议成果以研讨会论文集印发。

2004年，新任市委书记徐广国组建市委"重大课题组"，后称"市委战略研究中心"，集中研究涉及城市发展的前瞻性、全局性、战略性重大课题。随后研究中心在陆海大通道、远东大开发、边境自由贸易区、区域一体化等对外开放领域展开研究，在国家沿边开放研究领域处于领先水平。期间举办的多次专家研讨会多为研究全市对外开放专题性会议，先后有《走进东北亚》（张桂元著）、《历史性的跨越》、《投资俄罗斯》、《开放发展展望》、《沿边开放与区域经济合作》（李金波等著）等研究文集出版。李金波离开岗位时感喟："对湖水而仰前贤，碧血酬边，十载研发百载业；望塞云还思远略，蓝图绘就，一重楼阁万重山。"

2011年5月，省委调赵连钧任绥芬河市委书记，省政府经研中心副主任李树民问赵打算从何处入手，赵为人深沉厚重，只简单回答："关键是定位。"

2011年7月11日，在市委八届十次全委会议上，市委对绥芬河的发展进行了重新定位。在"依托哈牡东、连接俄日韩，建设东北亚国际商旅名城"这个总方向上，绥芬河要依托"五个优势（欧亚大陆桥上的枢纽城市、哈牡绥东对俄贸易加工区上的先导城市、中俄经贸政策优化、产业集聚的开放城市、生态优异的宜居城市、异国风情浓郁、文化多元融合的移民城市）"，突破八个战略支撑点（国际口岸、购物天堂、游乐之都、金融重镇、避暑胜地、木业基地、新兴产业平台、东北亚文化交融中心），做强五个平台（国际城市、文明城市、生态城市、智慧城市、幸福城市），实现一个目标"东北亚国际商旅名城"。概括了绥芬河市的优势和动力因素，涉及经济社会文化发展的各个领域，简称"5851战略"。这个战略提出后，得到了上级领导、学术界、企业界以及全市社会各界的响应和肯定，成为全市今后一个时期开放发展的总体战略和行动纲领。

赵连钧指出，发展战略很重要，一是要准确；二是不能动摇；三是要有项目作支撑。没有项目作支撑、没有规划作支撑、没有实实在在的措施，所有的战略和目标都是一句空话，好看不管用。

在2011年12月25日市委第九次党代会上，作出了推进落实"5851战略"的策略安排。会上提出贸旅振兴、产业项目、口岸建设、大地绿化四个三年决战，是落实"5851战略"的重点工程，力图一举扭转绥芬河市在沿边开放中的被动局面。随后，又提出"告别旧思维，创新争主动""六个迈向"等价值取向，是实现战略和策略的推进措施。

为落实全省"八大经济区和十大工程""出口抓加工、进口抓落地"的部署，结合绥芬河实际，在这八个战略支撑点项下，逐渐提出打造八大产业集群：1.商贸物流产业；2.旅游文化产业；3.能源化工产业；4.金融产业；5.木材加工产业；6.食品加工产业；7.新兴产业；8.房地产产业。其中，商贸物流服务业、加工制造业和旅游业是绥芬河的三大支柱产业。

在思路和目标明确之后，需要整合各种资源，"万众一心，实抓快干"，在不长的时期内，达到全省中等地级市水平，成为沿边口岸城市中，最具发展潜力和活力的城市。

第二节　规划思路

建市后，有关部门按照上级要求，每五年制订一次发展规划，特殊历史时期或特殊安排还有几个中长期规划。这些规划研究文本往往大而全、高而远，与实际决策实施衔接不足，几成一纸空文，因此缺少实用价值。仅将可为以后参考的部分梳理如下。

一、发展定位

（一）战略定位

服务全省的对外开放与合作，积极打造"龙江丝路带"连接欧亚的"枢纽站"、对俄及东北亚开放的重要窗口、开发开放的试验区、文化交流与合作的示范区，东北亚区域性国际化口岸名城。

（二）产业定位

实施通道经济发展战略，到2020年，建立以现代服务业为主导的经济体系，以现代物流、商贸、进出口加工、跨境旅游、平台经济为核心进行产业升级，综合保税区、边境经济合作区、互市贸易区、重点开发开放试验区实现创新发展，创建中俄边境自由贸易区。

（三）功能定位

社会发展水平和经济效益显著提高，城区的功能结构和村镇空间布局进一步优化，居民收入和公共服务水平不断提高，商业和口岸的地位进一步加强，建设"龙江丝路带"对外开放的区域性物流中心、贸易中心、产业合作中心、旅游文化集散中心和合作服务中心。

二、空间布局与发展设想

根据绥芬河市"十三五"时期发展规划及城市总体规划，以村为基本单元，将全市划分为城镇与商贸集聚区、进出口加工业发展区、休闲旅游度假开发区、生态安全保护区四类主体功能区。

（一）城镇与商贸集聚区

1.区域概况。包括绥芬河镇及所辖前进村和绥东村，阜宁镇及所辖朝阳村、建西村、建东村、建华村。

2.功能定位。全市重要的城镇化及商贸业集聚区，区域性辐射中心与重要经济增长极核，全市综合服务中心。主要发展现代服务业，提升商贸流通企业现代化水平，打造旅游综合服务中心。发展边境特色商贸服务、休闲旅游业和旅游综合服务配套、房地产等传统服务业，促进第三产业集聚。建设特色化城镇，发挥生态环境优势，提升城市品位与吸引力，营造"和谐发展、宜居宜商"的城市氛围。

3.发展方向。城镇与商贸集聚区功能由五个组团构成。

铁东组团：是指绥芬河原铁路车站以东、小绥芬河以南的区域，规划定位为城市商业中心，是以商业、旅游接待、娱乐和居住为主的城市生活组团。

铁西组团：是指原绥芬河铁路车站以西、绥芬河铁路新站以南、头道沟以东、南沟以北的区域，规划定位为全市的社会服务中心，是以科教、体育、医疗卫生、行政办公、居住等为主的多功能城市组团。

北山组团：是指绥芬河铁路新站以北、天长山以南的区域，规划定位为全市的行政办公中心和客运交通枢纽，是以交通、行政办公、商务、金融、居住为主的城市生活组团。

二道沟组团：是指头道沟以西、综合保税区以南的区域，包括头道沟和二道沟，规划定位为全市的商务中心，是以商务、游乐、物流和居住为主的城市新区。

天长组团：天长山水库以北的区域，规划定位为全市的会展接待中心，是以会展、娱乐、接待和居住为主的综合城市新区。

（二）进出口加工业发展区

1.区域概况。包括阜宁镇宽沟村、永胜村、北寒村、南寒村、建新村。

2.功能定位。黑龙江省沿边地区重要的对俄进出口加工制造基地、现代国际物流基地和保税业务发展及配套区，分别是综合保税区、龙江进出口加工园区、中俄现代物流产业园、中俄电子商务产业园、国家木材储备交工交易示范基地。

3.发展方向。

绥芬河综合保税区：重点发展"两头在外"项目，积极开展国际中转、配送、采购、转口贸易和出口加工等业务。

龙江进出口加工产业园区：重点围绕俄罗斯资源和俄罗斯市场需求，以木材、建材、机电、家电、食品、电子产品和轻工产品为导向，发展精深加工和终端产品。

中俄现代物流产业园区：整合海关、口岸、铁路、中俄电子商务平台和木材交易所在内的各种物流信息网络资源，引导物流业集中布局。重点发展物流仓储、物流加工、物流中转、集装箱办理等业务，打造多功能现代化物流体系。

中俄电子商务产业园：整合电商行业资源，形成产业集群，构建完整的电子商务生态链条，打造集网商办公、电商服务、人才培训、金融服务、企业孵化于一体的综合性产业发展模式。

国家木材储备交工交易示范基地：利用俄罗斯木材资源优势，扩大木材进口规模，加大精深加工力度，形成全国进口木材资源及产品储备分销中心。

（三）休闲旅游度假开发区

1.区域概况。包括依法设立的国家级、省级和市（县）级风景区（点）、森林公园、别墅休闲区等。

2.功能定位。中俄国际文化旅游中心，中外游客购物、避暑、节庆互动的区域旅游集散中心和目的地，休闲度假旅游服务基地，努力建成国家跨境旅游合作区和边境旅游试验区。依据城市旅游资源的类型和地域组合特征，规划城区、西部、北部和南部四个不同特色的旅游区。

3.发展方向。

城区旅游区：以发展商贸旅游、人文历史旅游和文化娱乐旅游为主，其中绥芬河历史文化街区作为重点旅游区域，应划定保护范围，突出历史建筑的景观风貌和历史街区的文化内涵。

西部旅游区：结合绥芬河国家森林公园，建设成为城市休闲度假旅游区。

北部旅游区：以发展自然观光旅游为主，景区（点）包括天长山、地久山、天长山水库等。重点建设天长地久游乐园，以山林风貌景观为主，结合天长山水库，进行大型度假娱乐设施建设，同时要加强对水源的涵养和水源水质的保护。

南部旅游区：以中央森林公园为重点，打造城市的后花园。同时结合前山要塞，开发集军事要塞、文物古迹和自然风光为一体的旅游区，建设全市爱国主义教育基地。

（四）生态安全保护区

1.区域概况。包括绥芬河国家森林公园、中央森林公园、前山森林公园、红花岭景区和五花山水库、天长山水库、金家沟水库。

2.功能定位。维护国土生态安全、保障饮用水水资源安全、保全生物多样性、维护自然生境、促进人与自然和谐发展的核心区域。

3.发展方向。以保护生态环境、水源安全为主要发展方向，着重保护森林生态系统的原生性和生物多样性，发挥本地区水源涵养、水土保持和生态屏障的作用。加强生态林保护力度，严格限制采伐。继续实施金家沟自然保护区保护政策，增加水库水源地的植被种植和水源保护工程。保护五花山和天长山水库周边区域生态安全建设。

三、重点工程和项目建设

为加快推进绥芬河主体功能区建设步伐，增强绥芬河市经济社会可持续发展能力，结合绥芬河市主体功定位，将重点抓好以下建设工程。

（一）城镇与商贸集聚建设工程

1.城镇基础建设。积极推进棚户区改造惠民工程；规划新建4C级支线绥芬河机场，完成哈牡绥城际铁路、绥芬河铁路客运站和国内国际公路客运站建设。形成城区"二个环路、三条快速路、十二条主干道"综合交通网。

2.商贸业。建设4—6个大型现代化的专业对俄贸易中心，打造以商业中心、商业组团、商业街等为主要结构的商贸空间结构，建成中俄边境地区重要的商品集散地和东北亚区域性的最活跃的商贸交流中心。

3.物流业。完成国际、国内、综合与专项物流园区的建设，形成以口岸和大型综合性物流基地为核心，以专业化物流中心为配套的现代化物流空间体系，建成较完善的物流基础设施和物流公共信息平台。

4.金融业。建立健全企业信用体系，发展政府型、中小企业互助型和商业型等担保模式。开拓融资渠道，大力引入中小商业银行，组建政府监管、市场化运营的风险投资公司，鼓励开设保险、证券、典当、风险投资机构、担保公司、房地产经纪公司等民营金融中介机构。

（二）进出口加工业发展区

1.将301国道沿线、综保区附近的工业，特别是木材加工业逐步转移至规划好的工业园区内。建设在俄境内的工业园区，加强境内、境外工业园区的发展关联，使境外工业园区成为境内工业园区初级材料供应的有力保障。

2.以节约资源、增加效益为目标，大力发展木材精深加工业，逐年提高木材精深加工率。将木材初加工逐渐向市区外围转移，以项目转移延伸换取发展空间。逐步形成以精深加工为主，初级加工为辅，企业具有一定生产规模和市场竞争力的木材工业体系。

3.依托绥芬河综合保税区政策优势，积极引入资金和科技密集型企业，大力发展高技术产业。重点发展电子通信器材、电子产品、数字通信、LED 新型环保节能照明产品等适宜于对俄贸易的电子信息机电产业。

（三）休闲旅游度假开发区

农业观光旅游区。在北寒新村以北，206省道以东，开辟为现代农业观光旅游区，主要开展休闲、垂钓、品尝绿色食品、避暑等旅游业务。

生态旅游和旅居养老试验区。以国家森林公园、五花山水库等景区景点为中心，发展疗养、度假休闲等绿色养生旅游。

红色文化旅游教育示范区。修复和开发历史街区和历史建筑。以天长地久景区、中共六大秘密通道和侵华日军要塞景区为主体，发展地区历史遗迹旅游。

（四）生态安全保护区

根据绥芬河市生态系统类型、主要生态过程及人类活动影响空间分异特征，结合绥芬河市生态环境敏感性和生态服务功能，将绥芬河市生态安全保护区划分为六个具体生态功能区：东部与北部山地生态功能区、沿河生态功能区、西南丘陵生态功能区、城市水源地涵养生态功能区、城区生态功能区、城郊生态功能区。打造"三个大型森林公园、二个大型水源保护区、一个大型综合游乐园、七处大型城市公园"。

东部与北部山地生态功能区。改善林区的林种、龄组及树种结构，提高林区质量，最大限度地提高森林生态系统功能。

沿河生态功能区。实施流域工程治理，加强沿河生态景观建设，严格监控自然水体的污染。

西南丘陵生态功能区。实施封山育林工程，加强对天然次生林保护力度。实施小流域综合治理，控制水土流失面积。

城市水源地涵养生态功能区。划定水库保护生态控制红线，保护水库周边生态环境。加大植树造林支持力度，优化提升水库周边生态环境。

城区生态功能区。积极推进实施城市集中供热工程，发展清洁生产技术，加强城市工业园区污染控制，加强城市产业的生态化改造与建设，促进产业向生态型经济转化发展。完善城市公园、绿地、水体等生态支持系统。

城郊生态功能区。合理调整城郊村落周边的耕地、园地的农业种植结构，以发展绿色、集约农业为方向，建设出口蔬菜花卉基地等生态经济区域。

四、重点开发开放试验区发展规划要点

（一）推动贸易转型升级路线图	
发展目标	贸易规模保持持续稳定增长，对外贸易结构进一步优化，贸易竞争力显著提升。
发展举措	1.实施科技兴贸和以质取胜战略，提升出口产品外贸竞争力。 2.大力培育进口集散中心，保持进口的常态化和规模化的同时进一步拓展新的进口品种。 3.推动进口落地加工本地增值、本土配套，进一步向产品研发、品牌营销领域延伸，形成完整的产业链和配套能力。 4.完善绥芬河综合保税区、绥芬河边境经济合作区和东宁经济开发区基础建设，提升产业承载能力，推动出口加工贸易发展。

续表

发展举措	5.推动绥芬河国家级跨境电商试点工作，大力发展跨境电子商务。 6.建设连接国内外生产基地和市场的跨国物流网络，利用符拉迪沃斯托克自由港做大做强通道经济。

<table>
<tr><th colspan="2">（二）试验区贸易投资便利化政策先行先试清单</th></tr>
<tr><th>政策名称</th><th>主要内容</th></tr>
<tr><td>"一线放开""二线安全高效管住"监管模式</td><td>1.对于试验区和境内外进出货物，实行智能化卡口、电子信息联网管理模式，完善清单比对、账册管理、卡口实货核注的监管制度。
2.允许区内企业在货物出区前自行选择时间申请检验。
3.推进货物状态分类监管模式。对区内保税仓储、加工等货物，按保税货物状态监管；对通过试验区口岸进出口或国际中转的货物，按口岸货物状态监管；对进入试验区内特定的国内贸易货物，按非保税货物状态监管。
4.推行"一次申报、一次查验、一次放行"模式、全程无纸化通关、"一站式"通关。
5.简化试验区内货物流转手续，按照"集中申报、自行运输"的方式，推进试验区内企业间货物流转。</td></tr>
<tr><td>国际贸易"单一窗口"</td><td>依托电子口岸平台，实现贸易和运输企业通过单一平台一点接入、一次性递交满足监管部门要求的格式化单证和电子信息，监管部门处理状态和结果通过单一平台反馈给申报人，监管部门按照确定的规则，共享监管资源，实施联合监管。</td></tr>
<tr><td>ATA单证册制度</td><td>试行暂准进口海关制度，为展览品、专业设备、商业样品等暂准进口的货物提供免税进口和免予填写报关单等通关便利。</td></tr>
<tr><td>外商投资"准入前国民待遇+备案制"</td><td>1.对试验区内外商投资实行准入前国民待遇。
2.对外商投资准入特别管理措施（负面清单）之外的领域，按照内外资一致的原则，将外商投资项目由核准制改为备案制，但国务院规定对国内投资项目保留核准的除外；将外商投资企业合同章程审批改为备案管理。</td></tr>
</table>

（三）绥芬河综合保税区发展路线图

发展目标	完善并整合保税区功能，发展保税加工、保税物流和保税服务等多元化业务，打造国际贸易、进出口加工、展示分拨交易、仓储物流四条产业链。
功能定位	进出口加工、国际中转、国际采购、国际配送、转口贸易、商品展销。
发展举措	1.提升贸易物流仓储功能，构建东北亚商品仓储集散地。 2.推动进出口加工产业发展，积极吸引加工项目。 3.推进大宗商品交易中心和贵金属交易中心建设，推动大宗商品保税交易和贵金属交易发展。 4.复制推广自贸区试点经验，提升贸易投资、便利化。 5.积极争取产业贸易优惠政策落地。

（四）绥芬河边境经济合作区发展路线图

发展目标	打造中俄产业第一城，构建中俄资源、资本、生产要素流动重要渠道，推动形成中俄跨境产业链。
功能定位	中俄资源互补、生产要素和资本流动的重要渠道。
发展举措	1.推进"三园一基地"基础设施建设和率宾湖综合开发建设，加快互市贸易区基础设施建设，加快国家木材储备加工交易示范基地6平方公里土地报批。加快标准化厂房、宽标轨铁路专用线、电网和变电所、率宾湖及其周边配套、北寒村搬迁、木材交易中心等项目建设。完善区内基础设施。 2.完善龙江进出口加工园区、中俄电子商务园区、中俄国际物流园区、国家级木材储备加工交易示范基地产业承载能力和聚集效应。 3.推动边合区内企业税收优惠政策落地。

（五）绥芬河、东宁互市贸易区发展路线图

发展目标	建设互贸区二级市场，打造百亿级交易额的俄罗斯商品集散中心。
功能定位	中俄两国集商品展示交易、批发零售、仓储物流等多功能为一体的贸易展销基地。
发展举措	1.引入龙运集团投资建设集贸易、储存、物流、配送于一体的互贸区综合体，建设俄罗斯商品二级市场。 2.深入开展研究互贸区水产品进口种类政策，逐步扩大水产品贸易规模。积极完善市场营销渠道，持续扩大宝玉石进口品种和规模。 3.进一步规范现有参贸主体经营行为，尽快纳入依法、规范运营轨道，有序、有效推进互市贸易工作。

（六）跨境园区合作形式		
园区类型	合作形式	含义
工业园区	"中—俄"模式	在试验区或国内生产半成品，出口到境外园区组装成品，以俄罗斯制造的名义进入俄方及国际市场。
	"俄—中"模式	由俄罗斯园区初加工，进口到绥芬河综合保税区、绥芬河边境经济合作区和东宁园区加工成品，销售国内或国际市场。
	"俄—中—俄"模式	由俄罗斯园区供应原料或毛料，进口到绥芬河综合保税区、绥芬河边境经济合作区和东宁园区进行深加工，再出口俄罗斯园区组装成品后就地批发销售。
农业园区	"华信"模式	"民企+国企+协会+基金"：民企建园区、搭平台，国企（农垦）发挥大机械、技术、管理等优势开展种植生产，协会组织协调、抱团发展，由协会组织国内政府、金融单位、企业设立对俄农业发展基金，解决融资难问题。

（七）开发开放平台重点建设项目		
开发开放平台	建设项目类型	项目名称
绥芬河综合保税区	基础设施项目	保税区宽标轨铁路专用线
	产业发展支撑项目	保税木材仓储交易中心
		贵金属交易中心
		大宗商品交易中心
		俄农副产品加工中心
		仓储质押融资
		危险货物仓储区
绥芬河边境经济合作区	基础设施建设项目	边合区宽标轨铁路专用线项目
		边合区电网项目
		边合区标准厂房项目
	产业发展支撑项目	中俄商品交易大市场
		国家木材储备基地项目
		木材交易中心

续表

开发开放平台	建设项目类型	项目名称
东宁经济开发区	基础设施项目	俄宝玉石进口指定口岸
		东宁口岸基础设施改造
	产业发展支撑项目	互市贸易监管中心
		电子商务公共服务平台
		俄罗斯海产品大市场
境外产业园区	基础设施项目	俄食品进口指定口岸
	境外经贸合作园区项目	华宇十月区经贸合作区产业升级项目
		乌苏里斯克经贸合作区产业升级项目
		跃进工业园区产业升级项目
		亿亨乌苏里斯克大市场产业升级项目
		三峡"中俄远东跨境经贸合作区"产业升级项目
	境外农业合作园区项目	华信（滨海边疆）现代农业产业合作区
		华洋农业综合园区
		中鼎牧业中俄农牧业产业示范园区
		鹏瑞公司境外林业采伐加工园区
技术合作平台	创新创业合作载体项目	中俄大学生创业基地
		黑龙江大学创新创业实训基地一期项目

（八）国际商贸物流业发展路线图

产业	发展目标	发展方向及重点	园区（基地）	重点项目
国际商贸业	"中蒙俄经济走廊"最活跃的区域性贸易中心	建设区域性国际商贸中心	绥芬河边境经济合作区、绥芬河综保区	中俄贸易综合体项目（米兰小镇）、中俄商品交易大市场项目、互市贸易区综合服务中心、中俄果蔬水产品批发市场、义乌中国小商品城绥芬河市场、国外二手车过境销售项目、对俄经济贸易电子信息服务平台、绥芬河云服务平台、综保区对俄跨境电子商务项目。
		发展跨境电子商务	绥芬河边合区中俄电子商务产业园、东宁"中俄跨境电商"试验产业园区	
现代物流业	"中蒙俄经济走廊"连接欧亚的区域性物流中心	1.加快现代物流网络建设；2.推进现代物流项目建设；3.加快物流业现代化	绥芬河边境经济合作区、综合保税区、东宁市东宁镇、绥阳镇和东宁经济开发区	陆海联运大通道、哈绥俄亚班列、中俄现代物流产业园区项目、绥芬河东宁机场临空经济区项目、绥芬河集装箱堆场、俄罗斯天然气储运中心建设项目、东北亚物流公共信息平台、综保区危险货物仓储区项目、绥芬河食品海产品加工冷链物流项目、龙运物流、绥芬河亿亨乌苏里商贸物流型园区、远东铁路粮食仓储物流中心、格罗杰科沃保税物流园区、东宁国际现代物流中心暨对俄冷链物流基地项目、鑫源俄罗斯进口粮食物流加工园区项目。

275

（九）进出口加工业发展路线图				
产业	发展目标	发展方向及重点	园区（基地）	重点项目
能源矿产进口加工业	经东宁直通我国东北各地的能源通道	1.推进俄能源化工进口口岸建设；2.推动合作方式由资源贸易型向生产加工型转变	东宁市和绥芬河综合保税区，绥芬河化工园区	中俄能源化工试验区、俄罗斯液化气供应基地项目、进口俄罗斯石油产品及建设储运中心。
木材进口加工业	国家级木材储备加工交易示范基地	1.建设中俄跨境木材工贸合作区；2.木制品精深加工；3.建设木材储备加工交易示范基地；4.木屑进口加工	绥芬河边境经济合作区	国林木业城四期项目、国家木材储备基地项目、伊春绥芬河木材园区项目、木制品深加工项目、圣檀木业地板生产项目、曲美家具生产基地项目、实木复合地板项目、木材交易中心、共青城木材加工园区、绥阳镇俄罗斯木材进出口加工园区。
海产品进口加工业	国内最大的俄罗斯冷冻进口海产品加工集散基地	1.海产品精深加工；2.建设海产品冷链运输、仓储设施	绥芬河边境经济合作区、综合保税区和东宁经济开发区	海参崴远健海产品养殖示范园、综保区俄罗斯海产品加工项目、经开区俄海产品进口加工项目。
食品进口加工业		粮食、酒类、面食、乳制品、松子、蜂蜜、糖果等进口食品生产加工	绥芬河综合保税区、东宁镇	啤酒精酿项目、综保区俄罗斯粮食加工项目、综保区俄罗斯乳制品加工项目、综保区俄罗斯食品加工项目、中俄农牧业产业示范园区项目、中鼎牧业中俄生态农业产业园、鑫源俄罗斯进口松子深加工项目、鑫源俄罗斯进口粮食物流加工园区项目。

<table>
<tr><td colspan="2" align="center">（十）区内各镇域发展重点</td></tr>
<tr><td align="center">区　域</td><td align="center">发展重点</td></tr>
<tr><td align="center">绥芬河镇</td><td>根据旅游发展基础及地接条件，深挖旗镇内涵，重塑旗镇开放形象，打造异域风情浓厚的边境城市，建设东北亚旅游核心服务区，联动所在中心城市形成旅游发展核，辐射带动这个区域旅游发展。</td></tr>
<tr><td align="center">阜宁镇</td><td>依托得天独厚的自然条件和成熟完善的旅游资源，完善健康养老服务功能，将养老、旅游、健康养生、避暑休闲有机结合，设计医养结合模式，形成面向国内外康养产品体系。</td></tr>
</table>

时间	线路	城市及景区	交通工具	备注
一日游	绥芬河/东宁—格城	格城	火车	若由东宁作为始发站，则可直接乘汽车到达海参崴；绥芬河出发也可直接乘汽车到达海参崴。
	绥芬河/东宁—乌苏里	乌苏里	火车—汽车	
二日游	绥芬河/东宁—乌苏里	乌苏里	火车—汽车	
	绥芬河/东宁—卡缅	卡缅	火车—汽车	
四日游	绥芬河/东宁—海参崴	海参崴各大景点	火车—汽车	
五日游	绥芬河/东宁—海参崴海岛	波波夫岛	火车—汽车—船	
	绥芬河/东宁—海参崴—哈巴罗夫斯克	海参崴、哈巴罗夫斯克各大景点	火车—汽车	
	绥芬河/东宁—海参崴—游击队城狩猎	海参崴景点、游击队城	火车—汽车	
六日游	绥芬河/东宁—海参崴—纳霍德卡	海参崴东正教堂、不冻港等景点	火车—汽车	
七日游	绥芬河/东宁—海参崴—伊尔库茨克—贝加尔湖	海参崴、伊尔库茨克各大景点和贝加尔湖	火车—汽车—飞机（海参崴—伊尔库茨克）	

（十一）出境3日–10日游线路

续表

时间	线路	城市及景区	交通工具	备注
七日游	绥芬河/东宁—海参崴—堪察加（季玛诺夫斯基泉）	间歇喷泉谷地、茹巴诺瓦河、季马诺夫斯基温泉、彼得巴甫洛夫斯克市等景点	火车—汽车—飞机（海参崴—堪察加）	若由东宁作为始发站，则可直接乘汽车到达海参崴；绥芬河出发也可直接乘汽车到达海参崴。
十日游	绥芬河/东宁—海参崴—哈巴罗夫斯克—莫斯科—圣彼得堡	海参崴、巴哈洛夫斯克、莫斯科、圣彼得堡景点	火车—汽车—飞机—火车	

（十二）入境特色旅游线路		
线路名称	线路	备注
休闲购物游	海参崴—绥芬河/东宁	可根据入境游客的具体要求，经绥芬河/东宁转赴全国各县级以上旅游城市。
	海参崴—绥芬河/东宁—牡丹江—哈尔滨	
	纳霍德卡—海参崴—绥芬河/东宁	
矿泉疗养游	绥芬河/东宁—哈尔滨—五大连池	
神奇冰雪游	绥芬河/东宁—亚布力—哈尔滨	
多彩生态游	绥芬河/东宁—镜泊湖—牡丹江—哈尔滨（春赏花品鱼、夏避暑度假、秋赏"五花山"、冬游冰雪世界）（可以开展自驾游）	

（十三）旅游综合交通体系	
	具体内容
铁路口岸	根据旅游的出游淡旺季，开通哈尔滨经绥芬河至海参崴列车。
公路口岸	引入多家客运公司，或者批准旅游包车形式出境，形成竞争机制，以达到降低客车票价、增加客车班次的目的。
航线开辟	加快推进绥芬河东宁机场建设，争取优先开辟至北京、沈阳、哈尔滨、大连、青岛等周边城市的国内航线，通往俄罗斯、日本、韩国等东北亚国家重点城市的航线；积极开辟通往广州、上海等国内重点城市及通往欧美主要国家的空中交通网络。

（十四）生态建设和环境保护重点工程	
生态安全建设	生物多样性监测中心、鸟青山自然保护区、绥芬河国家湿地公园和国家虎豹公园，中俄跨境水资源协作保护、生态保护补偿等机制，大小绥芬河、寒葱河等流域综合治理，耕地质量保护与提升行动，采沙、采矿、采煤区的生态修复工程。
环境综合整治	绥阳镇、三岔口镇、阜宁镇及所属村（屯）环境综合整治，环境基础设施建设，社区垃圾分类收集工程，农村面源污染防治工程，五水共治、土壤污染防治、工业污染源治理、大气污染防治、固体废弃物污染防治等工程，水土流失治理、水源地用水安全建设。
资源节约集约利用	重点用能单位节能减排行动，产业园区循环化改造工程，循环经济示范行动，再生资源回收利用工程，节水型社会、绿色矿山建设，双胜风电、南天门风电、马大岗风电等项目建设，绥芬河梯级水电站、东升水电站等项目建设，分布式能源建设，智能电网建设。

后 记

城市发展是由人的活动完成的，因此记人事为主，记自然环境为辅。发展史写什么，怎么写，世上已有先例，并无一定之规。

从城市的由来到今天，需要讲述一个城市发展变迁过程中值得留给后人借鉴的史实，从中看到一个城市盛衰兴亡的轨迹，获得一般规律性的认识，探求发展出路。

一个城市不同历史时期有不同的功能作用，政治管理制度不同，导致不同的社会风貌，因此可以有不同的记述方式和侧重。

众手成书，在于著者各有所长，各有所短。只要呈现出特定历史时期的整体面貌。

过去，严肃的历史写作，总是要体现统一意志，用一种标准和规范说话。但真正记述历史的方式，应该是更民主的方式，这也就是我们为什么会集结五位撰稿人来写成这部作品，他们每个人都有自己写作的方式、特色。

绥芬河百年史，并不漫长，按历史时期分工，巩福昕完成1—5章并参与总纂工作；赵志国完成6—11章；邢淑燕完成第13章；许杰完成第14章及图片集成；李金波完成概述、第12、15章、后记，并对全书进行编纂梳理；何文汇撰写了建市初期亲历的部分史实感受。

文中资料除标明出处者外，主要采用：《绥芬河市志》、《绥芬河百年大事记》、《绥芬河年鉴》、《中华人民共和国国史通鉴》（当代中国出版社）、《东北抗战史》（王明伟著，长春出版社）、《流光鉴影》（巩义方著，黑龙江人民出版社）、绥芬河市嘎丽娅纪念馆、《绥芬河报合订本》、《今日绥芬河》、《走进绥芬河》、市委市政府历年工作报告、市环保局环境分析报告、市直机关各单位情况汇总。

陆海通联一径存，百年简史觅城根。
二三子落参差笔，十五章成断续文。
驹隙光阴诗留影，鸿泥踪迹雪飞痕。
人间万象时消长，夜梦笙歌月照临。

编者
2019年12月